普及类国家古籍整理图书专项资助项目

天地正气

中华传统价值观丛书

查洪德 徐姗 编注

人民文学出版社

图书在版编目（CIP）数据

天地正气／查洪德，徐姗编注. —北京：人民文学出版社，2018
（中华传统价值观丛书）
ISBN 978-7-02-013704-6

Ⅰ.①天… Ⅱ.①查…②徐… Ⅲ.①社会主义建设—价值论—中国—通俗读物 Ⅳ.①D616-49

中国版本图书馆 CIP 数据核字（2018）第 013663 号

责任编辑　徐文凯
装帧设计　黄云香
责任印制　徐　冉

出版发行　人民文学出版社
社　　址　北京市朝内大街 166 号
邮政编码　100705
网　　址　http：//www.rw-cn.com

印　　刷　三河市西华印务有限公司
经　　销　全国新华书店等

字　　数　402 千字
开　　本　880 毫米×1230 毫米　1/32
印　　张　15.125　插页 3
印　　数　1—5000
版　　次　2018 年 10 月北京第 1 版
印　　次　2018 年 10 月第 1 次印刷

书　　号　978-7-02-013704-6
定　　价　48.00 元

如有印装质量问题，请与本社图书销售中心调换。电话：010-65233595

目 录

前言 ·· 1

正 气 歌

定之方中 ·································· 《诗经》 3
载 驰 ···································· 《诗经》 5
羔 裘 ···································· 《诗经》 7
无 衣 ···································· 《诗经》 8
国 殇 ······································ 屈 原 9
涉 江 ······································ 屈 原 11
橘 颂 ······································ 屈 原 15
吊屈原文 ····································· 贾 谊 17
陌上桑 ································ 《乐府诗集》 20
安封侯诗 ····································· 崔 骃 22
鰕䱇篇 ······································ 曹 植 23
白马篇 ······································ 曹 植 25
杂诗七首(其六) ································ 曹 植 27
赠从弟三首(其二) ······························ 刘 桢 28
咏怀八十二首(选二) ···························· 阮 籍 29
壮士篇 ······································ 张 华 31
猛虎行 ······································ 陆 机 33

1

扶风歌	刘琨 35
重赠卢谌	刘琨 37
归田园居(其三)	陶渊明 39
咏荆轲	陶渊明 40
代出自蓟北门行	鲍照 42
拟行路难十八首(其六)	鲍照 44
杂体诗·鲍参军照戎行	江淹 45
橘诗	虞羲 47
古意	王绩 48
在狱咏蝉并序	骆宾王 50
感遇(之卅五)	陈子昂 53
梦游天姥吟留别	李白 54
永王东巡歌十一首(选二)	李白 56
自京赴奉先县咏怀五百字	杜甫 58
前出塞九首(选二)	杜甫 62
后出塞五首(选二)	杜甫 64
轮台歌奉送封大夫出师西征	岑参 66
塞上曲二首(其二)	戴叔伦 68
左迁至蓝关示侄孙湘	韩愈 69
蜀先主庙	刘禹锡 70
剑客	贾岛 71
偶书	刘叉 72
对雪	王禹偁 73
田家语	梅尧臣 75
庆州败	苏舜钦 77
渔家傲(塞下秋来风景异)	范仲淹 79
定风波(莫听穿林打叶声)	苏轼 80

江城子·密州出猎	苏 轼	81
六州歌头(少年侠气)	贺 铸	83
登快阁	黄庭坚	85
定风波·次高左藏使君韵	黄庭坚	87
相见欢	朱敦儒	88
寄洪与权	王 令	89
次韵公实雷雨	洪 炎	91
咏史	徐 俯	92
送董元达	谢 逸	93
谒狄梁公庙	释惠洪	94
兵乱后自嬉杂诗(其一)	吕本中	96
渡江	陈与义	97
伤春	陈与义	98
石州慢·己酉秋吴兴舟中作	张元幹	99
贺新郎·送胡邦衡待制赴新州	张元幹	101
病牛	李 纲	103
苏武令	李 纲	104
满江红·写怀	岳 飞	106
上枢密韩公诗二首并序	李清照	107
乌江	李清照	113
金错刀行	陆 游	114
病起书怀	陆 游	116
夜泊水村	陆 游	117
诉衷情	陆 游	118
水龙吟·登建康赏心亭	辛弃疾	119
破阵子·为陈同甫赋壮词以寄之	辛弃疾	121
永遇乐·京口北固亭怀古	辛弃疾	122

南乡子·登京口北固亭有怀	辛弃疾	124
水调歌头·送章德茂大卿使虏	陈 亮	125
题景苏堂竹	释道璨	127
多景楼醉歌	刘 过	128
沁园春·梦孚若	刘克庄	130
频酌淮河水	戴复古	132
元兵俘至合沙诗寄仲子	陈文龙	133
六州歌头(长淮望断)	张孝祥	134
满江红(名利场中)	李俊民	136
沁园春·题潮阳张许二公庙	文天祥	137
过零丁洋	文天祥	139
正气歌	文天祥	140
金陵驿二首	文天祥	144
过平原作	文天祥	145
书文山卷后	谢 翱	147
寒菊	郑思肖	148
仲九和陶(选二)	牟 巘	149
壬辰十二月车驾东狩后即事五首(其二)	元好问	151
鹧鸪天(偃蹇苍山卧北冈)	元好问	153
鹧鸪天(只近浮名不近情)	元好问	154
沁园春·垦田东城	许 衡	155
水调歌头·咸阳怀古	白 朴	156
义侠行并序	王 恽	158
单刀会(第四折节选)	关汉卿	161
窦娥冤(第三折节选)	关汉卿	163
〔南吕〕一枝花·咏喜雨	张养浩	164
挽文山丞相	虞 集	166

4

〔南吕〕一枝花·咏剑	施　惠	168
题郑所南兰	倪　瓒	170
将归	王　逢	171
蒋彦章来访别后怀之	戴　良	173
〔中吕〕山坡羊·道情	宋方壶	174
青丘子歌	高　启	175
登金陵雨花台望大江	高　启	178
咏煤炭	于　谦	180
石将军战场歌	李梦阳	181
石潭即事(其四)	李　贽	184
马上作	戚继光	185
甲辰八月辞故里	张煌言	186
秋日杂感十首(其二)	陈子龙	188
别云间	夏完淳	189
又酬傅处士山次韵二首	顾炎武	190
山居杂咏六首(其一)	黄宗羲	192
秣陵	屈大均	193
醉落魄·咏鹰	陈维崧	194
三闾祠	查慎行	195
道傍碑	赵执信	196
潍县署中画竹呈年伯包大中丞括	郑　燮	198
竹石	郑　燮	199
己亥杂诗(一二五)	龚自珍	200
咏史	龚自珍	201
赴戍登程口占示家人二首	林则徐	202
冯将军歌	黄遵宪	204
狱中题壁	谭嗣同	207

5

自励二首	梁启超	208
题《江山万里图》应日人之索	秋 瑾	210

正 气 说

《论语》选录	《论语》	213
《孟子》选录	《孟子》	216
修身	荀 子	220
儒行	《礼记》	229
不食嗟来之食	《礼记》	237
狱中上书自明	邹 阳	238
王贡两龚鲍传论	班 固	246
谏太宗十思疏	魏 徵	250
直书	刘知幾	253
争臣论	韩 愈	257
张中丞传后叙	韩 愈	263
唐狄梁公碑	范仲淹	268
与高司谏书	欧阳修	275
待漏院记	王禹偁	280
《近思录》选录	《近思录》	284
指南录后序	文天祥	287
遐观堂记	姚 燧	294
胡浩轩正声集	徐明善	298
忠义篇序	宋 濂	300
永嘉袁君芳洲记	唐顺之	303
陶庵记	归有光	305
报刘一丈书	宗 臣	308
五人墓碑记	张 溥	311

狱中上母书 ………………………………… 夏完淳 315
原臣 ……………………………………… 黄宗羲 319
读通鉴论·叙论一 ………………………… 王夫之 322
梅花岭记 ………………………………… 全祖望 327
臣事论 …………………………………… 梅曾亮 330
明良论二 ………………………………… 龚自珍 335

正 气 谱

太史简 …………………………………… 《左传》 343
董狐笔 …………………………………… 《左传》 344
介之推不言禄 …………………………… 《左传》 346
鲁仲连义不帝秦 ………………………… 《战国策》 348
唐雎不辱使命 …………………………… 《战国策》 355
廉颇蔺相如列传(节选) ………………… 司马迁 358
汲黯传(节选) …………………………… 司马迁 365
苏武传(节选) …………………………… 班　固 374
董宣传 …………………………………… 范　晔 384
荀巨伯退贼 ……………………………… 刘义庆 388
嵇绍传(节选) …………………………… 《晋书》 390
陶潜传(节选) …………………………… 《南史》 394
段太尉逸事状 …………………………… 柳宗元 398
颜杲卿传 ………………………………… 《新唐书》 404
义田记 …………………………………… 钱公辅 408
雷希颜墓志铭 …………………………… 元好问 411
孝女赞序 ………………………………… 虞　集 418
马堅传 …………………………………… 《宋史》 420
秦士录 …………………………………… 宋　濂 423

7

李姬传 …………………………………………… 侯方域 *427*

张自新传 ………………………………………… 归有光 *430*

大铁椎传 ………………………………………… 魏　禧 *433*

江天一传 ………………………………………… 汪　琬 *436*

阳曲傅先生事略 ………………………………… 全祖望 *441*

左忠毅公逸事 …………………………………… 方　苞 *448*

博山知县武君墓表 ……………………………… 姚　鼐 *451*

归安姚先生传 …………………………………… 魏　源 *453*

谭嗣同传（节选）………………………………… 梁启超 *459*

关键词 ………………………………………………………… *467*

前　言

　　我们呈奉给读者诸君的这本书，叫作《天地正气》，书中所录，是我中华民族千年一曲正气歌。诸君读此书，当有击案扼腕者，有怒发上指者，有血脉偾张者，有洒泪默祭者，有踔厉奋发者。

　　《正气歌》的作者文天祥就义后，衣袋中留有一篇绝命文："孔曰成仁，孟曰取义，唯其义尽，所以仁至。读圣贤书，所学何事？而今而后，庶几无愧。"英雄去矣，成败休论。诸君读之，必能情志感动，灵魂升华，洒泪心祭。孔子说："求仁而得仁，又何怨？"孟子说："生亦我所欲也，义亦我所欲也。二者不可得兼，舍生而取义者也。"文天祥，一位重践行的儒者，既已无愧，其愿足矣，故安然而逝。他展示的，是古代中国士人可敬的精神品格：胸有信仰与信念，强权不可移，暴力不可夺，身可死而义不可屈。这品格，是世代相传的。

　　东汉初洛阳令董宣，人称"强项令"，所谓强项，就是不会低头，不会向权势低头。光武帝的姐姐湖阳公主，是一个横行天下为所欲为的人物。她的仆人公然白日杀人，以她的权势，无人敢问。但偏偏这回她失算了，碰上了不要命也要伸张正义的董宣。董宣不过是区区一个洛阳令，但京城有人犯法，就归他管。可堂堂公主会在乎你洛阳令吗？公主把嫌犯藏在府里，你能擅入公主府第吗？公主出行，让嫌犯坐自己车上，你能冒犯公主车驾吗？但公主错了，既然不要命，就没有不敢做的事。在公主外出时，董宣拉住公主车马死死不放，并且以刀画地，斥责公主之不法。当

1

场把这杀人恶犯处决了。冒犯公主,不就是冒犯皇帝吗?在光武帝看来,这简直就是造反。"帝大怒,召宣,欲箠杀之。"董宣不怕死,但要说一句话再死:"陛下圣德中兴,而纵奴杀良人,将何以理天下乎?臣不须箠,请得自杀。"即以头击楹,流血满面。皇帝被他镇住了,不杀他了,但要他向公主赔罪:"帝令小黄门持之,使宣叩头谢主。宣不从,强使顿之,宣两手据地,终不肯俯。"几个人摁也没摁下这宁死不低的头。看到这些,你能不扼腕击案吗?天地间浩然之气,赋予一人一身,身虽孤弱,气不可夺。所以孔子说:三军可夺帅,匹夫不可夺志!

我们再读辩士唐雎与号称虎狼之国的秦王如下对话,会有什么感觉:"秦王怫然怒,谓唐雎曰:'公亦尝闻天子之怒乎?'……'天子之怒,伏尸百万,流血千里。'"这是什么样的威胁!唐雎从容对曰:"大王尝闻布衣之怒乎?"所谓"士"之怒,如"专诸之刺王僚也,彗星袭月;聂政之刺韩傀也,白虹贯日;要离之刺庆忌也,苍鹰击于殿上。"继他们三人之后,我唐雎将为第四人,我唐雎之怒很简单:"伏尸二人,流血五步,天下缟素,今日是也。"——他挺剑而起。这是强权与大义的较量,在大义面前,强权只能屈服:"秦王色挠,长跪而谢"。读此,能不血脉偾张吗?

天地正气,撑起的是尊严,不管是国家的、民族的,还是士人个体的。正气不可灭,尊严不可屈。天地正气赋予一人,就表现为崇高的节操。而这节操,往往在临大难中显现,文天祥说是"时穷节乃见"。当谭嗣同临刑前写下"我自横刀向天笑,去留肝胆两昆仑"时,心里想的什么?我们读了,感动的又是什么?是铁肩担道义,是热血警世人?不过,在谭嗣同就义前一千年的张元幹曾有一个对历史的考问:"底事昆仑倾砥柱?……天意从来高难问,况人情、老易悲难诉!"这或许更能代表我们的思考。历史应该沉思。

"天意从来高难问",千古一声长叹。几千年的古中国,政治生态多是恶劣的,"总为浮云能蔽日"(李白《登金陵凤凰台》),可以说是古代中国的常态。汉代被贬官到湖南的贾谊,有才有志,才不得施,志不得展。他来到湘水边,想到了遭际类似的屈原,写了一篇使英雄洒泪的《吊屈原文》,痛心于"贤圣逆曳兮,方正倒植"。不过,即使正不压邪,高尚之士志节从来不改。"风声一何盛,松枝一何劲。冰霜正惨凄,终岁常端正。"这是建安时刘桢的诗。"志士仁人,无求生以害仁,有杀身以成仁"(《论语·卫灵公》),为国为民,杀身成仁,是其常怀的志向。"欲为圣明除弊事,肯将衰朽惜残年。"(《左迁至蓝关示侄孙湘》)这是韩愈因谏阻皇帝迎佛骨,被贬潮州,行至蓝田关,写给前来送行的亲人的诗。潮州,在唐代,那几乎是一个有去无还的瘴疠之地。要除弊政,就得奋不顾身。好在韩愈后来还是回来了。

更值得敬仰的是元代的张养浩,他因为谏阻皇帝元宵节在宫中张挂花灯做鳌山,惹恼皇帝,辞官归去。在他,是要彻底告别官场,远离是非之地,终老家园了。辞官家居期间,朝廷七次征召,他都坚辞不赴。一次次征召,官位一步步提升,第六次,吏部尚书,是朝廷要职且是关键岗位,第七次,翰林学士,二品大员了,这些都不能动其心改其志,他依然在济南云庄潇闲度日。不料,天历二年(1329),关中大旱,饥民相食,朝廷征他为西行台中丞,官位不高于翰林学士,而且是很多人望而却步听了就想逃的差事,他却闻命而起,"既闻命,即散其家之所有与乡里贫乏者,登车就道,遇饿者则赈之,死者则葬之。""到官四月,未尝家居,止宿公署,夜则祷于天,昼则出赈饥民,终日无少息。每一念至,即抚膺痛哭,遂得疾不起,卒年六十。"为了拯救百姓,他将生死置之度外,最终为百姓殉身。"关中之人,哀之如失父母"。(《元史·张养浩传》)他不知道什么是趋利避害,只知道毅然赴难,解民于倒悬,救民于水火。从"即散其家之所有与乡里贫乏者"看,他是以必死的信念西去的。途中,他写下了那传诵千古的名作《潼关怀

3

古》："兴,百姓苦;亡,百姓苦。"他还写了一首诗,让人一读,肝肺具裂:"西风匹马过长安,饥殍盈途不忍看。十里路埋千百冢,一家人哭两三般。犬衔枯骨筋犹在,鸦啄新尸血未干。寄语庙堂贤宰相,铁人闻此也心酸。"诗没有题目,纯是诉说,纯是控诉,纯是血,纯是泪。他死在灾难深重的关中,我们相信,他的英魂永远护卫着关中灾民。

本书选取先秦至近代诗文词曲中体现浩然正大之气的作品近两百篇(首,语录不分条计),大分为正气歌、正气说、正气谱三部分。正气歌,是历代先贤所写天地正气的咏歌;正气说,是前贤有关天地正气的传说;正气谱,是历代体现天地正气先贤的传记。这三类作品,在几千年的中国,都浩如烟海,我们这里选录的,只是千百中之一二,但已经足使今人一读而感奋了。这些作品体现的精神,或慷慨赴难,或从容就义,或孤介自守,或时穷节现,或孤弱抗争,或守正不阿,或挫中奋起……在这里,我们特别敬仰孟子,也感谢孟子,他对浩然之气的阐述,激励了几千年的中国人:"我善养吾浩然之气。……其为气也,至大至刚,以直养而无害,则塞于天地之间。"(《孟子·公孙丑上》)"居天下之广居,立天下之正位,行天下之大道。得志与民由之,不得志独行其道。富贵不能淫,贫贱不能移,威武不能屈。此之谓大丈夫。"(《孟子·滕文公下》)这成为我们的格言,融化在我们的血液里,面对利与义的取舍,面对生与死的抉择,因这些话的激励,成就了多少大丈夫。前人评孟子,言其有"泰山岩岩之气象"(朱熹《近思录》),壁立千仞,使人敬之畏之,高山仰止,心向往之。孟子说,人的浩然之气,"是集义所生者"(《孟子·公孙丑上》)。一个人的正大之气须集义乃成,一个民族的正大之气,更是集义所成。今天读我们呈献给诸君的正气歌、正气说、正气谱,勃勃之气,能不拂拂生于胸中吗?正是有正大之气,我们民族才历尽磨难,屹立不倒。今天,特别需要这正大之气,振起民族精神,完成复兴大业,才不愧对先贤。20世纪30年代,我同胞"四万万人齐蹈励,同心同德一戎衣"(郭沫若《归国杂吟》)。那时的学者曾编选了《国魂诗选》《先民浩气诗选》,激励斗志,今天,我们更应以此鞭策,发扬蹈厉。

仅以此书,为心香一瓣,奉祭英灵,所有志高行洁的先贤,与天地兮比寿,与日月兮齐光!

编者

正气歌

定之方中

〔解题〕《定之方中》是《诗经·鄘（yōng 拥）风》的篇名。卫国为狄人所破，卫文公迁都于楚丘，以遗馀之民，在危难之中，不屈不挠，重建家国。诗歌记载了卫人在楚丘重建家园的过程。全诗三章，第一章写营造宫室热烈忙碌的景象；第二章写卫文公仔细查看建设情况并问卜于神，态度谨慎；第三章写卫文公在雨后亲自查看桑田，赞扬其心地正直，治国有方。

定之方中[1]，作于楚宫[2]。揆之以日[3]，作于楚室。树之榛栗，椅桐梓漆[4]，爰伐琴瑟[5]。

升彼虚矣[6]，以望楚矣。望楚与堂[7]，景山与京[8]。降观于桑[9]。卜云其吉[10]，终焉允臧[11]。

灵雨既零[12]，命彼倌人[13]。星言夙驾[14]，说于桑田[15]。匪直也人[16]，秉心塞渊[17]。骓牝三千[18]。

——《十三经注疏·毛诗正义》

［1］定：即室宿，二十八宿之一。夏正十月，定星会在黄昏出现于正南天空，古人据此确定方位，兴建宫室。

［2］楚宫：楚丘的宫殿。

［3］揆（kuí 葵）之以日：以日影测量确定方位。

［4］树：种植。榛、栗、椅、桐、梓、漆：皆树木名。

［5］爰（yuán 元）：于是。伐琴瑟：伐木以制作琴瑟。

［6］虚：“墟”的古字。

3

［7］楚:楚丘。堂:堂邑,卫地名。

［8］景山:大山。京:高丘。

［9］降观于桑:从高处下来,到桑林中查看。

［10］卜云其吉:占卜说这里很吉祥。

［11］终:终于。允:确实。臧:好,善。

［12］灵雨:好雨。零:落下。

［13］命:吩咐。倌(guān 关)人:驾车的人。

［14］星:晴。夙驾:早上驾车出行。

［15］说(shuì 税):通"税",停止。

［16］匪:通"彼"。直:正直。

［17］秉:持。塞:充实。渊:深。形容心地诚实,见识深远。

［18］骈(lái 来):高七尺的马。牝(pìn 聘):母马。

载　驰

〔解题〕《载驰》是《诗经·鄘风》的篇名。卫国为狄人所破,而许国未能救援,许穆夫人为卫女,哀悼其宗国颠覆而作歌。诗分四章,在激烈的矛盾冲突中,反映了作者对故国的强烈情感以及对许臣阻挠其吊唁故国的悲愤心情。

　　载驰载驱[1],归唁卫侯[2]。驱马悠悠,言至于漕[3]。大夫跋涉[4],我心则忧。

　　既不我嘉[5],不能旋反[6]。视而不臧,我思不远[7]。既不我嘉,不能旋济[8]。视而不臧,我思不閟[9]。

　　陟彼阿丘[10],言采其蝱[11]。女子善怀,亦各有行[12]。许人尤之,众穉且狂[13]。

　　我行其野,芃芃其麦[14]。控于大邦[15],谁因谁极[16]？大夫君子,无我有尤[17]。百尔所思,不如我所之[18]。

　　　　　　　　　　——《十三经注疏·毛诗正义》

［1］载:语气助词,乃,且。

［2］唁(yàn 艳):吊唁失国。卫侯:许穆夫人之兄。

［3］漕:卫地名。

［4］大夫:指阻止许穆夫人的许臣。跋涉:言许国大夫为阻止许穆夫人跋山涉水远道而来。

［5］既不我嘉:不同意我的主张。嘉,善,赞许。

［6］不能旋反:我也不会回去。旋,转车。反,返回。

5

[7]"视而"二句:我看你们的主张不对,我的想法不错。臧,好,善。

[8]济:止。

[9]闷(bì闭):闭塞。不闷,不是闭塞不通,是行得通的。

[10]阿丘:有一边高的山丘。

[11]言:语气助词。蝱(méng萌):贝母,药用植物。

[12]行:道路,指主张。

[13]尤:埋怨,责备。穉(zhì志):同"稚",训"骄"。指责许臣狂妄骄横。

[14]芃(péng蓬)芃:茂盛的样子。

[15]控:赴告。即求告。

[16]谁因谁极:谁和你亲近会来救你呢?因,亲。极,至。

[17]无我有尤:别以为我有什么可责备的。无,毋。

[18]之:往。

羔 裘

〔**解题**〕《羔裘》是《诗经·郑风》的篇名。诗中塑造了理想中的大夫形象,他为人正直,孔武有力,矢志不渝,堪称国之栋梁。诗篇以羔裘皮毛华美比喻君子品德高尚,显得生动自然而不失庄重。

羔裘如濡[1],洵直且侯[2]。彼其之子[3],舍命不渝[4]。

羔裘豹饰[5],孔武有力[6]。彼其之子,邦之司直[7]。

羔裘晏兮[8],三英粲兮[9]。彼其之子,邦之彦兮[10]。

——《十三经注疏·毛诗正义》

[1] 羔裘:羔羊皮裘,古士大夫的朝服。濡(rú 如):软,一说润泽。
[2] 洵:确实。直:正直。侯:美好。
[3] 之子:这个人。
[4] 舍命:舍弃性命。渝:改变。
[5] 豹饰:用豹皮作衣服的镶边。
[6] 孔:很。
[7] 邦:国家。司直:主正人过。司,主持;直,正直公道。
[8] 晏:鲜艳。
[9] 三英:装饰袖口的三道豹皮镶边。粲:光彩夺目的样子。
[10] 彦:才德出众的人。

无 衣

〔**解题**〕《无衣》是《诗经·秦风》的篇名。这是一首军中的歌谣,刚健有力,反映了秦人同仇敌忾保家卫国的浩然正气。

岂曰无衣?与子同袍[1]。王于兴师[2],修我戈矛,与子同仇!

岂曰无衣?与子同泽[3]。王于兴师,修我矛戟,与子偕作[4]!

岂曰无衣?与子同裳。王于兴师,修我甲兵,与子偕行!

——《十三经注疏·毛诗正义》

[1] 袍:长袍。
[2] 王:指秦王,秦人称其国君为王。
[3] 泽:同"襗",贴身的内衣。
[4] 偕作:一起起来去战斗。

国 殇

屈 原

〔解题〕屈原(约前340—前278),名平,字原,楚国的同姓贵族。《国殇》是《楚辞·九歌》中的一篇,是祭祀为国捐躯的将士的颂歌。诗歌出色地描绘了战斗的惨烈场面,颂扬了楚国将士慷慨悲壮的情怀。全诗情感充沛,庄严肃穆。

操吴戈兮被犀甲[1],车错毂兮短兵接[2]。旌蔽日兮敌若云,矢交坠兮士争先[3]。凌余阵兮躐余行[4],左骖殪兮右刃伤[5]。霾两轮兮絷四马[6],援玉枹兮击鸣鼓[7]。天时怼兮威灵怒[8],严杀尽兮弃原野。

出不入兮往不反,平原忽兮路超远[9]。带长剑兮挟秦弓[10],首身离兮心不惩[11]。诚既勇兮又以武[12],终刚强兮不可凌。身既死兮神以灵[13],魂魄毅兮为鬼雄[14]!

——《楚辞补注》

[1] 操:持。吴戈:吴地制造的戈,言戈之精良。被:披。犀甲:犀牛皮制造的铠甲。

[2] 错毂(gǔ谷):指兵车横列前进。毂,车轮中间横穿车轴的部位。

[3] "旌蔽"二句:敌军众多,旌旗遮蔽了太阳,双方的箭落在对方的阵地之上,将士们奋勇向前。

9

〔4〕凌:侵犯。躐(liè 列):践踏。行:行列。

〔5〕骖(cān 餐):驾车的边马。殪(yì 义):被杀而死。右:右侧的边马。

〔6〕霾:通"埋"。絷(zhí 直):绊住。

〔7〕援:持。枹(fú 扶):鼓槌。

〔8〕怼(duì 对):怨。

〔9〕反:通"返"。忽:空旷。

〔10〕秦弓:指良弓。

〔11〕惩:畏惧。

〔12〕诚:的确。

〔13〕神以灵:指将士的精神永存。

〔14〕毅:坚强。

涉 江

屈 原

〔解题〕《涉江》是《九章》中的一篇,当为屈原被放逐江南时所作。屈原年轻的时候受到楚怀王的信任,后在复杂的政治矛盾中遭到诬陷,被迫远离政治中心。《涉江》描写了诗人渡过江湘进入洞庭,经过枉陼、辰阳到溆浦的经历,感叹小人得志而君子见疏,同时表达了绝不妥协的决心。

余幼好此奇服兮[1],年既老而不衰。带长铗之陆离兮[2],冠切云之崔嵬[3]。被明月兮珮宝璐[4]。世溷浊而莫余知兮[5],吾方高驰而不顾[6]。驾青虬兮骖白螭[7],吾与重华游兮瑶之圃[8]。登昆仑兮食玉英[9],与天地兮同寿,与日月兮齐光。哀南夷之莫吾知兮[10],旦余济乎江湘[11]。

乘鄂渚而反顾兮[12],欸秋冬之绪风[13]。步余马兮山皋[14],邸余车兮方林[15]。乘舲船余上沅兮[16],齐吴榜以击汰[17]。船容与而不进兮[18],淹回水而凝滞[19]。朝发枉陼兮,夕宿辰阳[20]。苟余心其端直兮,虽僻远之何伤[21]。

入溆浦余儃佪兮[22],迷不知吾所如。深林杳以冥冥兮[23],乃猿狖之所居[24]。山峻高以蔽日兮,下幽晦以多雨[25]。霰雪纷其无垠兮[26],云霏霏而承宇[27]。哀吾生之无乐兮,幽独处乎山中。吾不能变心而从俗兮[28],固将愁苦

11

而终穷[29]。

接舆髡首兮[30]，桑扈臝行[31]。忠不必用兮，贤不必以[32]。伍子逢殃兮[33]，比干菹醢[34]。与前世而皆然兮[35]，吾又何怨乎今之人！余将董道而不豫兮，固将重昏而终身[36]。

乱曰[37]：鸾鸟凤皇[38]，日以远兮。燕雀乌鹊[39]，巢堂坛兮[40]。露申辛夷[41]，死林薄兮[42]。腥臊并御[43]，芳不得薄兮[44]。阴阳易位，时不当兮。怀信侘傺[45]，忽乎吾将行兮[46]。

——《楚辞补注》

[1] 奇服：奇异而美丽的服饰。用服饰之美比喻才德之美。

[2] 长铗(jiá颊)：长剑。陆离：曼长之貌。

[3] 冠：动词，戴。切云：冠名切云，形容其高。崔嵬(cuī wéi催唯)：高耸的样子。

[4] 明月：宝珠。宝璐：美玉。这里是以佩戴的宝物比喻作者品德的高贵。

[5] 溷(hùn混)浊：混乱污浊。莫余知：没有人理解我。

[6] 方：正要。高驰：向高远的地方奔驰。顾：回头。

[7] 青虬(qiú求)：青色有角的龙。骖：动词，驾车。白螭(chī吃)：白色无角的龙。

[8] 重华：舜帝的别名。瑶：美玉。圃：园。传说昆仑山上有瑶圃，是产美玉的天国花园。

[9] 昆仑：昆仑山，传说为神仙的居所，也以产玉著名。玉英：玉树的花朵。

[10] 南夷：南方的人，此指楚国人。

[11] 旦：清晨。济：渡水。江湘：长江与湘江。

[12] "乘鄂"句：登上鄂渚回望走过的路。乘：登上。鄂渚，地名。反顾，回头看。

[13]欸(āi哀):悲叹。绪风:馀风,指冬末之寒风。

[14]步余马:让我的马慢行。山皋:山边。

[15]邸:同"抵",抵达,停放。方林:地名。

[16]舲(líng玲)船:有窗户的船。上:溯流而上。

[17]吴榜:吴地的船桨。汰:水波。

[18]容与:行进迟回的样子。

[19]淹:停留。回水:漩涡。凝滞:停留不进。

[20]枉陼(zhǔ主):地名,在今湖南省常德市南。辰阳:地名,在今湖南省辰溪县西。

[21]"苟余"二句:只要我的心是正直的,即使把我流放到极偏远的地方,对我又有什么伤害呢! 苟,如果。端直,正直。伤,妨害。

[22]溆(xù叙)浦:地名。在今湖南省溆浦县。儃佪(chán huái缠怀):徘徊。

[23]杳:幽深。冥冥:昏暗不明。

[24]猿狖(yòu又):泛指猿猴。

[25]幽晦:阴暗。

[26]霰(xiàn线):雪粒。无垠(yín银):无边。

[27]霏霏:多貌。承:连接。宇:屋檐。

[28]变心:改变志向。

[29]固:本来,引申为宁肯。终穷:穷苦到底。

[30]接舆:楚国隐士,时称狂者。髡(kūn昆)首:削去头发,是古代的一种刑法。

[31]桑扈:春秋时期的隐士。臝(luǒ裸):通"裸"。作者因不见容于世人,故以古时隐者狂放以自慰。

[32]"忠不"二句:忠臣和贤士都不一定被信用。以,用。

[33]伍子:伍员,字子胥,楚国人。逢殃:伍子胥为报父仇而投吴,后因为直谏为吴王所杀。

[34]比干:殷时贤臣,因进谏纣王而被杀。菹醢(zū hǎi租海):古代酷刑,将人剁成肉酱。

[35]"与前"句:意思是像伍员、比干一样忠直而遇害的人有许多。

13

[36] "余将"二句:我将坚守正道决不犹豫,一生在如此黑暗中度过。董道,正道。豫,犹豫。重昏,处于层层黑暗之中。

[37] 乱:尾章,辞赋篇末概括全文的部分。

[38] 鸾鸟凤皇:比喻君子。

[39] 燕雀乌鹊:比喻小人。

[40] 巢:筑巢。堂坛:朝堂祭坛。

[41] 露申、辛夷:香草名。

[42] 林薄:草木杂生的地方。

[43] 腥臊:恶臭的东西。御:用。

[44] 薄:靠近,接近。

[45] 怀信:怀抱忠信。佗傺(chà chì 岔赤):失意的样子。

[46] 忽:飘忽。行:远行。

橘　颂

屈　原

　　[**解题**]《橘颂》是一篇咏物诗,南宋刘辰翁称之为"咏物之祖"。作者托物言志,将橘树与人格精神联系起来,赞扬橘树不仅有可喜的外表,更有"受命不迁""横而不流"的内美。诗中的橘树形象寄寓着作者热爱故国、坚贞不移的高尚品格。

　　后皇嘉树,橘徕服兮[1]。受命不迁[2],生南国兮。深固难徙,更壹志兮。绿叶素荣[3],纷其可喜兮。曾枝剡棘[4],圆果抟兮[5]。青黄杂糅,文章烂兮[6]。精色内白[7],类任道兮[8]。纷缊宜修[9],姱而不丑兮[10]。

　　嗟尔幼志[11],有以异兮。独立不迁,岂不可喜兮。深固难徙,廓其无求兮[12]。苏世独立,横而不流兮[13]。闭心自慎[14],终不失过兮。秉德无私,参天地兮。愿岁并谢[15],与长友兮。淑离不淫,梗其有理兮[16]。年岁虽少,可师长兮。行比伯夷,置以为像兮[17]。

——《楚辞补注》

　　[1]"后皇"二句:橘树是天地所生美好的树木,它适应南方的水土。后,后土。皇,皇天。徕,同"来"。服,习惯。

　　[2]受命:受皇天后土之命,即禀性、天性。

〔3〕素荣:白花。

〔4〕曾枝:繁枝。剡(yǎn眼):锐利。棘:刺。

〔5〕抟(tuán团):圆圆的。

〔6〕文章:花纹色彩。烂:光泽的样子。

〔7〕精色:皮色鲜明。内白:内瓤洁白。

〔8〕类:像。任:抱。

〔9〕纷缊(yùn韵):繁茂。宜修:修饰合宜。

〔10〕姱(kuā夸):美好。丑:类,同类。

〔11〕嗟:感叹词。尔:指橘。幼志:幼年时的志向。

〔12〕廓:胸怀旷达。

〔13〕"苏世"二句:清醒地独立于世,敢于横绝风涛,而不随波逐流。苏,醒。横,横绝。

〔14〕闭心:封闭其心。自慎:谨饬自守。

〔15〕愿岁并谢:愿一同老去。此处是指作者愿与橘树共老。

〔16〕淑离不淫:保持美善,不为外物所干扰迷乱。淑,善。离,通"丽"。淫,乱。梗:正直,坚强。

〔17〕伯夷:古时贤人。因反对周武王灭殷纣,与弟弟叔齐不食周粟,饿死在首阳山。后人往往以伯夷作为清白抗节的代表。

吊屈原文

贾 谊

〔解题〕贾谊(前200—前168),世称贾太傅、贾生,洛阳(今河南省洛阳)人。汉文帝初年授博士,官至大中大夫。后受朝臣中伤,贬为长沙王太傅,继为梁怀王太傅,最终忧愤而死。所著《过秦论》《陈政事疏》《论积贮疏》等,论说性强,气势纵横。《吊屈原文》是贾谊赴任长沙王太傅途中渡过湘水时所作凭吊屈原的作品,在激愤的言辞背后,寄托着作者对屈原不幸遭遇的不平与同情,也蕴含着作者自己的身世之伤。

恭承嘉惠兮,俟罪长沙[1];侧闻屈原兮[2],自沉汨罗。造讬湘流兮,敬吊先生[3];遭世罔极兮,乃殒厥身[4]。呜呼哀哉!逢时不祥。鸾凤伏窜兮,鸱枭翱翔[5]。阘茸尊显兮[6],谗谀得志;贤圣逆曳兮,方正倒植[7]。世谓随、夷为溷兮,谓跖、蹻为廉[8];莫邪为钝兮,铅刀为铦[9]。吁嗟默默,生之无故兮[10];斡弃周鼎,宝康瓠兮[11]。腾驾罢牛,骖蹇驴兮[12];骥垂两耳,服盐车兮[13]。章甫荐履,渐不可久兮[14];嗟苦先生,独离此咎兮[15]。

讯曰[16]:已矣[17]!国其莫我知兮,独壹郁其谁语[18]?凤漂漂其高逝兮,固自引而远去。袭九渊之神龙兮,沕深潜以自珍[19];偭蟂獭以隐处兮,夫岂从虾与蛭蟥[20]?所贵圣人

17

之神德兮,远浊世而自藏;使骐骥可得系而羁兮,岂云异夫犬羊[21]?般纷纷其离此尤兮,亦夫子之故也[22]。历九州而相其君兮,何必怀此都也[23]?凤凰翔于千仞兮,览德辉而下之[24];见细德之险徵兮,遥曾击而去之[25]。彼寻常之污渎兮,岂能容夫吞舟之巨鱼[26]?横江湖之鳣鲸兮,固将制于蝼蚁[27]。

——《文选》卷六〇

[1]"恭承"二句:指自己被文帝贬为长沙王太傅。本为贬官,但因是皇帝之命,须说是"嘉惠"。恭承,敬受。嘉惠,美好的恩惠。俟(sì 四)罪,待罪。

[2]侧闻:从旁听说。

[3]"造讬"二句:指到湘江边上,凭借江水寄托对屈原的哀思。造,到。讬,寄托。

[4]罔极:罔,无;极,准则,法则。罔极犹言无道。殒(yǔn 陨)厥身:丧失了他的生命。厥,其。

[5]鸾凤:鸾鸟凤凰,吉祥的鸟。伏窜:潜伏,躲藏。鸱枭(chī xiāo 吃消):猫头鹰一类的鸟,古人认为是不吉祥的鸟。

[6]阘(tà 踏)茸:不贤之材。

[7]逆曳:倒拖。倒植:倒立。

[8]随、夷:随指卞随,殷之贤者,汤灭夏,以天下让随,随不受,投颖水死;夷指伯夷,商末孤竹国长子,反对武王伐纣,不食周粟而死。溷(hùn 混):污浊,卑下。跖(zhí 直)、蹻(qiāo 悄):盗跖、庄蹻,古时大盗。

[9]莫邪:古时宝剑名。铅刀:钝刀。铦(xiān 先):锋利。

[10]无故:指屈原没有过错而遇祸。

[11]斡:旋转、转移,指抛弃。周鼎:周有九鼎,为传国宝器。康瓠(hù 户):破瓦罐,一说空葫芦。

[12]"腾驾"二句:用疲牛和跛驴驾车,比喻不才者受重用。腾驾,驾驭。罢,通"疲"。蹇驴,跛驴。

〔13〕骥:骏马。服盐车:拉盐车,比喻贤才被糟蹋。

〔14〕章甫荐履:把礼帽当鞋垫,喻贤才遭践踏。章甫,冠名。荐,垫。履,鞋。

〔15〕离:遭受。咎(jiù旧):灾祸。

〔16〕讯曰:相当于楚辞的"乱曰",为终章之语。

〔17〕壹郁:抑郁。

〔18〕袭:深藏,一说效法。汩(mì秘):潜藏。

〔19〕伈:背。蟂獭(xiāo tǎ 消塔):传说中为害鱼类的水中动物。

〔20〕"夫岂"句:岂能与这些小虫为伍。虾,蛤蟆。蛭(zhì 至),蚂蟥之类的水虫。螾(yǐn引),蚯蚓。

〔21〕"使骐"二句:如果骏马能用络头束缚住,那么和犬羊又有什么分别呢?使,假设。骐骥,骏马。羁,用络头络住。

〔22〕般:久。纷纷:乱状。离:遭受。尤:祸患。

〔23〕"历九"二句:遍览九州,寻访明主而事之,何必不忘楚国。这是出于愤慨的牢骚话。

〔24〕览:看到。德辉:道德的光辉。

〔25〕细德:薄劣的德行。险徵(zhēng 征):凶险的征兆。曾击:意为高飞。击,拍打翅膀。

〔26〕污渎:污水沟。

〔27〕"横江"二句:纵横江湖的大鲸,困于水沟,会被蝼蚁所制。鳣(zhān 沾),鲟鱼一类的大鱼。

陌 上 桑

　　[解题]《陌上桑》是一首汉乐府诗,描绘了采桑女罗敷拒绝官员调戏的经过,对罗敷的美丽与聪慧给予热情的赞扬。诗歌前半部分反复从侧面描写罗敷的美貌,写得生动而趣味盎然。后半部分是罗敷回答使君的言语,既透露出坚贞的态度,又展现了罗敷的口才和机智。

　　日出东南隅[1],照我秦氏楼。秦氏有好女,自名为罗敷。罗敷喜蚕桑,采桑城南隅。青丝为笼系[2],桂枝为笼钩。头上倭堕髻,耳中明月珠[3]。缃绮为下裙,紫绮为上襦[4]。行者见罗敷,下担捋髭须。少年见罗敷,脱帽着帩头[5]。耕者忘其犁,锄者忘其锄。来归相怨怒,但坐观罗敷。使君从南来,五马立踟蹰[6]。使君遣吏往,问是谁家姝?[7]"秦氏有好女,自名为罗敷。""罗敷年几何?""二十尚不足,十五颇有馀。"使君谢罗敷:"宁可共载不[8]?"罗敷前置词:"使君一何愚[9]!使君自有妇,罗敷自有夫。东方千馀骑,夫婿居上头[10]。何用识夫婿?白马从骊驹[11];青丝系马尾,黄金络马头;腰中鹿卢剑[12],可值千万馀。十五府小吏[13],二十朝大夫,三十侍中郎[14],四十专城居[15]。为人洁白皙,鬑鬑颇有须[16]。盈盈公府步,冉冉府中趋[17]。坐中数千人,皆言夫婿殊[18]。"

——逯钦立《先秦汉魏晋南北朝诗》汉诗卷九

〔1〕隅:方。

〔2〕笼:篮子。系:系东西的绳子。

〔3〕倭堕髻(wō duò jì 窝剁记):当时流行的一种时髦发式。明月珠:大珠。

〔4〕缃绮:杏黄色有花纹的丝织品。襦(rú 如):短袄。

〔5〕悄(qiào 俏)头:包头发的纱巾。

〔6〕使君:汉代对太守、刺史等官员的称呼。五马:指使君所乘的用五匹马拉着的车子。踟蹰(chí chú 迟除):徘徊。

〔7〕姝(shū 书):美人。

〔8〕谢:问。共载:一同乘车回去。

〔9〕一何:多么,何等。

〔10〕上头:行列的前端。

〔11〕何用:何以,根据什么。骊:黑色的马。

〔12〕鹿卢:即"辘轳",古代长剑之首刻为鹿卢形,这是罗敷形容夫婿的配饰华美。

〔13〕府小吏:太守府中的小官。

〔14〕朝大夫、侍中郎:均为官名。

〔15〕专城居:一城之主,主管一地或一城的官员,如太守等。

〔16〕鬑(lián 连)鬑:长貌。白面长髯是当时美男子的相貌。

〔17〕盈盈、冉冉:美好而迟缓的样子。公府步、府中趋:即所谓"官步"。

〔18〕殊:出众。

安封侯诗

崔骃

〔解题〕崔骃(？—92)，字亭伯，涿郡安平(今河北省安平县)人。《安封侯诗》虽短，却描绘了一幅壮烈的战斗场面。诗中战马嘶鸣，鼓声震天，将士奋勇杀敌，使读者几乎能听到喊杀与兵戈之声，感受到战斗情怀的鼓舞和激荡。

戎马鸣兮金鼓震,壮士激兮忘身命[1]。被兕甲兮跨良马,挥长戟兮彀强弩[2]。

——欧阳询《艺文类聚》卷五十九

[1] 戎马:战马。忘身命:忘掉自己的性命。
[2] 被:同"披"。兕(sì四)甲:犀牛皮制成的铠甲。彀(gòu够):把弓拉满。

鰕䱇篇

曹 植

〔**解题**〕曹植（192—232），字子建，沛国谯（今安徽省亳州市）人，建安文学代表人物。曹操之子，魏文帝曹丕之弟，生前曾为陈王，去世后谥号"思"，因此又称陈思王。与曹操、曹丕合称为"三曹"。本篇以小鱼不知江海、燕雀不解鸿鹄做比喻，言世上庸碌之人不会明白高士远大的理想。作者鄙薄那些只知追逐势利的小人，表明自己安定天下的宏图。诗篇气象高远，气魄雄浑，也寄托了壮志难酬的感慨，全诗的感情基调深沉而悲凉。

　　鰕䱇游潢潦[1]，不知江海流。燕雀戏藩柴，安识鸿鹄游[2]。世士此诚明，大德固无俦[3]。驾言登五岳[4]，然后小陵丘。俯观上路人，势利惟是谋[5]。仇高念皇家，远怀柔九州[6]。抚剑而雷音，猛气纵横浮[7]。泛泊徒嗷嗷，谁知壮士忧[8]。

——赵幼文《曹植集校注》

[1] 鰕（xiā 虾）：生活在淡水中的小虫。䱇（shàn 善）：黄鳝。潢潦（huáng lǎo 黄老）：路上的积水。

[2] 藩柴：篱笆。鸿鹄：天鹅。

[3] 此诚明：真正明白这个道理。俦：比。

〔4〕驾:驱车。言:语气助词。

〔5〕上路人:奔走仕途的人。

〔6〕仇高:仇敌强大。念皇家:希望辅佐皇朝。柔:安定。

〔7〕抚剑而雷音:诸侯之剑,用如雷霆之震,语出《庄子》。猛气:勇猛的战斗之气。纵横浮:洋溢。

〔8〕泛泊:漂浮停泊,指混迹世间的无为之人。嗷嗷:乱叫。

白马篇

曹 植

〔解题〕本篇写游侠少年的英勇,着力刻画了主人公的高超武艺和报国豪情。全诗精神昂扬,语言华美流畅,具有曹植"骨气奇高,辞采华茂"的特色。

白马饰金羁,连翩西北驰。借问谁家子,幽并游侠儿[1]。少小去乡邑,扬声沙漠垂[2]。宿昔秉良弓,楛矢何参差[3]。控弦破左的,右发摧月支[4]。仰手接飞猱,俯身散马蹄[5]。狡捷过猴猿,勇剽若豹螭[6]。边城多警急,虏骑数迁移。羽檄从北来[7],厉马登高堤。长驱蹈匈奴,左顾凌鲜卑[8]。弃身锋刃端,性命安可怀[9]?父母且不顾,何言子与妻!名编壮士籍,不得中顾私。捐躯赴国难,视死忽如归!

——赵幼文《曹植集校注》

[1] 幽并:幽州和并州,今河北、山西和陕西部分地区,古时以盛出豪侠人物而知名。

[2] 扬声:扬名。垂:边陲。

[3] 秉:持。楛(hù户):木名,可做箭杆。

[4] 控弦:拉弓。左的:左边的目标。月支:箭靶的名称。

[5] 猱(náo挠):猿猴。散:碎裂,摧毁。马蹄:一种箭靶的名称。

[6] 剽:轻快。螭(chī吃):黄色的龙。

[7] 羽檄:插着羽毛的征召文书,表示紧急。
[8] 鲜卑:族名。
[9] 怀:惜。

杂诗七首(其六)

曹　植

〔解题〕本篇为诗人述志之作,表达了诗人渴望战斗的雄心壮志和情愿为国捐躯的正气。言辞豪迈悲壮,格调高远,颇有建安诗歌的特点。

飞观百馀尺,临牖御棂轩[1]。远望周千里[2],朝夕见平原。烈士多悲心,小人偷自闲[3]。国仇亮不塞,甘心思丧元[4]。抚剑西南望,思欲赴太山[5]。弦急悲声发,聆我慷慨言。

——赵幼文《曹植集校注》

[1] 观:宫门前的望楼。飞观,形容望楼之高。牖(yǒu友):窗户。御:依靠。棂轩:栏杆。
[2] 周:遍。
[3] 烈士:气节壮烈之士。悲心:悲愤情怀。偷:苟且。
[4] 亮:实在。不塞:未报。丧元:丢掉脑袋,即付出性命。
[5] 抚:同"抚"。太山:指东吴。东吴在太山之南。

赠从弟三首(其二)

刘 桢

〔解题〕刘桢(？—217)，字公幹，汉魏间文学家，建安七子之一。本篇是作者写给堂弟的诗。从弟，即堂弟。诗中以树作喻，赞美松柏不畏严寒，始终保持端正的本性，希望堂弟以此为榜样，不要因为外界的压力而丧失节操。

　　亭亭山上松，瑟瑟谷中风。风声一何盛，松枝一何劲。冰霜正惨凄，终岁常端正。岂不罹凝寒[1]，松柏有本性。

　　　　　　　　　　　　——《文选》卷二十三

[1] 罹(lí离)：遭受。凝寒：严寒。

咏怀八十二首(选二)

阮 籍

〔**解题**〕阮籍(210—263),字嗣宗,陈留(今属河南)人。阮瑀之子。曾任步兵校尉,人称阮步兵。魏晋之际,阮籍纵酒尚玄,以求自全,与嵇康、刘伶等人时称"竹林七贤"。《咏怀》是阮籍所作的一组五言诗,今存八十二首,非一时之作。作为阮籍诗歌的代表作,《咏怀》以委婉隐曲的笔法抒发了忧世伤生的感慨。诗中感慨之情溢于言表,而所感之事往往幽深难求,故有"阮旨遥深"之评。以下所选第十六首,写蓬池秋冬之交的苍茫景色,用象征的手法,表现朝政的衰败,以走兽横驰象征恶人当道。整首诗表达了对朝政混乱的哀伤和士人无节的愤慨,和自己不与小人为伍的凛然正气。第三十九首表达建功立业的雄心与渴望,颂扬临难不顾生的壮士,赞美其忠义与气节,气魄宏大,精神昂扬。

其十六

徘徊蓬池上,还顾望大梁[1]。绿水扬洪波,旷野莽茫茫[2]。走兽交横驰,飞鸟相随翔。是时鹑火中,日月正相望[3]。朔风厉严寒,阴气下微霜[4]。羁旅无俦匹,俛仰怀哀伤[5]。小人计其功,君子道其常[6]。岂惜终憔悴,咏言著斯章[7]。

——陈伯君《阮籍集校注》

[1] 蓬池:地名,战国时在魏国都城大梁之东北,为沼泽。还顾:回头。
[2] 莽:草。
[3] 是时:此时。鹑火:星次名。二十八宿中,柳、星、张宿称鹑火。古人常以星宿方位指代时岁,鹑火运行在南方星空正中,为夏历九月、十月之交。日月正相望:夏历每月的十五日。
[4] 朔风:北风。阴气:寒冷之气。此喻朝中形势。
[5] 羁旅:作客在外。俦匹:伴侣。俛(fǔ府):同"俯"。
[6] 计:盘算。功:功利。道其常:遵常道而行。道,遵循。
[7] 憔悴:失意貌。斯章:这首诗。

其三十九

壮士何慷慨,志欲威八荒[1]。驱车远行役,受命念自忘。良弓挟乌号,明甲有精光[2]。临难不顾生,身死魂飞扬。岂为全躯士,效命争战场。忠为百世荣,义使令名彰[3]。垂声谢后世[4],气节故有常。

——陈伯君《阮籍集校注》

[1] 八荒:八方荒远之地,指代天下。
[2] 乌号:弓名。明甲:一种良甲。
[3] 令名:美名。
[4] 垂声:留名。谢:告。

壮 士 篇

张 华

[解题] 张华(232—300),字茂先,魏晋时范阳方城(今河北固安)人。著有《博物志》十卷。《壮士篇》属乐府《杂曲歌辞》,表达了作者建功立业的雄心壮志。表现了英雄的气贯长虹。辞气高古,气魄慷慨,颇近建安风骨。

天地相震荡,回薄不知穷[1]。人物禀常格,有始必有终[2]。年时俛仰过,功名宜速崇[3]。壮士怀愤激,安能守虚冲[4]。乘我大宛马,抚我繁弱弓[5]。长剑横九野,高冠拂玄穹[6]。慷慨成素霓,啸吒起清风[7]。震响骇八荒,奋威曜四戎[8]。濯鳞沧海畔[9],驰骋大漠中。独步圣明世,四海称英雄。

——《汉魏六朝百三家集》本《张茂先集》

[1] "天地"二句:天地一直处于互相震荡运转的过程之中。回薄,回旋运转。

[2] "人物"二句:人与物都受天地自然规律的影响,有开始就有结束。禀,禀受。常格,规范。这几句言天地不知穷而人生短暂,有时不我待之意。

[3] "年时"二句:人的一生转瞬即逝,应该及早建功立业。俛,同"俯"。崇,高盛。

〔4〕虚冲:虚静恬淡。

〔5〕大宛:汉时西域国名,出产良马。繁弱:古代的一种大弓。

〔6〕九野:九州之地。玄穹:苍天。

〔7〕素霓:白虹。啸吒:大声怒吼。史载荆轲刺秦王之时有白虹贯日,临行前曾于易水旁高歌,此处即用此典。

〔8〕四戎:四周的敌国。

〔9〕濯鳞沧海:指像鱼一样在大海中遨游。濯,洗。

猛 虎 行

陆 机

〔**解题**〕 陆机(261—303),字士衡,吴郡(今江苏苏州)人。吴国大司马陆抗之子。吴国灭亡后,陆机入洛。成都王司马颖等讨伐长沙王司马乂,以陆机为后将军,河北大都督。战败,在军中遇害。陆机在当时诗名很盛,《诗品序》称其为"太康之英"。《猛虎行》为乐府旧题,属杂曲歌辞。陆机此诗写志士本坚守名节,但有时为险恶时势所迫而有不得已,出应时君之命又空怀理想,时命不达,功名无成,亮节与直音也难为时君接受,苦闷的胸襟难为一展。

渴不饮盗泉水[1],热不息恶木阴。恶木岂无枝,志士多苦心。整驾肃时命[2],杖策将远寻。饥食猛虎窟,寒栖野雀林[3]。日归功未建,时往岁载阴[4]。崇云临岸骇,鸣条随风吟[5]。静言幽谷底,长啸高山岑。急弦无懦响,亮节难为音[6]。人生诚未易,曷云开此衿[7]?眷我耿介怀,俯仰愧古今[8]。

——《文选》卷二十八

[1] 盗泉:水名。据说孔子过盗泉,因恶其名,渴而不饮。
[2] 肃:恭敬。时命:时君的命令。

［3］"饥食"二句:《猛虎行》古辞言"饥不从猛虎食,暮不从野雀栖",这里反用旧意,就虎窟而食,与野雀共栖,表示饥寒交迫而不得不如此。

［4］载:则。岁阴:岁暮。

［5］鸣条:发出声音的树枝。

［6］"急弦"二句:以音乐为比喻,说高节的人一定也是直言嘹亮,就像绷紧的琴弦不可能弹奏出柔弱之音。急弦,绷紧的琴弦。懦响,柔弱之音。亮节,高节。

［7］曷:何。衿:襟,怀抱。

［8］"眷我"二句:因为言行不能合于自己的理想,所以感到俯仰有愧。眷,顾念。

扶 风 歌

刘 琨

〔解题〕刘琨(271—318),字越石,中山魏昌(今河北)人。西晋著名将领、诗人,诗风悲凉慷慨。《扶风歌》,《乐府诗集》录入《杂歌谣辞》,是诗人于永嘉元年(307)由洛阳赴任并州刺史途中所作。并州在今太原一带。当时八王之乱刚息,北方边乱又起,黄河以北已为匈奴、羯人出没之地,并州荒寒,户不满二万,又盗贼纵横,道路阻断。刘琨此行,乃为匡扶晋室,冒险犯难而行。诗歌描绘了旅途所见的萧瑟景象,传达出诗人的悲愤心情。

朝发广莫门,暮宿丹水山[1]。左手弯繁弱,右手挥龙渊[2]。顾瞻望宫阙,俯仰御飞轩[3]。据鞍长叹息,泪下如流泉。系马长松下,发鞍高岳头[4]。烈烈悲风起,泠泠涧水流[5]。挥手长相谢[6],哽咽不能言。浮云为我结[7],归鸟为我旋。去家日已远,安知存与亡。慷慨穷林中,抱膝独摧藏[8]。麋鹿游我前,猿猴戏我侧。资粮既乏尽,薇蕨安可食[9]。揽辔命徒侣,吟啸绝岩中[10]。君子道微矣,夫子固有穷[11]。惟昔李骞期,寄在匈奴庭[12]。忠信反获罪,汉武不见明[13]。我欲竟此曲[14],此曲悲且长。弃置勿重陈[15],重陈令心伤。

——《文选》卷二十八

〔1〕广莫门:洛阳城的北门。丹水山:丹朱岭,在今山西境内。

〔2〕繁弱:弓名。龙渊:宝剑名。

〔3〕顾瞻:回看。俯仰:形容屋舍有高有低的样子。御:列。飞轩:屋顶的飞檐。

〔4〕发鞍:解下马鞍。高岳:高山。

〔5〕泠(líng灵)泠:水声清越的样子。

〔6〕谢:告别。

〔7〕结:集结。

〔8〕穷林:偏僻的树林。摧藏:凄怆。

〔9〕资:钱财。薇蕨:泛指野菜。

〔10〕揽辔:拉住缰绳。徒侣:指随从。吟啸:悲歌。绝岩:绝壁。

〔11〕道微:君子之道衰微不行。固有穷:出自《论语·卫灵公》"君子固穷",这里是说像孔子一样的圣人都有穷困的时候,以此自勉。

〔12〕李:指汉代李陵。骞期:过期未还。此指汉李陵率五千人出塞击匈奴,遭匈奴围困,兵败降敌,留在匈奴。

〔13〕忠信:指李陵。司马迁认为李陵兵败投降,事出有因。这里说汉武帝杀李陵全家不为明君。

〔14〕竟:演奏完。

〔15〕弃置:放在一边。勿重陈:不要再说了。

重赠卢谌

刘　琨

〔解题〕这是刘琨为鲜卑人段匹䃅拘系期间写给僚属卢谌的诗。诗中感慨自己的远大理想难以实现,流露出幽愤的心情。本篇既是诗人自述,也隐含着对卢谌的激励。

握中有悬璧,本自荆山璆[1]。惟彼太公望,昔在渭滨叟[2]。邓生何感激[3],千里来相求。白登幸曲逆[4],鸿门赖留侯[5]。重耳任五贤[6],小白相射钩[7]。苟能隆二伯,安问党与仇[8]。中夜抚枕叹,想与数子游。吾衰久矣夫,何其不梦周[9]。谁云圣达节,知命故不忧[10]。宣尼悲获麟,西狩涕孔丘[11]。功业未及建,夕阳忽西流。时哉不我与,去乎若云浮。朱实陨劲风,繁英落素秋[12]。狭路倾华盖,骇驷摧双辀[13]。何意百炼刚,化为绕指柔。

——《文选》卷二十五

[1] 悬璧:悬黎制成的璧。悬黎,美玉名。荆山:在今湖北南漳西,楚国卞和曾于此发现璞玉。璆(qiú 求):玉。

[2] 惟:思。太公望:指姜尚,他曾隐于渭水之滨,后遇到周文王,助周灭商。

[3] 邓生:指东汉邓禹,他从南阳赶到邺城,投奔光武帝刘秀。感激:

受到感动而振奋。

〔4〕白登:山名,在今山西大同东。刘邦曾在此被匈奴围困,用陈平奇计而解围。幸:多亏。曲逆:地名,故城在今河北省顺平县东南。汉高祖封陈平为曲逆侯,因以曲逆指陈平。

〔5〕鸿门:地名,在今陕西临潼东。留侯:张良。鸿门宴上,刘邦全赖留侯张良周旋而脱险。

〔6〕"重耳"句:晋文公重耳,得狐偃、赵衰、颠颉、魏武子和司空季子等五贤的辅佐。

〔7〕小白:齐桓公名。射钩:射钩者,指管仲。管仲先事公子纠,公子纠与小白争位,管仲箭射中小白带钩。小白即位后,不计前仇,用管仲为相,成就霸业。

〔8〕隆二伯:兴起两位霸主,即晋文公、齐桓公,均为春秋霸主。

〔9〕"吾衰"二句:语本《论语·述而》:"子曰:'甚矣吾衰也,久矣,吾不复梦见周公。'"

〔10〕"谁云"二句:圣如孔子知分知命,也还是不能免于忧愁。达节,知分。

〔11〕宣尼:孔子。西狩:鲁哀公十四年,鲁国西部冬猎时得到麒麟。孔子因麒麟出非其时联想到自己,悲叹"吾道穷矣",即以为自己的理想和追求终于不能实施。

〔12〕繁英:繁花。

〔13〕华盖:华丽的车盖,指代大车。骇驷:受惊的马。辀(zhōu 舟):车辕。

归田园居(其三)

陶渊明

〔解题〕 陶渊明(365—427),字元亮,一说名潜,字渊明,别号五柳先生。浔阳柴桑(今江西九江)人。陶渊明是中国文学史上的著名诗人。《归田园居》原作共五首,这里选了第三首。诗人归隐田园,躬耕辛苦,但不违背自己的心愿。表达诗人对人格完整理想的追求。

种豆南山下[1],草盛豆苗稀。晨兴理荒秽,带月荷锄归[2]。道狭草木长,夕露沾我衣。衣沾不足惜,但使愿无违[3]。

——逯钦立校注《陶渊明集》

[1] 南山:即庐山。
[2] 兴:起。荒秽:杂草。荷:肩扛。
[3] "但使"句:所求只是不违背自己的心愿。

咏荆轲

陶渊明

〔解题〕本篇专咏荆轲刺秦之事。诗人歌颂荆轲为报知己，义无反顾，慨然赴死的侠义之举，对其刺秦不成的结局流露出惋惜之情。诗篇语言凌厉潇洒，气魄慷慨，与陶诗他篇的恬淡风格颇不相同，故朱熹谓为"豪放"。

燕丹善养士，志在报强嬴[1]。招集百夫良，岁暮得荆卿[2]。君子死知己[3]，提剑出燕京。素骥鸣广陌，慷慨送我行[4]。雄发指危冠，猛气冲长缨[5]。饮饯易水上[6]，四座列群英。渐离击悲筑，宋意唱高声[7]。萧萧哀风逝，淡淡寒波生。商音更流涕，羽奏壮士惊[8]。心知去不归，且有后世名。登车何时顾，飞盖入秦庭[9]。凌厉越万里，逶迤过千城[10]。图穷事自至，豪主正怔营[11]。惜哉剑术疏，奇功遂不成[12]。其人虽已殁，千载有馀情。

——逯钦立校注《陶渊明集》

[1] 燕丹：燕太子丹。士：门客。报：报仇。强嬴(yíng 莹)：即强秦，秦王姓嬴氏。

[2] 百夫良：百里挑一的优秀人物。荆卿：指荆轲。

[3] 死知己：为知己而死。

［4］"素骥"二句:太子丹和宾客为荆轲送行,皆着丧服,以示必死的决心。素骥,白马。广陌,大道。

［5］雄发指危冠:即"怒发冲冠"之意。危冠,高帽。缨:系冠的带子。

［6］易水:水名,在今河北易县。

［7］渐离:高渐离。宋意:宋如意。易水送行之时,高渐离与宋如意击筑而歌。

［8］商、羽:均为古乐调名,音节高亢。

［9］何时顾:不再回头。飞盖:飞车,形容离去之迅速坚决。

［10］凌厉:奋勇貌。逶迤:曲折绵延。

［11］图穷:地图全部打开,指"图穷匕见"之事。荆轲将匕首藏于地图之内,将地图献给秦王,等到地图全部打开,以匕首行刺。豪主:指秦王。怔营:惶恐。

［12］疏:疏陋,指荆轲剑术不佳。奇功:指刺秦之事。

41

代出自蓟北门行

鲍 照

〔解题〕鲍照(414？—466)，字明远，祖籍东海(治所在今山东苍山)，久居建康(今南京)。家世贫贱，临海王刘子顼(xū须)镇荆州，任前军参军。刘子顼作乱兵败，照为乱兵所杀。鲍照长于乐府诗，其七言诗对唐代诗歌的发展起了很重要的作用。本篇是一首拟乐府诗。诗写北方地区发生战事，战士们不畏艰难险阻，奔赴前线报效祖国，热情歌颂了他们为国捐躯的慷慨精神。诗中生动描绘了北方的肃杀风景，衬托了战士的壮烈情怀。全诗语言激越浏亮，格调高昂。

羽檄起边亭，烽火入咸阳[1]。征师屯广武，分兵救朔方[2]。严秋筋竿劲，虏阵精且强[3]。天子按剑怒，使者遥相望[4]。雁行缘石径，鱼贯度飞梁[5]。箫鼓流汉思[6]，旌甲被胡霜。疾风冲塞起，沙砾自飘扬[7]。马毛缩如猬，角弓不可张[8]。时危见臣节，世乱识忠良。投躯报明主，身死为国殇[9]。

——《四部丛刊》本《鲍氏集》

[1]羽檄：古人在征召的木简上插上鸟羽，以示紧急。羽檄即为紧急军事公文。边亭：边境上的哨所。烽火：古代边防警戒的烟火。咸阳：指代

都城。

［2］广武:县名,在今山西代县西。朔方:郡名,地域在今内蒙古自治区黄河以南的地区。

［3］严秋:肃杀之秋。筋竿:弓箭。虏阵:指敌人。

［4］遥相望:天子接连派出使者,以至遥遥相望。

［5］雁行:形容军队的行列齐整,如同天空中的成队的大雁。缘:沿着。飞梁:桥梁。

［6］"箫鼓"句:军中演奏的乐曲流荡着对汉地的思念。箫鼓,军乐。

［7］塞:边塞。

［8］"马毛"句:形容天气酷寒,战马蜷缩,毛发竖起,如同刺猬。角弓:以兽角装饰的弓。

［9］国殇:为国牺牲的人。

拟行路难十八首(其六)

鲍　照

〔解题〕《行路难》属乐府《杂曲歌辞》。鲍照《拟行路难》共十八首,多表达作者对现实生活中种种不合理现象的失望和不满。本篇是第六首,慨叹自己空有壮志而进身无门。诗歌后半部分以豪迈口吻故作开解,实则蕴含着深深的不平。全诗语言流畅潇洒,为鲍照乐府"俊逸"本色。

对案不能食[1],拔剑击柱长叹息。丈夫生世会几时[2],安能蹀躞垂羽翼[3]？弃置罢官去,还家自休息。朝出与亲辞[4],暮还在亲侧。弄儿床前戏,看妇机中织。自古圣贤尽贫贱,何况我辈孤且直[5]。

——《四部丛刊》本《鲍氏集》

[1] 案:盛放食物的小几。
[2] 会:能。
[3] 蹀躞(dié xiè 叠谢):小步走路。垂羽翼:垂下翅膀。
[4] 亲:父母。
[5] 孤且直:孤高且耿直。

杂体诗·鲍参军照戎行

江　淹

〔解题〕江淹（444—505），字文通，济阳考城县（今河南兰考）人。出身孤寒，沉静好学。其诗幽深奇丽，与鲍照相近。江淹《杂体诗》共三十首，是模拟前人风格创作的一组诗，模拟古诗《古别离》一首，李陵（托名）以下班婕妤、曹丕、曹植一直到刘宋汤惠休二十九人每人一首。本篇是模拟鲍照风格所写，是组诗第二十九首。鲍参军，即鲍照。鲍照诗常常借军戎题材表达其慷慨报国的热情和功业未建的愤懑。江淹仿鲍照诗，也就沿袭了这个题材。

　　豪士枉尺璧，宵人重恩光[1]。徇义非为利，执羁轻去乡[2]。孟冬郊祀月，杀气起严霜[3]。戎马粟不暖，军士冰为浆。晨上成皋坂，碛砾皆羊肠[4]。寒阴笼白日，太谷晦苍苍[5]。息徒税征驾，倚剑临八荒[6]。鶱鹏不能飞，玄武伏川梁[7]。铩翮由时至[8]，感物聊自伤。竖儒守一经，未足识行藏[9]。

——《文选》卷三十一

[1]"豪士"二句：豪俊之士不重利，即使径尺之璧对他也是枉然，不能打动他，而小人们看重的是恩惠。枉，枉然，徒然。尺璧，直径一尺的璧

45

玉。宵人:小人。

[2] 徇义:为义而献身。徇,同"殉"。执羁:拉着马缰,即骑马。

[3] 孟冬:农历十月。据《礼记》记载,此时天子当于郊外祭祀迎冬。

[4] 成皋坂:亦名旋门坂,故地在今河南荥阳西,地势险要。此处代指军事要冲。碛(qì气)砾:碎石。羊肠:喻道路难行。

[5] 太谷:山谷名。苍苍:昏暗的样子。

[6] 息徒:让随从人员休息。税征驾:指卸下马鞍。税,同"脱"。八荒:八方极远之地,指代天下。

[7] 鹪(jiāo交)鹏:类似凤凰的神鸟。玄武:龟,也指龟蛇合体的灵物。梁:桥梁。两句比喻豪士抱负难以实现。

[8] 铩翮(shā hé 沙合):犹"铩羽",意为遭受挫折。由时:因为时节的缘故。

[9] 行藏:进退,行止。出自《论语》:"用之则行,舍之则藏。"

橘 诗

虞 羲

〔解题〕虞羲(生卒年不详),字子阳,一字士光,会稽余姚(今浙江余姚)人。齐武帝永明初为太学生。入梁,仕晋安王侍郎。卒于天监中。这是一首咏物诗,赞美橘树不畏严寒,众木凋谢而独凌霜荣丽的品节。

冲飙发陇首,朔雪度炎州[1]。摧折江南桂,离披漠北楸[2]。独有凌霜橘,荣丽在中州[3]。从来自有节,岁暮将何忧!

——《先秦汉魏晋南北朝诗》

[1] 冲飙(biāo 标):狂风。陇首:陇山之首,今六盘山南段。朔:北方。炎州:指岭南地区。

[2] 离披:凋零。楸(qiū 秋):高树。

[3] 中州:中原。

古　意

王　绩

〔解题〕 王绩(约589—644),字无功,号东皋子,绛州龙门(今山西河津)人。唐贞观初,与其兄王通隐居北山东皋。王绩诗多写田园山水,风格自然。此诗题《古意》,犹拟古、仿古,讽咏前代故事以寄意。诗写松树由苍劲而衰败,然而并不颓唐,只是符合自然变化规律的常态,认为并不应该以草木盛衰为意。全诗语言古淡,意境隽永。

松生北岩下,由来人径绝。布叶捎云烟[1],插根拥岩穴。自言生得地,独负凌云洁。何时畏斤斧[2],几度经霜雪。风惊西北枝,雹陨东南节[3]。不知岁月久,稍觉枝干折。藤萝上下碎,枝干纵横裂。行当糜烂尽,坐共灰尘灭[4]。宁关匠石顾,岂为王孙折[5]。盛衰自有时,圣贤未尝屑[6]。寄言悠悠者,无为嗟大耋[7]。

——《王无功文集》卷三

[1] 布叶:展开枝叶。捎:拂。
[2] 斤斧:斧头。
[3] 陨:损伤。节:树干和枝干相交处。
[4] 行当:即将。坐共:将同。

[5] 宁:岂。匠石:《庄子》中技艺高超的木匠。王孙:古代对贵族子弟的统称,也常常指代隐士。

[6] 未尝屑:不曾在意。

[7] 悠悠者:满怀思虑的人。大耋(dié 叠):高寿,老年。

在狱咏蝉并序

骆宾王

〔解题〕骆宾王,生卒年不详,婺州义乌(今浙江义乌)人,"初唐四杰"之一。这首诗是高宗仪凤三年(678)秋,骆宾王因上书言事,得罪武后,被诬下狱期间所作。诗人借咏蝉以自喻,抒写世道艰险,自表高洁。全诗序文用骈体,思理周密,用典贴切,富有韵致。诗则托物言志,以咏蝉为名,寄托了作者的忧世伤生之感。

余禁所禁垣西,是法厅事也[1]。有古槐数株焉。虽生意可知,同殷仲文之古树[2];而听讼斯在,即周召伯之甘棠[3]。每至夕照低阴,秋蝉疏引,发声幽息,有切尝闻[4]。岂人心异于曩时,将虫响悲于前听[5]?嗟乎,声以动容,德以象贤[6]。故洁其身也,禀君子达人之高行[7];蜕其皮也,有仙都羽化之灵姿[8]。候时而来,顺阴阳之数[9];应节为变,审藏用之机[10]。有目斯开,不以道昏而昧其视[11];有翼自薄,不以俗厚而易其真[12]。吟乔树之微风,韵姿天纵;饮高秋之坠露,清畏人知[13]。仆失路艰虞,遭时徽纆[14]。不哀伤而自怨,未摇落而先衰[15]。闻蟪蛄之流声,悟平反之已奏[16];见螳螂之抱影,怯危机之未安[17]。感而缀诗,贻诸知己[18]。庶情沿物应,哀弱羽之飘零[19];道寄人知,悯馀声之寂寞[20]。非谓文墨,取代幽忧云尔[21]。

西陆蝉声唱,南冠客思深[22]。不堪玄鬓影,来对白头吟[23]。露重飞难进,风多响易沉[24]。无人信高洁,谁为表予心[25]。

——陈熙晋笺注《骆临海集笺注》卷四

[1]禁所:囚禁之所。禁垣:监狱的墙。法厅事:法曹参军审理案件的公堂。

[2]殷仲文:东晋末名士,曾经依附桓玄。《世说新语》载,桓玄兵败之后,殷仲文心情低落。曾经望着一株槐树感叹说:"槐树婆娑,无复生意。"意思是自己虽然还活着,但已无生趣。骆宾王借用这个典故,感叹自己的心境也与殷仲文类似。

[3]"而听"二句:用《诗经·召南·甘棠》中周召公听讼事,以槐树比甘棠,暗指自己现在的处境。斯在,在此。

[4]疏引:形容蝉鸣悠扬。幽息:深深的叹息。有切尝闻:比以往听到的蝉鸣都要凄切。尝,曾经。

[5]"岂人"二句:难道是人心和往日不同了,还是蝉鸣比以前悲切了呢?曩时,从前。将,又。

[6]声以动容:蝉鸣足以感人。德以象贤:蝉的品格与贤人相似。

[7]禀:秉承。

[8]仙都:仙人居所。羽化:得道成仙。

[9]"候时"二句:指蝉在一定的季节出现,合乎阴阳变化的规律。

[10]"应节"二句:指蝉为蛹时藏于地下,变蝉后出飞树端,顺应季节变化,出处行藏符合时机。

[11]"有目"二句:以蝉目睁开,比喻人不因为世道昏昧就视而不见。

[12]"有翼"二句:以蝉翼很薄,比喻人不因为世情看重权势就改变节操。

[13]乔树:高大的树木。蝉鸣出于自然,比喻人的清高也是出于真纯。

51

清畏人知:唯恐别人知道自己清正。《晋书·胡威传》记载,晋武帝曾问胡威他和他的父亲相比谁更清正,胡威答曰:"臣父清恐人知,臣清恐人不知。"

[14] 失路:迷失道路。虞:忧虑。徽纆(mò 墨),捆绑用的绳索,指被囚禁。

[15] "未摇"句:尚未到秋天就已经衰落。出自宋玉《九辩》:"悲哉,秋之为气也。萧瑟兮草木摇落而变衰。"

[16] 蟪蛄(huì gū 惠估):春生夏死的蝉。"悟平"句:《汉书·隽不疑传》记载,隽不疑任京兆尹时,他的母亲非常关心他整理冤狱的情况,听说平反已奏,就喜笑颜开。这里是说从蝉的生命短促出发,懂得了冤狱及时平反的重要。

[17] 螳螂抱影:螳螂看见蝉的影子而准备将其捕获。比喻杀机已伏,自己命运难料。

[18] 缀诗:作诗。贻诸知己:赠送给知己。

[19] 庶:庶几,差不多。情沿物应:情感顺应事物的变化。弱羽:指蝉。

[20] 馀声:秋蝉遗留之声。也用以自喻。

[21] 文墨:辞采。幽忧:深深的忧思。

[22] 西陆:原为星宿名,指二十八宿中的昴宿,于四时属秋,故指代秋天。南冠:指囚徒。《左传·成公九年》记载,晋侯看见钟仪,问:"南冠而系者谁也?"有司答曰:"郑人所献楚囚也。"钟仪为楚人,戴着楚人的帽子,故称"南冠",后来成为囚徒的代称。客思:客居在外思念家乡的感情。

[23] 玄鬓影:鬓发梳得很薄,如同蝉翼的影子。这里指代蝉。玄,黑色。白头吟:乐府旧题,曲调哀婉。诗人借此比喻自己的忧思。

[24] "露重"二句:露重则蝉难以飞翔,风急则蝉鸣容易消失。两句比喻外界环境恶劣严酷,自己的理想很难为人了解。

[25] 予:我。

感 遇(之卅五)

陈子昂

〔解题〕 陈子昂(661—702),字伯玉,梓州射洪(今四川射洪)人。他出身豪富,有过从军经历,诗风雄浑质朴、慷慨悲壮。陈子昂力祛六朝诗弊,提倡"风雅""兴寄""风骨",为盛唐诗风之先导。组诗《感遇》是陈子昂的名篇,这里选的是第三十五首,表达了诗人对戎马倥偬生活的向往。

本为贵公子,平生实爱才。感时思报国,拔剑起蒿莱[1]。西驰丁零塞,北上单于台[2]。登山见千里,怀古心悠哉。谁言未忘祸[3],磨灭成尘埃。

——《全唐诗》卷八三

[1] 蒿(hāo)莱:草野之间。
[2] 丁零:我国古代北方民族名。单于台:故址在今内蒙古自治区呼和浩特市西。
[3] 祸:指边患。

梦游天姥吟留别

李 白

[解题] 李白(701—762),字太白,号青莲居士,祖籍陇西成纪(今属甘肃),唐代著名诗人,后人称之为"诗仙"。此诗作于李白从东鲁动身游天姥山之时,借"梦游"二字抒发了对天姥山的向往和诗人的情怀。诗人对天姥山的风景充满了瑰丽神奇的想象,梦醒之后发出人生如梦的感慨,并表达了宁愿寄情山水,不愿磨灭人格、趋附权贵的高尚情怀。天姥,山名,在今浙江省新昌县东。

海客谈瀛洲,烟涛微茫信难求[1]。越人语天姥,云霞明灭或可睹。天姥连天向天横,势拔五岳掩赤城[2]。天台四万八千丈,对此欲倒东南倾[3]。我欲因之梦吴越,一夜飞度镜湖月[4]。湖月照我影,送我至剡溪[5]。谢公宿处今尚在[6],渌水荡漾清猿啼。脚著谢公屐,身登青云梯[7]。半壁见海日,空中闻天鸡[8]。千岩万转路不定,迷花倚石忽已暝[9]。熊咆龙吟殷岩泉[10],慄深林兮惊层巅。云青青兮欲雨,水澹澹兮生烟[11]。列缺霹雳[12],丘峦崩摧。洞天石扉,訇然中开[13]。青冥浩荡不见底,日月照耀金银台[14]。霓为衣兮风为马,云之君兮纷纷而来下[15]。虎鼓瑟兮鸾回车,仙之人兮列如麻。忽魂悸以魄动,恍惊起而长嗟[16]。惟觉时之枕席,失向来之烟霞[17]。世间行乐亦如此,古来万事东流水。别君去兮何时还?且放白鹿青崖间[18],须行即骑访名山。安能摧眉折腰事权贵[19],使我不得开心颜!

——王琦注《李太白全集》卷十五

[1] 瀛洲:传说中东海神山名。信,实在。

[2] 拔:超出。赤城:山名,在今浙江天台县北。

[3] "天台"二句:天台山虽高,与天姥山相比仍然显得像要被压倒了一样。天台,山名,在今浙江天台县北。

[4] 因:依据。镜湖:即鉴湖,在今浙江绍兴市南。

[5] 剡(shàn善)溪:水名。在今浙江嵊(shèng胜)州市南。

[6] 谢公:指南朝诗人谢灵运。谢灵运曾在天姥山一代游玩,有"暝投剡中宿,明登天姥岭"的诗句。

[7] 谢公屐:《南史·谢灵运传》言谢灵运尝为游山特制木屐,"上山则去其前齿,下山去其后齿",世称"谢公屐"。青云梯:高入云霄的路。

[8] 半壁:半山腰。天鸡:《述异记》记桃都山有一棵大树,树上有一只天鸡。日出之时阳光照在树上,天鸡就会鸣叫,天下的鸡就都随之报晓。

[9] 暝:天色幽暗。

[10] 殷:声大而震动。

[11] 澹(dàn但)澹:水波摇动的样子。

[12] 列缺:闪电。霹雳:雷。

[13] 洞天:道教中仙人居处。石扉:石门。訇然:轰然之声。

[14] 青冥:青天。金银台:神仙的宫殿。

[15] "霓为"二句:形容以虹霓为衣裳的神仙纷纷来到。霓,副虹。云之君,指云神。

[16] 魂悸、魄动:均指惊醒。长嗟:长叹。

[17] 向来:刚才。烟霞:指梦中所见仙境。

[18] 白鹿:传说中仙人的坐骑。

[19] 摧眉:低眉。折腰:弯腰。

55

永王东巡歌十一首(选二)

李 白

〔解题〕这两首诗是李白在永王幕时所作。永王李璘是唐玄宗之子。天宝十五年(756)安禄山反,永王奉诏领江南等四道节度使,十二月,引水师东下广陵,故诗题言"东巡"。诗中展现了李白对王师克敌靖乱、肃清天下的信心,同时也流露出自己热情昂扬的政治抱负,诗歌语言恣意纵横,浪漫潇洒。诗共十一首,这里选第二和第十一首。

其二

三川北虏乱如麻[1],四海南奔似永嘉[2]。但用东山谢安石,为君谈笑静胡沙[3]。

——王琦注《李太白全集》卷八

[1] 三川:黄河、洛水、伊水,这里代指洛阳一带,当时已经被安禄山占领。

[2] 南奔:玄宗逃亡成都,在长安之南。永嘉:指永嘉五年(311)西晋都城洛阳被匈奴攻陷,中原人士纷纷逃向南方避难。

[3] "但用"二句:诗人以谢安自比,想象自己运筹帷幄,谈笑功成。谢安石,东晋谢安,字安石,本在东山隐居,后起为宰相,在淝水之战中大破前秦苻坚的军队,东晋政权赖以保存。胡沙,胡尘,指乱军。

其十一

试借君王玉马鞭[1],指麾戎虏坐琼筵[2]。南风一扫胡尘静[3],西入长安到日边[4]。

——王琦注《李太白全集》卷八

[1] 玉马鞭:比喻指挥权。意思是希望君王赐予指挥军队的权力。
[2] 指麾(huī灰):指挥。戎虏:外敌,指叛军。琼筵:宴会。意思是迫使敌人和谈。
[3] 南风:借指永王李璘的军队。当时永王在江南。
[4] 日边:指朝廷,皇帝身边。

自京赴奉先县咏怀五百字

杜 甫

[**解题**] 杜甫(712—770),字子美,祖籍襄阳(今湖北襄阳),生于河南巩县(今巩义市)。曾居长安城南少陵,又曾任检校工部员外郎,世称杜少陵、杜工部。本诗作于天宝十四年(755),正是"安史之乱"的前夕。长诗记录了杜甫由长安到奉先探亲的所见所闻,结合个人遭遇和感受,生动描绘了苦难丛生、危机四伏的社会现实,严厉谴责贫富之间的巨大差距,表达了作者深切的忧虑,显示出一位社会良知的情怀。

杜陵有布衣,老大意转拙[1]。许身一何愚,窃比稷与契[2]。居然成濩落,白首甘契阔[3]。盖棺事则已,此志常觊豁[4]。穷年忧黎元,叹息肠内热[5]。取笑同学翁,浩歌弥激烈[6]。非无江海志,潇洒送日月[7]。生逢尧舜君,不忍便永诀[8]。当今廊庙具,构厦岂云缺[9]?葵藿倾太阳,物性固莫夺[10]。顾惟蝼蚁辈[11],但自求其穴。胡为慕大鲸,辄拟偃溟渤[12]?以兹悟生理,独耻事干谒[13]。兀兀遂至今,忍为尘埃没[14]。终愧巢与由,未能易其节[15]。沉饮聊自遣,放歌破愁绝[16]。

岁暮百草零,疾风高冈裂。天衢阴峥嵘,客子中夜发[17]。霜严衣带断,指直不得结。凌晨过骊山,御榻在嵽崪[18]。蚩尤塞寒空,蹴踏崖谷滑[19]。瑶池气郁律,羽林相摩戛[20]。君臣留欢娱,乐动殷胶葛[21]。赐浴皆长缨,与宴非短褐[22]。彤庭所分帛[23],本自寒女出。鞭挞其夫家,聚敛贡城阙[24]。圣人筐篚恩[25],实欲邦国活。臣如忽至理[26],君岂弃此物?多士盈朝廷,仁者宜战栗[27]。况闻内金盘,尽在卫霍室[28]。中堂舞神仙,烟雾蒙玉质[29]。暖客貂鼠裘,悲管逐清瑟[30]。劝客驼蹄羹,霜橙压香橘[31]。朱门酒肉臭[32],路有冻死骨。荣枯咫尺异,惆怅难再述。

北辕就泾渭,官渡又改辙[33]。群冰从西下,极目高崒兀[34]。疑是崆峒来,恐触天柱折[35]。河梁幸未坼,枝撑声窸窣[36]。行旅相攀援[37],川广不可越。老妻寄异县[38],十口隔风雪。谁能久不顾?庶往共饥渴[39]。入门闻号咷,幼子饿已卒。吾宁舍一哀,里巷亦呜咽[40]。所愧为人父,无食致夭折。岂知秋禾登,贫窭有仓卒[41]?生常免租税,名不隶征伐[42]。抚迹犹酸辛,平人固骚屑[43]。默思失业徒,因念远戍卒[44]。忧端齐终南,澒洞不可掇[45]。

——仇兆鳌《杜诗详注》卷四

[1] 杜陵:杜甫的祖先杜预是京兆杜陵人,因此杜甫经常自称为杜陵人。拙:笨拙。

[2] 许身:自许,自我要求。窃:私自,谦辞。稷、契:均为古代贤臣。

[3] 濩(huò货)落:大而无用。甘:情愿。契阔:辛勤。

[4] "盖棺"二句:只要活着,总希望自己的理想能够实现。盖棺,指人死亡。觊豁,希望达成。

[5] 穷年:一整年,一年到头。黎元:黎民百姓。肠内热:形容心急如焚。

[6] 取笑:招人耻笑。弥:更加。

[7] 江海志:指隐遁。送日月:度日。

［8］尧舜君:圣主,代指玄宗。诀:永别。

［9］廊庙:庙堂,指朝廷。具:才具。构厦岂云缺:建筑大厦哪里缺少材料呢,比喻朝廷并不需要自己,这是自谦的话。

［10］"葵藿"二句:葵藿向阳,是植物无可改变的天性,比喻自己就如葵藿向阳一样,始终希望能为国尽力。

［11］顾:望。蝼蚁辈:比喻小人。

［12］胡为:为什么。大鲸:比喻君子。辄:动不动,经常。拟:打算。偃(yǎn演)溟渤:在海中休息。

［13］以兹:因此。干谒:拜见权贵,以求引荐。

［14］兀兀:孤独的样子。忍:岂忍。

［15］"终愧"二句:言自己不能改变自己一贯的追求,改学巢、由去隐逸。巢、由,巢父和许由,古代隐士。易其节:改变自己的志节。

［16］沉饮:痛饮。自遣:自我安慰。放歌:高歌。

［17］天衢(qú渠):天空。峥嵘:形容云层很厚。客子:诗人自指。中夜:半夜。

［18］"凌晨"二句:言杜甫经过骊山时,玄宗也正在骊山华清宫。御榻,皇帝的坐榻。嵽嵲(dié niè叠聂):山高貌。

［19］蚩尤:传说中蚩尤和黄帝打仗,作大雾。这里指雾气。蹴(cù促):踩。

［20］瑶池:传说中西王母举行宴会的地方,这里借指华清池。郁律:热气蒸腾的样子。羽林:皇帝的卫队。摩戛(jiá颊):武器互相碰撞,形容卫兵人数众多。

［21］殷:震动。胶葛:深远的样子。

［22］长缨:指达官显贵。与:参与。短褐:粗布短衣,指贫民。

［23］彤庭:指朝廷。朝堂多用朱红色涂饰。

［24］城阙:城郭,指代京师。

［25］筐篚(fěi匪)恩:古代礼制,天子宴会,以竹器盛放币帛赏赐大臣。这里借指玄宗赏赐大臣的恩惠。

［26］忽:忽视。至理:深刻的道理。

［27］多士:指群臣。战慄:戒慎恐惧。

〔28〕内金盘:宫廷的宝物。卫霍室:卫青、霍去病,均为汉武帝时外戚,这里指皇亲国戚。

〔29〕神仙:比喻舞者。烟雾:形容舞衣轻薄。玉质:比喻舞者肌肤如玉。

〔30〕悲管、清瑟:指管乐和弦乐,悲、清都是形容乐声的。逐:合奏。

〔31〕驼蹄羹:泛指珍馐美味。压:堆压,形容数量众多。

〔32〕朱门:富贵人家常以朱红色漆门,借指权贵。

〔33〕北辕:驾车向北。泾渭:泾水和渭水,在今陕西省境内。官渡:官方设立的渡口。改辙:改道。

〔34〕崒(zú 卒)兀:高峻的样子。

〔35〕崆峒(kōng tóng 空同):山名,在今甘肃境内。天柱折:传说共工与颛顼(zhuān xū 专需)争斗,怒触不周山,天柱断折。这里是形容水势凶猛,犹如天崩地裂。

〔36〕河梁:河上的桥梁。坼(chè 彻):断裂,毁坏。枝撑:指支撑桥的柱子。窸窣(xī sū 西苏):摇动的声音。

〔37〕行旅:指旅途中的人们。攀援:互相扶持。

〔38〕寄:寄居。异县:异地的县城,这里指奉先县。

〔39〕庶:希望。共饥渴:共患难。

〔40〕"吾宁"二句:意思是就算我能够忍住悲伤,可是连邻居见此情景都不禁悲痛哭泣。

〔41〕秋禾登:秋天的庄稼已丰收。贫窭(jù 剧):贫穷。仓卒:意外的灾难。

〔42〕免租税:杜甫任右卫率府兵曹参军,按唐制,可以豁免租税,不服兵役。隶:属于。

〔43〕抚迹:追想往事。犹:尚且。平人:百姓。骚屑:骚动不安。

〔44〕"默思"二句:由自己的悲哀,不禁联想到了更多身陷苦难的人们。失业徒,失去产业的人。远戍卒,戍守远方的兵卒。

〔45〕忧端:愁绪。终南:山名,在长安南。澒(hòng 讧)洞:浩大,比喻愁绪。掇:终止,收拾。

前出塞九首（选二）

杜 甫

〔解题〕《出塞》本是乐府旧题，杜甫拟《出塞》而作的诗歌前后共有两组，故称"前出塞""后出塞"加以区别。《前出塞》共九首，一般认为是为唐王朝出兵吐蕃之事而作。"磨刀呜咽水"一首，表达大丈夫以身许国之志。"挽弓当挽强"一首，理性审视战争，含有反对不义之战之意。

其三

磨刀呜咽水，水赤刃伤手[1]。欲轻肠断声，心绪乱已久[2]。丈夫誓许国[3]，愤惋复何有。功名图麒麟[4]，战骨当速朽。

——仇兆鳌《杜诗详注》卷二

[1] 呜咽：水流的声音。水赤：水变成红色。

[2] 肠断声：指水流的声音。这几句的意思是在河畔磨刀，水流的声音扰乱了心绪，看到河水染成红色，才发觉割伤了手。

[3] 誓：发誓。许国：报国。

[4] 麒麟：汉武帝曾命在麒麟阁画十八位功臣的画像，以示褒奖。

其六

挽弓当挽强,用箭当用长。射人先射马,擒贼先擒王。杀人亦有限,列国自有疆[1]。苟能制侵陵[2],岂在多杀伤。

——仇兆鳌《杜诗详注》卷二

[1] 限:限度。疆:疆界。
[2] 侵陵:侵略。

后出塞五首(选二)

杜 甫

〔解题〕《后出塞》是《前出塞》的姊妹篇。这组诗叙写开元天宝年间一位军士从应募赴军到只身脱逃的经历。这里选前二首,从应征写到入军营。

其一

男儿生世间,及壮当封侯[1]。战伐有功业,焉能守旧丘[2]。召募赴蓟门[3],军动不可留。千金买马鞭,百金装刀头。闾里送我行,亲戚拥道周[4]。斑白居上列,酒酣进庶羞[5]。少年别有赠,含笑看吴钩[6]。

——仇兆鳌《杜诗详注》卷四

[1] 封侯:指建功立业。

[2] 焉能:怎能。旧丘:故乡。

[3] 蓟门:幽州范阳郡,时属安禄山管辖。

[4] 闾里:街坊。道周:路边。

[5] 斑白:头发花白,指长者。庶羞:美味佳肴。

[6] 吴钩:宝刀名。

其二

朝进东门营,暮上河阳桥[1]。落日照大旗,马鸣风萧萧。平沙列万幕,部伍各见招[2]。中天悬明月,令严夜寂寥[3]。悲笳数声动[4],壮士惨不骄。借问大将谁,恐是霍嫖姚[5]。

——仇兆鳌《杜诗详注》卷四

[1] 东门营:洛阳东门的军营。河阳桥:在今河南孟州市。
[2] 平沙:平整广阔的沙地。万幕:形容军帐众多。见招:被集合起来。
[3] "中天"两句:形容军令严整,夜晚寂静无声,只有明月高悬。
[4] 笳:胡笳,此指军中的号角。
[5] 霍嫖姚:汉朝名将霍去病,曾任嫖姚校尉。

轮台歌奉送封大夫出师西征

岑 参

[解题] 岑参(715—770),荆州江陵(今湖北江陵)人。天宝十三年至十四年,岑参曾任北庭节度判官,写了许多以军营生活和当地风物为背景的著名诗篇。轮台,唐时隶属北庭都护府,在今新疆维吾尔自治区乌鲁木齐市米东区境内。封大夫,指安西、北庭节度使、御史大夫封常清。诗表达将士在国家需要时毅然赴敌,甘于苦辛,誓言报国的精神。

轮台城头夜吹角,轮台城北旄头落[1]。羽书昨夜过渠黎[2],单于已在金山西。戍楼西望烟尘黑,汉兵屯在轮台北。上将拥旄西出征[3],平明吹笛大军行。四边伐鼓雪海涌,三军大呼阴山动[4]。虏塞兵气连云屯[5],战场白骨缠草根。剑河风急雪片阔[6],沙口石冻马蹄脱。亚相勤王甘苦辛[7],誓将报主静边尘。古来青史谁不见[8],今见功名胜古人。

——陈铁民等《岑参集校注》卷二

[1] 角:军中的乐器,吹奏以报时。旄(máo 毛)头:星宿名,古人以为是"胡人"的象征。旄头落,是"胡人"失败的预兆。

[2] 渠黎:汉代西域诸国之一,在轮台东南。

[3] 拥旄:持节旄。唐代赐节度使节旄,以统率军队。

[4]伐鼓:击鼓。阴山:泛指边地的山。

[5]兵气:杀气。

[6]剑河:水名。

[7]亚相:汉制,御史大夫地位仅次于丞相,故称亚相。此指封常清。

[8]青史:史册。

塞上曲二首(其二)

戴叔伦

[解题] 戴叔伦(732—789),字幼公,润州金坛(今属江苏)人。这首诗写将士立志报国,献身边防的决心,风格豪迈。

汉家旌帜满阴山,不遣胡儿匹马还[1]。愿得此身长报国,何须生入玉门关[2]。

——蒋寅《戴叔伦诗集校注》卷三

[1] 汉家:借指唐朝。胡儿:指胡兵。
[2] 玉门关:汉时为通往西域各地的门户。《后汉书·班梁列传》记载班超年迈,上书乞归,有"臣不敢望到酒泉郡,但愿生入玉门关"之言。这里反用其意,写报国豪情之昂扬,甚至不惜战死他乡。

左迁至蓝关示侄孙湘

韩 愈

〔**解题**〕韩愈(768—824),字退之,河内河阳(今河南孟州市西)人。唐代著名文学家。诗文皆有杰出成就,诗风雄奇纵横,对后世影响很大。元和十四年(819),韩愈上书谏迎佛骨,触怒宪宗皇帝,由刑部侍郎贬为潮州刺史。行至蓝田县,侄孙韩湘赶来送行,韩愈因而作诗相赠。诗写作者欲除时弊,不惜残年,感情饱满激昂。左迁,贬谪。蓝关,蓝田关,故址在今陕西蓝田县南。

一封朝奏九重天,夕贬潮州路八千[1]。欲为圣明除弊事,肯将衰朽惜残年[2]。云横秦岭家何在?雪拥蓝关马不前[3]。知汝远来应有意,好收吾骨瘴江边[4]。

——钱仲联集释《韩昌黎诗系年集释》卷十一

[1] 九重天:指皇帝。潮州:今属广东省汕头市。

[2] 弊事:指迎佛骨事。肯:岂肯。衰朽:诗人自指,当时韩愈已值暮年。

[3] "云横"二句:白云遮住秦岭,不见来路;大雪拥没蓝关,难以前行。两句写景,也表达了诗人的悲愤心情。

[4] 瘴江:冒着瘴气的江水。两句以后事嘱托侄孙,情感傲岸凄凉。

蜀先主庙

刘禹锡

〔解题〕 刘禹锡(772—842),字梦得,洛阳(今河南洛阳)人。唐代著名诗人。诗风沉稳自然,情感耿介磊落,且往往格律精切。《蜀先主庙》是刘禹锡任夔州刺史时所作的怀古诗,追慕蜀先主刘备凛然英雄之气,对蜀国后继者不贤不能继成其业表示遗憾。为怀古名篇。先主庙在夔州,今属重庆奉节。

天地英雄气[1],千秋尚凛然。势分三足鼎,业复五铢钱[2]。得相能开国,生儿不象贤[3]。凄凉蜀故妓,来舞魏宫前[4]。

——瞿蜕园笺证《刘禹锡集笺证》卷二十二

[1] 英雄:指刘备。据《三国志·蜀志·先主传》,曹操曾对刘备说,现在天下的英雄只有刘备与曹操自己而已。

[2] 三足鼎:指三国时期魏、蜀、吴三国并立的局势。五铢钱:汉时通行的货币,指刘备意图恢复汉室。

[3] "得相"二句:指刘备虽得诸葛亮为相建立蜀汉政权,可惜其子刘禅不贤,无法继承父业。

[4] "凄凉"二句:据《三国志·蜀志·后主传》注,蜀国灭亡之后,刘禅在司马昭宴上观蜀舞。旁人皆感伤落泪,刘禅却谈笑如常。诗言在魏宫前歌舞的蜀女都觉得沉痛凄凉,以反衬刘禅乐不思蜀的昏庸。

剑 客

贾 岛

〔解题〕贾岛(779—843),字浪仙,范阳(今河北涿州)人。早年出家为僧,号无本。后谒韩愈,还俗应举。曾任长江主簿,世称贾长江。《剑客》一诗写剑客以利剑求主,表达要铲除天下不平的雄心。

十年磨一剑,霜刃未曾试[1]。今日把示君[2],谁有不平事?

——李嘉言新校《长江集新校》卷一

[1] 霜刃:形容剑锋锐利。这里以宝剑比喻才能。
[2] 把:执,拿。

偶 书

刘 叉

〔解题〕刘叉,唐代诗人,生卒年不详,约唐宪宗元和(806—820)年间在世。《偶书》写的是面对现实生活中的种种不平而无能为力时心中的愤怒,情感坦白激烈,言语质朴而有力量。

日出扶桑一丈高[1],人间万事细如毛。野夫怒见不平处,磨损胸中万古刀[2]。

——《全唐诗》卷三百九十五

[1] 扶桑:神树名。
[2] "野夫"二句:言所见不平之事太多又无能为力,以致胸怀激荡,难以遏制悲愤的感情。野夫,作者自指。

对 雪

王禹偁

[解题] 王禹偁(954—1001),字元之,北宋巨野(今属山东)人。太平兴国八年(983)进士,官至翰林学士。直言敢谏,三次遭贬,最终卒于贬所。有《小畜集》。《对雪》是作者深感百姓悲苦而生发的自我反省,言辞恳切,情感真挚。尤其联系他的生平行事来看,更可见诗中所述并非一些浮泛的感慨。

帝乡岁云暮,衡门昼长闭[1]。五日免常参,三馆无公事[2]。读书夜卧迟,多成日高睡。睡起毛骨寒,窗牖琼花坠[3]。披衣出户看,飘飘满天地。岂敢患贫居,聊将贺丰岁[4]。月俸虽无馀,晨炊且相继。薪刍未阙供[5],酒肴亦能备。数杯奉亲老,一酌均兄弟。妻子不饥寒,相聚歌时瑞[6]。因思河朔民,输挽供边鄙[7]。车重数十斛[8],路遥几百里。羸蹄冻不行,死辙冰难曳[9]。夜来何处宿,阒寂荒陂里[10]。又思边塞兵,荷戈御胡骑[11]。城上卓旌旗[12],楼中望烽燧。弓劲添气力,甲寒侵骨髓。今日何处行,牢落穷沙际[13]。自念亦何人,偷安得如是。深为苍生蠹,仍尸谏官位[14]。謇谔无一言[15],岂得为直士。褒贬无一词,岂得为良史。不耕一亩田,不持一只矢。多惭富人术,且乏安边议。

空作对雪吟,勤勤谢知己[16]。

——四部丛刊本《王黄州小畜集》

[1] 帝乡:指北宋京城汴梁(今河南开封)。岁云暮:岁末。衡门:以横木为门,形容住宅简陋。

[2] "五日"句:因为大雪,免去了五日一次参见皇帝的常规。三馆:昭文馆、史馆、集贤院。作者当时任职史馆,为工作场所的代称。

[3] 牖:窗户。琼花:雪花。

[4] "岂敢"二句:岂敢因为自己居处简陋而心忧,只希望瑞雪是丰年的预兆。

[5] 薪刍:柴草。阙:缺少。

[6] 时瑞:指下雪,取"瑞雪兆丰年"之意。

[7] 河朔:黄河以北。输挽:拉车运送。边鄙:边远的地区。

[8] 斛(hú 胡):量器名。古时以十斗为一斛,后又以五斗为一斛。

[9] 羸(léi 雷)蹄:瘦弱的马匹。羸,瘦弱。死辙:结冰的车道,车难以拉动,故称死辙。

[10] 阒(qù 去)寂:寂静。陂(bēi 杯):山坡。

[11] 荷:扛着。胡骑:胡人的骑兵。

[12] 卓:竖起。

[13] 牢落:空旷无依。

[14] 蠹(dù 杜):蛀虫。尸位:占着位置而不做事。

[15] 謇(jiǎn 简)谔:正直敢言。

[16] 勤勤:诚恳。谢:告。

74

田 家 语

梅尧臣

[解题] 梅尧臣(1002—1060),字圣俞,宣城(今安徽宣城)人。官至都官员外郎,有《宛陵先生集》。梅尧臣在当时与苏舜钦齐名,并称"苏梅"。他的诗往往能够深切地反映现实生活,风格淡远,感情真挚,对宋代诗风影响很大。"田家语"就是农民的话语,诗以百姓的口吻叙述了既逢水灾又遇征兵的苦楚,写出一个社会良心的悲悯。

谁道田家乐?春税秋未足[1]!里胥扣我门,日夕苦煎促[2]。盛夏流潦多[3],白水高于屋。水既害我菽,蝗又食我粟[4]。前月诏书来,生齿复版录[5];三丁藉一壮,恶使操弓韣[6]。州符今又严,老吏持鞭扑[7]。搜索稚与艾,惟存跛无目[8]。田间敢怨嗟[9],父子各悲哭。南亩焉可事?买箭卖牛犊[10]。愁气变久雨,铛缶空无粥[11];盲跛不能耕,死亡在迟速[12]!我闻诚所惭,徒尔叨君禄[13];却咏《归去来》,刈薪向深谷[14]。

——朱东润编年校注《梅尧臣集编年校注》卷十

[1] "谁道"二句:谁说田家的生活快乐?春天要交的税,直到秋天还没有交完。

[2]里胥:里长一类的公差。日夕:从早到晚。煎促:逼迫催促。

[3]流潦(lǎo 老):大水。

[4]菽(shū 书):豆子。粟:小米。

[5]诏书:皇帝的命令。生齿:人口。版录:登记。这首诗之前原有作者小序,记述仁宗康定元年(1040),皇帝诏令抽壮丁为弓箭手,以备西夏边患。官吏层层压迫,百姓老幼均不得幸免。

[6]"三丁"句:三丁抽一,即每三个成年男子中抽选一个。恶:言其态度凶恶,强迫。韣(dú 独):弓套。

[7]州符:州一级的公文。严:严厉。老吏:老奸巨猾的公差。鞭扑:亦作"鞭朴",鞭子和棍棒,用鞭子或棍棒抽打。

[8]"搜索"二句:抽丁连老人和孩子都不放过,留下的只有跛子和盲人这样实在无法抽编的人了。稚,孩子。艾,老人。

[9]田间:指农民。敢:岂敢。怨嗟:埋怨。

[10]"南亩"二句:被抽中兵役的农户要被迫卖掉耕牛购买弓箭,哪里还能够耕种呢。南亩,指农田。

[11]"愁气"二句:百姓的怨气化作不息的雨,家里已经没有粮食可吃。铛,锅。缶,罐。

[12]迟速:早晚。

[13]"我闻"二句:言自己听说田家惨状之后惭愧难安的心情。诚,确实。徒尔,徒然。叨,获得。君禄,国家的俸禄。

[14]"却咏"二句:言自己真想辞官不做,去山里砍柴为生。《归去来》,陶渊明《归去来兮辞》,叙述他辞官归隐后的生活和心境。刈薪,砍柴。

庆 州 败

苏舜钦

〔解题〕 苏舜钦(1008—1048),字子美,祖籍梓州铜山(今四川中江),后迁开封(今属河南)。历任长垣县令、大理评事、集贤殿校理等职。庆州,今甘肃庆阳。宋仁宗景祐元年(1034)秋,西夏赵元昊进犯庆州,环庆路都监齐宗矩率兵抵御,战败被俘,后放归。诗即述此事,直言抨击无德无能的误国者,和对兵败乞怜和偷生者的鄙视。

无战王者师,有备军之志[1]。天下承平数十年,此语虽存人所弃。今岁西戎背世盟,直随秋风寇边城[2]。屠杀熟户烧障堡,十万驰骋山岳倾[3]。国家防塞今有谁?官为承制乳臭儿[4]。酾觞大嚼乃事业,何尝识会兵之机[5]?符移火急搜卒乘,意谓就戮如缚尸[6]。未成一军已出战,驱逐急使缘崄巇[7]。马肥甲重士饱喘,虽有弓剑何所施。连颠自欲堕深谷[8],虏骑笑指声嘻嘻。一麾发伏雁行出,山下掩截成重围[9]。我军免胄乞死所,承制面缚交涕洟[10]。逡巡下令艺者全,争献小技歌且吹[11]。其馀劓馘放之去,东走矢液皆淋漓[12]。首无耳准若怪兽[13],不自愧耻犹生归!守者沮气陷者苦[14],尽由主将之所为。地机不见欲侥胜[15],羞辱中国堪伤悲。

——沈文倬校点《苏舜钦集》卷一

　　[1]"无战"句:王者之师,有征无战,意思是王者征讨的人没有敢和其对抗的,即战无不胜之意。"有备"句:军队重视守备,是兵书上记载的。军,兵书。志,记载。

　　[2]西戎:指西夏。世盟:世代友好的盟约。寇:入侵。

　　[3]熟户:指边疆地区已为汉族同化的非汉族人口。山岳倾:形容敌军凶猛。

　　[4]承制:内殿承制,武官名。时齐宗矩以承制出为环庆路都监。乳臭儿:比喻齐宗矩年少无知。

　　[5]酣觞:酗酒。识会:通晓。

　　[6]符移:军令下达。搜卒乘:征集部队。就戮如缚尸:以为杀敌就如捆缚尸体一样简单,这里是说齐宗矩不懂军事。

　　[7]缘:沿着。崄巇(xiǎn xī险西):艰险崎岖。

　　[8]连颠:摇摇晃晃。

　　[9]麾:同"挥"。发伏:发动伏兵。雁行:形容伏兵的队伍。掩截:堵截。

　　[10]免胄:脱下头盔,表示投降。乞死所:向敌人请罪。面缚:双手捆绑于身后,只能看见面部。交涕洟(tì替):涕泪齐下。

　　[11]"逡(qūn囷)巡"二句:敌军下令有技艺者可以免于伤害,于是降军争相表演,又歌又吹。逡巡,不久。

　　[12]劓(yì义):割鼻。馘(guó国):割下耳朵。矢溲:屎尿。

　　[13]准:鼻子。

　　[14]守者:守关的军队。陷者:被俘的士兵。

　　[15]地机:险要的地势。

渔 家 傲

范仲淹

〔解题〕范仲淹(989—1052),字希文,苏州吴县(今江苏苏州)人。他是著名的政治家,有散文名篇《岳阳楼记》。范仲淹词气魄宏大,风格开阔,他将边塞诗常用的意象和情感引入词中,在一定程度上拓展了词的范围。这首《渔家傲》写边塞秋景,抒发功名未成的感慨。

塞下秋来风景异[1],衡阳雁去无留意[2]。四面边声连角起[3]。千嶂里[4],长烟落日孤城闭。　浊酒一杯家万里,燕然未勒归无计[5]。羌管悠悠霜满地[6]。人不寐[7],将军白发征夫泪。

——四部丛刊本《范文正公集》

［1］塞下:指边疆。

［2］衡阳:湖南衡阳有回雁峰,相传大雁至此不再南飞。这里是形容边疆荒凉,大雁都毫不留恋地飞走了。

［3］边声:边地之声。角:号角。

［4］嶂:高而险峻的山峰。

［5］燕然未勒:燕然山,在今蒙古人民共和国境内。据《后汉书·窦宪传》,窦宪破北匈奴后,登燕然山刻石纪功。勒,刻。

［6］羌管:指羌笛,西北少数民族的乐器。

［7］寐:睡。

定 风 波

苏 轼

〔解题〕苏轼(1037—1101),字子瞻,号东坡居士。眉州(今四川眉山)人。诗、词、文均有极高成就,兼擅书法与绘画。与父苏洵、弟苏辙并称"三苏",诗与黄庭坚并称"苏黄",词与辛弃疾并称"苏辛"。此词作于宋神宗元丰五年(1082),为苏轼贬谪黄州(今湖北黄冈)的第三年,正是他仕途失意、生活艰难的时候。但词作展现的精神面貌却是潇洒乐观、从容淡定。"一蓑烟雨任平生",也成了苏轼不畏打击,超然达观人生态度的写照。

三月七日,沙湖道中遇雨。雨具先去,同行皆狼狈,余独不觉,已而遂晴,故作此词。

莫听穿林打叶声,何妨吟啸且徐行[1]。竹杖芒鞋轻胜马[2],谁怕?一蓑烟雨任平生。　料峭春风吹酒醒[3],微冷,山头斜照却相迎。回首向来萧瑟处,归去,也无风雨也无晴。

——陈允吉校点《东坡乐府》卷上

[1] 吟啸:吟咏长啸。
[2] 芒鞋:草鞋。
[3] 料峭:形容春风尚冷。

江城子·密州出猎

苏　轼

〔解题〕此词作于熙宁八年(1075),苏轼时任密州知州。词作上片写打猎的壮观场面,精神昂扬,作者以孙权自喻,形容少年英雄的胆色与胸襟。下片用典,抒写自己的报国情怀,表达了仍然希望为国所用的期盼。此词感情奔放,气势磅礴,是词中第一次出现"胸胆尚开张"的英雄形象,在词的题材与意境方面均有开拓之功。

老夫聊发少年狂[1],左牵黄,右擎苍[2]。锦帽貂裘,千骑卷平冈[3]。为报倾城随太守[4],亲射虎,看孙郎[5]。

酒酣胸胆尚开张[6],鬓微霜,又何妨。持节云中,何日遣冯唐[7]？会挽雕弓如满月,西北望,射天狼[8]。

——陈允吉校点《东坡乐府》卷下

[1] 聊:暂且。
[2] 黄:黄犬。苍:苍鹰。
[3] 锦帽貂裘:华美的服饰。千骑:形容队伍盛大。
[4] 太守:作者自指,当时作者为密州知州,相当于汉代的太守。
[5] 孙郎:三国时吴主孙权,曾以双戟伤虎。
[6] 开张:形容胸怀阔大,兴致高昂。
[7] "持节"二句:汉文帝时,朝廷派遣冯唐至云中,起用原郡守魏尚。

作者以魏尚自比,希望还能得到朝廷的任用。节,符信,古代使节持以表明身份。云中,汉郡名,在今内蒙古自治区境内。

[8] 天狼:天狼星,主侵掠。这里比喻西夏等对北宋边境构成威胁的外夷。

六州歌头

贺 铸

〔解题〕贺铸(1052—1125),字方回,卫州(今河南卫辉)人。为人豪爽,不阿权贵,相貌奇丑,面色铁青,人称"贺鬼头"。贺铸词风格多样,刚柔兼济。《六州歌头》本为鼓吹曲,音调悲壮。本词上片写少年任侠情怀,豪爽慷慨;下片写壮志难酬,而格调不坠,气魄潇洒。

少年侠气,交结五都雄[1]。肝胆洞,毛发耸[2]。立谈中,死生同,一诺千金重[3]。推翘勇[4],矜豪纵[5],轻盖拥,联飞鞚[6]。斗城东[7]。轰饮酒垆,春色浮寒瓮[8]。吸海垂虹[9]。闲呼鹰嗾犬,白羽摘雕弓[10]。狡穴俄空[11]。乐匆匆。 似黄粱梦,辞丹凤[12]。明月共,漾孤篷[13]。官冗从[14],怀倥偬[15],落尘笼[16],簿书丛[17]。鹖弁如云众[18],供粗用,忽奇功。笳鼓动,渔阳弄[19]。思悲翁,不请长缨,系取天骄种[10]。剑吼西风。恨登山临水,手寄七弦桐[21],目送归鸿。

——钟振振校注《东山词》卷四

[1] 五都:古代五大都市,所指不一。如汉时以洛阳、邯郸、临淄、宛、成都为五都。这里泛指名城。

［2］肝胆洞:肝胆相照。毛发耸:形容慷慨的样子。

［3］"立谈"三句:言短暂交谈即订下生死攸关的承诺,形容少年的任侠情怀。立谈,短暂的交谈。

［4］翘勇:突出的勇敢。

［5］矜豪纵:夸耀豪迈张扬的气魄。

［6］轻盖:轻快的车。拥:形容车辆众多。飞鞚(kòng 控):并马飞奔。

［7］斗城:汉长安城为南北斗之形,故称斗城。这里指京城。

［8］轰饮:狂饮。垆:放酒瓮的土台,借指酒店。春色:形容美酒的色泽。

［9］吸海垂虹:传说虹能豪饮,这里比喻饮酒的盛况。

［10］嗾(sǒu 叟):唤狗的声音。白羽:箭名。摘:发。

［11］狡穴:狡兔的洞穴,泛指野兽的巢穴。俄:顷刻。这是形容打猎收获之丰。

［12］丹凤:唐代长安有丹凤门,这里借指京城。

［13］"明月共"二句:孤舟飘荡,只有明月为伴。

［14］冗从:散职的官名。

［15］倥偬(kǒng zǒng 恐总):纷繁急促。

［16］尘笼:尘俗的樊笼。

［17］簿书丛:官府文书。这里是表达对俗务缠身的厌倦。

［18］鹖弁(hé biàn 合变):武官的帽子,指代武将。

［19］"笳鼓"二句:指边疆战事爆发。笳鼓,指代边乐。渔阳,郡名。唐时安禄山曾为渔阳节度使,并在此发动叛乱。

［20］思悲翁:自叹年老。缨:绳索。请长缨:据《汉书·终军传》,武帝时终军请战,"自请愿受长缨,必羁南越王而致阙下"。后遂称请战为请缨。天骄种:指入侵的外族。

［21］七弦桐:指七弦琴。这里是指以弹琴抒发心中的忧愤。

登 快 阁

黄庭坚

〔**解题**〕 黄庭坚(1045—1105),字鲁直,号山谷道人,又号涪翁,分宁(今江西修水)人。英宗治平四年(1067)进士。历官叶县尉、北京国子监教授、校书郎、著作佐郎、秘书丞、涪州别驾、黔州安置等,为江西诗派的代表人物。快阁在江西太和县,《登快阁》一诗作于黄庭坚任太和县令之时。诗中表达了世无知己,保持高节,退身归隐之意。情调高远,为宋诗佳篇。

痴儿了却公家事,快阁东西倚晚晴[1]。落木千山天远大,澄江一道月分明[2]。朱弦已为佳人绝,青眼聊因美酒横[3]。万里归船弄长笛,此心吾与白鸥盟[4]。

——《山谷外集诗注》卷一一

[1] 痴儿:呆子。典出《晋书·傅咸传》夏侯济与傅咸书:"生子痴,了官事,官事未易了也。了事正作痴,复为快耳。"这里作者活用原文之意,以痴儿自嘲,点明登楼的缘起是公事已经了却,又暗用原文中的"快"字,既形容了舒畅的心情,又能与"快阁"之名相合。

[2] 澄江:清澈的江。

[3] "朱弦"二句:言知心好友不在身边,只有美酒还值得自己青睐。朱弦,指琴。佳人,指知音。春秋时,钟子期是俞伯牙的知音好友,子期死,伯牙终身不复鼓琴。青眼,史载晋阮籍能为青白眼,以白眼看俗士,以青眼

看他喜欢的人。聊,姑且。

〔4〕白鸥:据《列子·黄帝篇》,从前有一个人常在海边和鸥鸟一起玩耍,后来他父亲要他捉一只鸥鸟回去,鸥鸟发觉了他的心机,见到他就不再飞下来了。这里说与鸥鸟盟誓,说明自己意在归隐。

定风波·次高左藏使君韵

黄庭坚

〔解题〕这首词是黄庭坚被贬谪黔州时的作品,表现了作者在艰苦恶劣的环境中依然乐观奋发的精神。词写得有声有色,精神傲岸,洒脱不羁,格调近诗。

万里黔中一漏天[1]。屋居终日似乘船。及至重阳天也霁[2]。催醉。鬼门关外蜀江前[3]。　莫笑老翁犹气岸[4]。君看。几人黄菊上华颠[5]。戏马台南追两谢[6]。驰射。风流犹拍古人肩。

——马兴荣、祝振玉校注《山谷词校注》

[1] 黔中:黔州,今重庆彭水,黄庭坚当时被贬谪此地。一漏天:形容雨水多。

[2] 霁(jì记):放晴。

[3] 鬼门关:地名,又名石门关,在四川奉节县东。蜀江:现在的乌江。

[4] 老翁:作者自称。气岸:气概傲岸。

[5] 华颠:白头。古人有重阳节簪菊的习俗。

[6] 戏马台:在江苏徐州城南。两谢:谢瞻和谢灵运。宋武帝刘裕为宋公时,曾在戏马台大会群僚,谢瞻和谢灵运都有诗写此事。

相 见 欢

朱敦儒

〔解题〕朱敦儒(1087—1159),字希真,两宋之际洛阳(今河南洛阳)人。曾任秘书省正字、鸿胪少卿。《相见欢》一首作于南渡之后,表达一个文人忧时伤世之情,风调凄楚悲凉。

金陵城上西楼[1],倚清秋。万里夕阳垂地,大江流。中原乱[2],簪缨散[3],几时收?试倩悲风吹泪[4],过扬州[5]。

——邓子勉校注《樵歌校注》卷下

[1] 金陵:今江苏南京。
[2] 中原乱:指靖康之乱后北宋中原地区为金人所据之事。
[3] 簪缨:贵族的冠饰,指代贵族官僚。
[4] 倩:请。
[5] 扬州:当时是南宋与金对峙的前方,这里是表达思念中原的深切感情。

寄洪与权

王 令

[解题] 王令(1032—1059),字逢原,一字仲美,原籍元城(今河北大名),迁居广陵(今江苏扬州),北宋中期诗人。王令出身贫寒,生活困窘,二十八岁即离开人世。其诗多写自己的雄心壮志和怀才不遇的悲愤,气势磅礴,昂扬奋发,情感激越,想象奇特,在宋代诗人中颇具特色。洪与权,生平不详,是作者的诗友。此诗述志,表明为人应当情怀高远,不屑蝇营狗苟之事,格调磊落慷慨。

剑气寒高倚暮空,男儿日月锁心胸[1]。莫藏牙爪同痴虎,好召风雷起卧龙[2]。旧说王侯无世种,古尝富贵及耕佣[3]。须将大道为奇遇,莫踏人间龌龊踪[4]。

——沈文倬校点《王令集》卷九

[1] "剑气"二句:言男子汉应当胸襟磊落,如同长剑倚空,气冲云霄。剑气,宝剑的光芒,比喻人的才华。

[2] "莫藏"二句:说力图抓住时机施展抱负,而不应该一味藏匿才华不使人知。牙爪,比喻锋芒。卧龙,未曾彰显的才俊。

[3] "旧说"二句:用陈涉起于贫贱的典故,说明出身贫寒也能成就大业。王侯无世种,秦末陈涉曾说"王侯将相,宁有种乎!"意思是王侯将相也不是贵种天生。富贵及耕佣,陈涉为耕佣时,对同伴说过"苟富贵,毋相忘"

的话。

　　［4］"须将"二句:言应当志存高远,远离肮脏苟且之事。大道,正道。奇遇,指际会之机。龌龊(wò chuò 握绰),肮脏污浊。

次韵公实雷雨

洪　炎

〔解题〕洪炎(？—1133)，字玉父，豫章(今江西南昌)人，黄庭坚外甥，南宋初官至中书舍人。《次韵公实雷雨》一诗表达了对沦陷山河的怀念，诗由风雨联想到时事，感情沉重，见其忧时之切。

惊雷势欲拔三山[1]，急雨声如倒百川。但作奇寒侵客梦，若为一震静胡烟[2]。田园荆棘浸流水，河洛腥膻今几年[3]？拟叩九关笺帝所，人非大手笔非椽[4]。

——《西渡诗集》

[1] 三山：传说中的蓬莱三山。

[2] "但作"二句：雷雨带来寒冷惊扰客梦，不如能借一震之威平息边乱。静胡烟，犹言荡平外敌。胡烟，指胡兵扬起的烟尘，代指胡兵。

[3] "田园"二句：田园已经因为战乱荒芜，此时还被雨水浸泡；中原河洛沾染腥膻已久，为何不能为大雨冲刷干净呢。河洛，中原地区。腥膻，指代外族入侵，这里是指金兵占据中原。

[4] 九关：传说中的九重天门。笺：笺奏。帝所：天帝。大手：大手笔。笔非椽：言自己不是大手笔。《晋书·王珣传》："珣梦人以大笔如椽与之，既觉，语人曰：'此当有大手笔事。'"后以如椽大笔或大笔如椽称赞人的才华和文笔。

咏 史

徐 俯

〔解题〕徐俯(？—1140)，字师川，号东湖居士，洪州分宁(今江西修水)人。黄庭坚之甥。宋代靖康之变起，张邦昌趁乱僭位，当时有趋附而避其讳以示臣服者。此诗借古讽今，表达了对忠义之士的推崇和无节小人的唾弃。

楚汉分争辩士忧，东归那复割鸿沟[1]。郑君立义不名籍，项伯胡颜肯姓刘[2]？

——《东湖居士集》

[1]"楚汉"二句：史载楚汉对峙，在辩士说和之下以鸿沟为界，西边属汉，东边属楚。

[2]郑君：据《史记》载，郑君曾为项羽手下，项羽死，归汉。刘邦命归顺的项羽旧部直呼项羽之名，只有郑君不从，因此被刘邦放逐。籍：项羽名籍。项伯：项羽叔父，与张良友善，在鸿门宴前曾向刘邦通风报信。

送董元达

谢 逸

〔解题〕谢逸(？—1113)，字无逸，自号溪堂，抚州临川(今江西抚州)人。博学工文辞，诗文为黄庭坚所赞赏。董元达，作者之友，生平未详。这是一首送别友人的诗，写朋友为国从戎，然而壮志未酬，对其遭遇表示了深刻的同情，是对一身正气者的颂歌。

读书不作儒生酸，跃马西入金城关[1]。塞垣苦寒风气恶[2]，归来面皱须眉斑。先皇召见延和殿[3]，议论慷慨天开颜。谤书盈箧不复辩[4]，脱身来看江南山。长江滚滚蛟龙怒，扁舟此去何当还？大梁城里定相见，玉川破屋应数间[5]。

——《宋诗纪事》卷三十三

[1] 酸：迂腐。金城关：在今甘肃兰州西北。

[2] 塞垣：边塞的城墙。

[3] 先皇：指宋神宗。

[4] 谤书：诽谤的奏章。箧(qiè 窃)：筐。

[5] 大梁：即汴京。玉川：唐代卢仝号玉川，家贫，只有破屋数间。这是以卢仝比董元达。

谒狄梁公庙

释惠洪

[解题] 释惠洪(1071—1128),原名德洪,字觉范,俗姓彭,筠州新昌(今江西宜丰)人。宋代著名诗僧。工诗擅画,有《冷斋夜话》等。狄梁公,狄仁杰(630—700),字怀英,并州太原(今属山西)人。武则天天授二年(691)曾为相,后贬为彭泽令。神功元年(697)复相,力劝武则天立唐嗣,睿宗时追封梁国公。这是惠洪拜谒狄仁杰祠庙而作的诗,表达了对前代诤臣的敬意。

九江浪粘天[1],气势必东下。万山勒回之,到此竟倾泻。如公廷净时[2],一快那顾藉!君看洗日光[3],正色甚闲暇。使唐不敢周[4],谁复如公者?古祠苍烟根,碧草上屋瓦。我来春雨馀,瞻叹香火罢。一读老范碑,顿尘看奔马[5]。斯文如贯珠,字字光照夜。整帆更迟留,风正不忍挂[6]。

——《石门文字禅》卷一

[1] 九江:在江西。狄仁杰曾为彭泽令,则祠庙可能也在彭泽。
[2] 廷净:在朝堂上直言进谏。
[3] 洗日光:使太阳重见光明,这是指狄仁杰力主庐陵王李显复位,恢复唐室。

[4] 周:武则天称帝时的国号。

[5] 老范碑:指宋代范仲淹《唐狄梁公碑》文。顿尘:绝尘。

[6] "整帆"二句:不忍挂帆离去,这是渲染对狄仁杰的崇敬之情。

兵乱后自嬉杂诗(其一)

吕本中

〔**解题**〕吕本中(1084—1138),字居仁,寿州(今安徽寿县)人,自高祖迁居开封,遂为开封人。曾作《江西诗社宗派图》。宋钦宗靖康元年(1126),金兵陷北宋都城汴京,第二年春天,徽、钦宗二帝被金兵掳去。吕本中回到汴京之后,看到兵乱之后的都城,写了一组诗。这里选的是第一首,表现出未能死国的心灵折磨。

晚逢戎马际[1],处处聚兵时。后死翻为累,偷生未有期[2]。积忧全少睡,经劫抱长饥[3]。欲逐范仔辈[4],同盟起义师。

——《东莱先生诗集》

[1] 晚:晚年。
[2] "后死"二句:自己没有在战乱中死去,反而因为活着而遭受痛苦,苟且偷生的日子不知道要过到何时。
[3] 抱:忍受。
[4] 范仔:当时在河北起义抗金的军队。

渡 江

陈与义

〔解题〕 陈与义(1090—1139),字去非,号简斋,洛阳(今属河南)人。宋代诗人。陈与义诗风前期清俊流丽,南渡后更添苍凉浑厚,加之对仗工稳,音节浏亮,深得杜诗一端。元代方回推陈与义为江西诗派的代表人物。《渡江》一首作于绍兴二年(1132)作者初到临安(今浙江杭州)之时。当时北方已为金人所据,诗中表达了欲借方隅之地发奋复国的激情。

江南非不好,楚客自生哀[1]。摇楫天平渡[2],迎人树欲来。雨馀吴岫立,日照海门开[3]。虽异中原险,方隅亦壮哉[4]。

——吴书荫、金德厚点校《陈与义集》卷第二十九

[1]"江南"二句:宋玉因屈原被放逐作《招魂》,有"魂兮归来哀江南"句。另庾信羁留北方时,思念故国而作《哀江南赋》。自生哀,正当勤力王室,共谋恢复之时,不当徒自生哀。

[2]"摇楫"句:划船渡过仿佛与天相连的宽阔江水。楫,桨。

[3]吴岫(xiù秀):吴山,又称胥山,在钱塘江北岸。海门:指钱塘江入海处。

[4]"虽异"二句:虽然不及中原地势险要,方寸之地也有壮阔的形势。方隅,偏僻狭小的角落。

伤 春

陈与义

〔解题〕这首诗作于宋高宗建炎四年(1130),前一年的冬天,金兵渡江南下,宋高宗乘船从海上逃走。《伤春》一诗感伤时事,对朝廷面对来犯之敌只能退缩逃跑表达了强烈的不满,歌颂了奋勇抗击敌人的英雄,情感激烈深沉。

庙堂无策可平戎,坐使甘泉照夕烽[1]。初怪上都闻战马,岂知穷海看飞龙[2]。孤臣霜发三千丈,每岁烟花一万重[3]。稍喜长沙向延阁,疲兵敢犯犬羊锋[4]。

——吴书荫、金德厚点校《陈与义集》卷第二十六

[1]"庙堂"二句:朝廷没有退敌之策,使得金兵直犯逼近南宋都城。庙堂,指朝廷。戎,指金兵。甘泉,汉宫名。烽,烽火。

[2]"初怪"二句:当初汴京沦陷已经令人吃惊,谁知这一次又到了皇帝要从海上逃走的地步。上都,京城,这里指北宋都城汴京。飞龙,喻皇帝。

[3]"孤臣"二句:年年春光依然美好,我却已经满头白发了。孤臣,作者自指。岁,年。烟花一万重,春光烂漫。

[4]向延阁:指向子諲,以其曾直龙图阁,龙图阁为宋代宫廷藏书之所,如汉之延阁,故称。向当时任长沙太守,组织军队抗金。犬羊锋:指金兵。

石州慢·己酉秋吴兴舟中作

张元幹

〔解题〕 张元幹(1091—1161),字仲宗,号芦川居士,永福(今福建永泰)人。曾因作词触怒秦桧,被削除官籍。张元幹力主抗金,词多咏时事怀抱,风格悲愤而不失清丽。《石州慢·己酉秋吴兴舟中作》作于宋高宗建炎三年(1129),当时南宋内有变乱,外有金兵,高宗皇帝乘船入海出逃。作者正在吴兴避难,感叹时事而作此词。词中感情悲壮慷慨,写孤臣志士之悲。

雨急云飞,惊散暮鸦,微弄凉月。谁家疏柳低迷,几点流萤明灭。夜帆风驶,满湖烟水苍茫,菰蒲零乱秋声咽[1]。梦断酒醒时,倚危樯清绝[2]。　　心折[3]。长庚光怒[4],群盗纵横[5],逆胡猖獗。欲挽天河,一洗中原膏血[6]。两宫何处[7]?塞垣只隔长江,唾壶空击悲歌缺[8]。万里想龙沙,泣孤臣吴越[9]。

——曹济平校注《芦川词笺注》卷上

[1] 菰(gū孤)蒲:水生植物。秋声咽:秋风声音凄切。
[2] 危樯:高耸的桅杆。
[3] 心折:心中摧折,伤心已极。
[4] 长庚:金星。古人认为金星主兵戈之事。

〔5〕群盗:当时苗傅、刘正彦作乱,兵败被杀。

〔6〕"欲挽"二句:想以天河之水洗去中原血污,意为能够驱逐入侵的金兵,拯救苦难中的百姓。

〔7〕两宫:指被金人掳走的徽宗、钦宗二帝。

〔8〕塞垣:边境。当时金兵占领扬州,与南宋只隔一条长江,长江竟然成了边塞。唾壶:痰盂。据《世说新语》载,王敦酒后常咏"老骥伏枥,志在千里,烈士暮年,壮心不已",并以如意击打唾壶伴奏,将壶口都敲烂了。这里是表达壮志难酬的极度悲愤。

〔9〕龙沙:沙漠边远之地,当时徽、钦二帝被掳在极北之地。孤臣:作者自指。吴越:指江浙一带。

贺新郎·送胡邦衡待制赴新州

张元幹

〔解题〕胡邦衡,即胡铨(1102—1180),因上书反对与金议和,触怒秦桧,除名编管新州(今广东新兴县),张元幹写词送行。词中既有对国事的忧虑,也有对胡铨遭遇的不平,体现了作者对黑暗时局的愤慨。

梦绕神州路[1]。怅秋风、连营画角,故宫离黍[2]。底事昆仑倾砥柱,九地黄流乱注[3]。聚万落、千村狐兔[4]。天意从来高难问,况人情、老易悲难诉[5]。更南浦,送君去[6]。

凉生岸柳催残暑。耿斜河[7]、疏星淡月,断云微度。万里江山知何处?回首对床夜语[8]。雁不到、书成谁与[9]?目尽青天怀今古,肯儿曹、恩怨相尔汝[10]。举大白,听金缕[11]。

——曹济平校注《芦川词笺注》卷上

[1] 神州:指中原,时已为金人所占据。

[2] 连营画角:指金人兵营相连,只听到军中号角之声。故宫:指汴京。离黍:黍离之悲,表示对故国的怀念。

[3] 底事:何事。昆仑、砥柱:都是山名。九地:九州。黄流:黄河。昆仑山、砥柱山都倾倒了,九州洪水泛滥,这是比喻灾难和兵祸的严重程度。

〔4〕"聚万"句:千村万户都因战乱荒芜,狐兔成群。

〔5〕"天意"二句:言上天高远,其意一直难测;人情悲苦,老去越发难说。这是愤慨时事的话,实际是对朝廷苟安政策表示强烈不满。

〔6〕"更南"二句:心情本就悲愤,又加上送胡铨离去。更,加上。南浦,送别之处。

〔7〕耿:明亮。斜河:天河。这是送别胡铨时的景色。

〔8〕回首:回想。对床夜语:比喻两人志趣相投,感情深厚。

〔9〕雁不到:音信难通,言胡铨去处之偏远。

〔10〕"目尽"二句:人应当以大局为怀,不能像小孩子一味亲昵不舍,纠缠在个人感情之中。儿曹,小儿女。尔汝,亲昵。

〔11〕大白:酒杯。金缕:《金缕曲》,《贺新郎》的别名。

病　牛

李　纲

〔**解题**〕 李纲(1085—1140),字伯纪,邵武(今福建邵武)人。徽宗政和二年(1112)进士,宋钦宗时授兵部侍郎、尚书右丞。靖康元年(1126)金兵入侵汴京时,任京城四壁守御使,团结军民,击退金兵。但不久被排斥贬官。《病牛》作于作者贬谪之时,诗写耕牛筋力耗尽无人怜惜,但只要众生都能吃饱,也就不介意自己的疲病了。作者以此自喻,有鞠躬尽瘁死而后已之意。

耕犁千亩实千箱[1],力尽筋疲谁复伤[2]？但得众生皆得饱,不辞羸病卧残阳[3]。

——《全宋词》

[1] "耕犁"句:是说耕牛曾经耕种过许多良田,使得农人收获了许多粮食。耕犁,耕田犁地。实,装满。
[2] 伤:同情,可怜。
[3] 羸:瘦弱。

苏 武 令

李 纲

〔解题〕这首词作于李纲遭贬之后。词先写北方荒凉景象，引申到徽、钦二帝被掳的凄凉耻辱，由此过渡到自己的报国之志，表达如能为国家所用，定能报国救民的决心。词中感情沉雄慷慨，尤其表现了作者以天下为己任的胸襟和气魄。

塞上风高，渔阳秋早[1]。惆怅翠华音杳[2]。驿使空驰，征鸿归尽，不寄双龙消耗[3]。念白衣、金殿除恩，归黄阁、未成图报[4]。 谁信我、致主丹衷[5]，伤时多故，未作救民方召[6]。调鼎为霖[7]，登坛作将，燕然即须平扫[8]。拥精兵十万，横行沙漠，奉迎天表[9]。

——《全宋词》

[1] 渔阳：郡名，今天津蓟州区一带，此泛指北方。
[2] 翠华：皇帝仪仗中以翠鸟羽毛装饰的旗子。音杳：音信杳然。这里是说没有徽、钦二帝的消息。
[3] 驿使：传递公文的差役。寄：传达。双龙：徽、钦二帝。消耗：消息。
[4] 白衣：平民，指自己未入仕之前。除恩：指中举授官。黄阁：汉时丞相听事之门，此指宰相府。未成图报：未能报答皇帝之恩。
[5] 丹衷：丹心。

[6] 方:方策。召:召用。

[7] 调鼎:宰相治理天下,如调鼎中之味。

[8] 燕然:见范仲淹《渔家傲》注[5]。

[9] 天表:天子的仪容,这里指徽、钦二帝。

满江红·写怀

岳 飞

〔解题〕 岳飞(1103—1141),字鹏举,相州汤阴(今河南汤阴)人。二十岁从军,屡立战功,为抗金名将。宋高宗绍兴十一年(1141),大败金兀术,即将收复汴京,却遭秦桧诬陷,被召回后杀害。《满江红》一词,体现了作者的立志报国、收复河山的英雄气概,为历代传颂的名篇。

怒发冲冠,凭栏处、潇潇雨歇[1]。抬望眼、仰天长啸,壮怀激烈。三十功名尘与土,八千里路云和月。莫等闲[2]、白了少年头,空悲切。 靖康耻[3],犹未雪。臣子恨,何时灭。驾长车踏破,贺兰山缺[4]。壮志饥餐胡虏肉,笑谈渴饮匈奴血。待从头、收拾旧山河,朝天阙[5]。

——《全宋词》

[1] 怒发冲冠:形容愤怒之至。歇:停。
[2] 等闲:轻易,在无所作为中。
[3] 靖康耻:北宋靖康二年(1127),汴京失陷,金兵掳走徽、钦二帝,北宋宣告灭亡,史称"靖康之变"。
[4] 长车:兵车。贺兰山:在今宁夏与内蒙古交界处,这里指代金人所在地。缺:山口。
[5] 天阙:宫殿前的楼观,指代皇帝。

上枢密韩公诗二首并序

李清照

〔解题〕李清照(1084—约1151),号易安居士,济南历城(今山东济南)人。父亲李格非是礼部员外郎,李清照十八岁时,与太学生赵明诚结婚。李清照的一生以靖康之变为转折。前半生生活安定,专心于文艺学问;南渡后丈夫去世,颠沛流离,晚景凄凉。李清照工诗能文,于词更为一大家。《上枢密韩公诗二首》作于绍兴三年(1133),同佥枢密院事韩肖胄奉命使金,给事中胡松年以试工部尚书身份任使金副使,去探望被俘的徽、钦二宗。韩肖胄的曾祖韩琦在仁宗、英宗、神宗三朝为相,祖父韩忠彦在徽宗建中靖国为相。李清照的祖父和父亲可能曾得到过他们的举荐,故谓出其门下。

绍兴癸丑五月,枢密韩公、工部尚书胡公使金,通两宫也[1]。有易安室者,父祖皆出韩公门下[2],今家世沦替,子姓寒微,不敢望公之车尘[3]。又贫病,但神明未衰落。见此大号令,不能忘言[4],作古、律诗各一章,以寄区区之意,以待采诗者云[5]。

三年夏六月,天子视朝久[6]。凝旒望南云,垂衣思北狩[7]。如闻帝若曰,岳牧与群后[8]。贤宁无半千,运已遇阳九[9]。勿勒燕然铭,勿种金城柳[10]。岂无纯孝臣,识此霜露悲[11]？何必羡舍肉，便可车载脂[12]。土地非所惜，玉帛如尘泥。谁当可将命[13]，币厚辞益卑。四岳佥曰俞，臣下帝所知[14]。中朝第一人，春官有昌黎[15]。身为百夫特[16]，行足万人师。嘉祐与建中，为政有皋夔[17]。匈奴畏王商，吐蕃尊子仪[18]。夷狄已破胆，将命公所宜[19]。公拜手稽首，受命白玉墀[20]。曰臣敢辞难，此亦何等时。家人安足谋，妻子不必辞[21]。愿奉天地灵，愿奉宗庙威[22]。径持紫泥诏，直入黄龙城[23]。单于定稽颡，侍子当来迎[24]。仁君方恃信[25]，狂生休请缨。或取犬马血，与结天日盟[26]。胡公清德人所难[27]，谋同德协心志安。脱衣已被汉恩暖，离歌不道易水寒[28]。皇天久阴后土湿，雨势未回风势急[29]。车声辚辚马萧萧[30]，壮士懦夫俱感泣。闾阎嫠妇亦何知，沥血投书干记室[31]。夷虏从来性虎狼，不虞预备庸何伤[32]。衷甲昔时闻楚幕，乘城前日记平凉[33]。葵丘践土非荒城，勿轻谈士弃儒生[34]。露布词成马犹倚，崤函关出鸡未鸣[35]。巧匠何曾弃樗栎，刍荛之言或有益[36]。不乞隋珠与和璧，只乞乡关新信息[37]。灵光虽在应萧萧，草中翁仲今何若[38]。遗氓岂尚种桑麻[39]，残虏如闻保城郭。嫠家父祖生齐鲁，位下名高人比数[40]。当时稷下纵谈时[41]，犹记人挥汗成雨。子孙南渡今几年，漂流遂与流人伍[42]。欲将血泪寄山河，去洒东山一抔土[43]。

——王仲闻校注《李清照集校注》卷二

[1] 绍兴癸丑：宋高宗绍兴三年（1133）。枢密韩公：韩肖胄，任同金枢密院事。工部尚书胡公：胡松年，以试工部尚书身份任使金副使。两宫：指徽、钦二帝。韩、胡二人出使金国，去探望被俘在金的宋徽宗赵佶和钦宗赵桓。

〔2〕易安室:李清照自指。出韩公门下:言父亲与祖父以韩氏擢拔出仕。

〔3〕沦替:衰败。望公之车尘:指登门拜会。

〔4〕神明:精神。大号令:指二人出使之事。不能忘言:不能无言,一定要说句话。

〔5〕采诗者:古时有采诗官,从民歌中观民风、知得失。表明这两首诗的主意均在时政。

〔6〕三年:绍兴三年(1133)。视朝:临朝听政。

〔7〕凝旒(liú 流):天子的帽穗不动,形容凝神专注。旒,帝王戴的冕前后悬垂的穗子。垂衣:垂衣而治的简称,用以歌颂君主无为而治。北狩:狩猎于北方,这里是讳指徽、钦二帝羁留于北方之事。

〔8〕若:好像。岳牧、群后:均出自《尚书》,指文武百官。

〔9〕半千:唐人员半千,有贤名。《新唐书·员半千传》:"半千始名馀庆……对诏高第……与何彦光同事王义方,以迈秀见赏。义方常曰:'五百载一贤者生,子宜当之。'因改今名。"阳九:指厄运之年或厄运。

〔10〕燕然:见前范仲淹《渔家傲》注〔5〕。金城柳:史载桓温北伐时路过金城,见到之前种的柳树已经长大,不由感慨落泪。这里是说此番北行既不需勒石记功,也不用种柳兴叹。

〔11〕纯孝:完美的孝行。霜露:《礼记》说霜露降下,君子踩在上面必然有凄怆之心,并非因为畏惧寒冷。这里是说皇上会因思念父兄的凄怆。

〔12〕舍肉:庄公赐食给颍考叔,颍考叔吃的时候不吃肉,说还没有给母亲尝过,自己不能吃。载脂:以油脂涂车轴,方便行车。

〔13〕将命:奉命。

〔14〕"四岳"句:百官都赞同皇帝的决定。四岳,指群臣;佥(qiān 千),皆,全都。俞,然,是,表示应答和首肯。

〔15〕春官:掌典礼的官,后为礼部的通称。昌黎:唐代韩愈祖籍昌黎,故常称为韩昌黎。这里是借指韩肖胄。

〔16〕特:杰出。

〔17〕嘉祐:宋仁宗年号。建中:宋徽宗年号。皋、夔(kuí 葵):均为舜时大臣,比喻贤臣。这里是说韩肖胄的父亲和祖父都为贤臣。

〔18〕王商:《汉书》载王商为丞相,使得匈奴畏惧。子仪:唐代郭子仪,曾率兵对抗吐蕃。

〔19〕"夷狄"二句:韩肖冑祖韩琦,为契丹所畏惧。这里是说韩肖冑是北使的恰当人选。

〔20〕稽首:叩拜。白玉墀:白玉台阶,指代朝堂。

〔21〕"曰臣"四句:这是韩肖冑回奏皇帝的话,表示接受出使的任务,不以妻子家人为念。敢,岂敢。

〔22〕宗庙:王室,指代江山社稷。

〔23〕紫泥诏:古代信函以泥封,尊者用紫泥。这里指皇帝的诏书。黄龙城:或称黄龙府,在今吉林长春农安县,金军事重镇和政治经济中心,金兵俘虏宋朝徽、钦二帝曾囚禁于此。

〔24〕单于:匈奴首领,这里指金帝。稽颡(sǎng 嗓):跪拜礼,以额触地,表示惶恐。侍子:古代诸王派遣侍奉天子的儿子。

〔25〕仁君:此指韩肖冑。

〔26〕犬马血:史载古人订盟之时,口含犬马血或将血涂于口旁,即歃血为盟。天日盟:指天誓日的盟约。

〔27〕胡公:指胡松年。

〔28〕"脱衣"句:用韩信故事。史载项羽使人劝韩信归楚,韩信以刘邦待己恩厚为由婉拒,其中说到刘邦曾经脱下衣服给自己穿。"离歌"句:用荆轲故事。见前陶渊明《咏荆轲》注。

〔29〕"皇天"二句:以天气恶劣比喻时局严峻。

〔30〕辚辚:车声。萧萧:马鸣之声。

〔31〕闾阎:民间。嫠(lí 离)妇:寡妇,这是李清照自指。沥血:滴血,沥血书辞,表示竭诚相示。投书:递交书信。干:求托。记室:秘书一类的官名。干记室是李清照的谦辞,表示自己地位低下,请记室呈上我的书信(诗)。

〔32〕性虎狼:虎狼之性,比喻残忍。不虞:不测,出乎意外的危险或伤害。庸何伤:难道有什么坏处。

〔33〕"衷甲"句:《左传》记载,楚国曾与宋国订盟,而楚人暗暗将甲胄穿在衣服之内,意在背弃盟约。衷,同"中"。"乘城"句:唐与吐蕃曾在平凉订盟,后唐军入平凉,吐蕃背盟,导致唐军全军覆没。乘,登。平凉,地名,在

110

今甘肃。

[34]"葵丘"二句:是说齐桓公、晋文公会盟天下,功绩犹存,朝廷也不该轻视使者所能发挥的作用。葵丘,春秋时宋国地名。践土,春秋时郑国地名。分别为齐桓公和晋文公会盟诸侯的地方。

[35]露布:报捷的文书。词成马犹倚:倚马词成,比喻才华横溢。"崤(xiáo淆)函"句:崤函关,函谷关,史载孟尝君离开秦国出函谷关,关口要等鸡鸣天亮才放行,赖有门客能学鸡鸣,得以脱身。

[36]樗栎(chū lì出立):不成材的两种树木,比喻庸才。刍荛(ráo饶):采薪捕鱼的人,比喻地位低下的人。这两句是谦辞。

[37]隋珠、和璧:随侯珠、和氏璧,指代珍宝。乡关:故乡,这里指北方沦陷地区。

[38]灵光:汉代鲁恭王殿名。杜甫《登兖州城楼》诗"荒城鲁殿馀",喻仅存之旧物。萧萧:萧条。翁仲:宫殿或陵寝前后的石像。这里是比喻沦陷区的亲人。

[39]遗氓:遗民。

[40]嫠家:李清照自指。位下:地位低。比数:与其他人相比还数得上。

[41]稷下:地名,在今山东临淄,为战国时讲学议论之所。这里是说山东有悠久的思想文化传统。

[42]南渡:指北宋灭亡,朝廷渡江南下事。流人:流亡之人。伍:为伍。

[43]"欲将"二句:希望血泪洒故土,表示对故土的生死眷恋。东山,在山东,指代作者的故乡。一抔(póu剖阳平)土,一捧土。

又

想见皇华过二京,壶浆夹道万人迎[1]。连昌宫里桃应在,华萼楼头鹊定惊[2]。但说帝心怜赤子[3],须知天意念苍生。圣君大信明如日,长乱何须在屡盟[4]。

——王仲闻校注《李清照集校注》卷二

［1］皇华:皇帝派出的使臣。《诗经·小雅·皇皇者华》小序:"皇皇者华,君遣使臣也,送之以礼乐,言远而有光华也。"二京:指北宋东京和南京,今河南开封和商丘,南宋使者赴金要经过这两个地方。壶浆:以壶盛酒浆犒劳。

［2］连昌宫:唐代宫殿,在洛阳。华萼楼:唐代有花萼相辉楼,在长安。这里借用唐代宫殿的名称指代北宋的宫殿。

［3］赤子:婴儿,引申为百姓。

［4］长乱:滋长动乱。言北宋与金人屡次订立盟约,不一定是滋长动乱的原因,有委婉的讽刺意味。

乌 江

李清照

〔**解题**〕这时一首咏史诗,项羽兵败无颜南回而自刎之事,与南宋朝廷的苟且偏安形成了鲜明的对比。对项羽的赞叹,也是对当时统治者的讽刺,言其不知以何面目见江东父老。

生当作人杰,死亦为鬼雄。至今思项羽,不肯过江东[1]。

——王仲闻校注《李清照集校注》卷二

[1] 江东:即今江南地区。据《史记》记载,项羽兵败,自言无颜回江东面对家乡父老,乃自刎于乌江。

金错刀行

陆 游

[解题] 陆游(1125—1210),字务观,号放翁,越州山阴(今浙江绍兴)人。绍兴中应礼部试,遭秦桧除名,孝宗时始赐进士出身。乾道八年(1172),入四川宣抚史王炎幕府。官至宝章阁待制。陆游是南宋时杰出的爱国主义诗人,诗存九千馀首,诗风兼具恢宏与清新,与尤袤、杨万里、范成大并称为"南宋四大家",亦长于词。有《剑南诗稿》《渭南文集》等。《金错刀行》作于乾道九年(1173),诗以宝刀起兴,写到英雄人物的报国豪情,以慷慨的反问作结尾,气概豪迈。

黄金错刀白玉装,夜穿窗扉出光芒[1]。丈夫五十功未立,提刀独立顾八荒[2]。京华结交尽奇士,意气相期共生死。千年史策耻无名,一片丹心报天子。尔来从军天汉滨,南山晓雪玉嶙峋[3]。呜呼楚虽三户能亡秦[4],岂有堂堂中国空无人!

——《剑南诗稿》卷四

[1] 金错刀:刀身镶有黄金纹饰的刀。错,镶嵌。白玉装:刀柄镶有白玉。扉:门。

[2] 八荒:八方极远处。这句表示丈夫环视天下渴望大有作为的雄心

和壮士暮年的无奈。

　　[3] 尔来:近来。天汉滨:汉水之滨,陆游曾在汉中任职。嶙峋:堆积突兀的样子。

　　[4] 楚虽三户:战国末年,秦灭楚。楚人不忘灭国之恨,时有民谣:"楚虽三户,亡秦必楚。"后楚人项羽灭秦。这是表示收复中原的决心。

病起书怀

陆 游

〔**解题**〕这首诗作于淳熙三年(1176)四月陆游在成都之时。是年三月,诗人被免去参议官之职。诗从病后初愈的憔悴写起,转入虽然自己病弱位卑,依然忧心国事天下,未忘国土沦陷。最后以细读诸葛亮《出师表》做结,表明克复中原的决心。

病骨支离纱帽宽,孤臣万里客江干[1]。位卑未敢忘忧国,事定犹须待阖棺[2]。天地神灵扶庙社,京华父老望和銮[3]。出师一表通今古[4],夜半挑灯更细看。

——《剑南诗稿》卷七

[1] 支离:憔悴,衰疲。纱帽宽:病后憔悴,所以感到纱帽宽松。江干:江边。

[2] 阖(hé合)棺:盖棺。这是说除非死去,不然忧国之心就不会停息。

[3] 庙社:宗庙社稷,指代国家。京华:京都。和銮:皇帝的车驾。

[4] 出师一表:即诸葛亮《出师表》,作于北上伐魏之时,其中有"兴复汉室,还于旧都"的话。

夜泊水村

陆 游

〔解题〕这首诗作于淳熙九年(1182)陆游赋闲在家之时。报国事业未竟,而诗人遭遇弃置,故诗中慨叹虽然壮志在胸,却眼看岁月蹉跎而无能为力,悲愤难平。

腰间羽箭久凋零,太息燕然未勒铭[1]。老子犹堪绝大漠,诸君何至泣新亭[2]。一身报国有万死,双鬓向人无再青。记取江湖泊船处,卧闻新雁落寒汀[3]。

——《剑南诗稿》卷十四

[1] 太息:深深叹息。燕然未勒:见前范仲淹《渔家傲》注[5]。

[2] 老子:诗人自指。绝:渡过。意谓自己虽然年老,尚能为国出力,驰骋疆场。新亭:在今江苏南京。晋室南渡后,过江士人在新亭宴饮,悲戚落泪。只有王导勉励众人应当勤力王室,克复神州。后以"新亭对泣"表示怀念故国而无可奈何之意。

[3] 汀:水边平地,小洲。

诉衷情

陆　游

〔**解题**〕这首词作于陆游晚年,全为抒情悲愤之作。上阕回忆当年抗敌情景,写壮志豪情落空后的潦倒悲凉。下阕写自己已经年老,而国土依然沦陷,感情沉郁沧桑。全词情调悲凄,而风骨不坠。

当年万里觅封侯[1]。匹马戍梁州[2]。关河梦断何处,尘暗旧貂裘[3]。　胡未灭,鬓先秋[4]。泪空流。此生谁料,心在天山,身老沧洲[5]。

——夏承焘、吴熊和《放翁词编年笺注》下卷

[1] 觅封侯:寻求建功立业的机会。
[2] 戍:戍卫。梁州:治所在今陕西汉中。
[3] 关河:指代边疆。尘暗旧貂裘:貂裘凋敝,为尘土所蒙失去光彩。这里是比喻长期闲散无所作为。
[4] 鬓先秋:鬓发早白。
[5] 天山:指代边疆。沧洲:休官闲居之所。

水龙吟·登建康赏心亭

辛弃疾

〔解题〕辛弃疾(1140—1207),字幼安,晚字稼轩,济南历城(今山东济南)人。南宋著名词人。二十二岁时,曾组织二千馀人参加抗金起义。归南宋后仍积极主张抗金,为主和派忌惮,四十三岁起闲居信州(今江西上饶)近二十年。晚年曾一度被起用,不久病卒。辛弃疾词风多样,以豪放为主,常写报国热情,倾诉壮志未酬的悲愤,气魄宏大,格调高昂。《水龙吟·登建康赏心亭》作于宋孝宗乾道五年(1169)辛弃疾任建康府通判之时。作者登高远眺,想到报国之志未申,心怀怅然,以悲慨之气作此词。建康,今江苏南京。赏心亭,在建康城西。

楚天千里清秋[1],水随天去秋无际。遥岑远目,献愁供恨,玉簪螺髻[2]。落日楼头,断鸿声里[3],江南游子。把吴钩看了[4],栏杆拍遍,无人会,登临意。　　休说鲈鱼堪脍,尽西风、季鹰归未[5]?求田问舍,怕应羞见,刘郎才气[6]。可惜流年,忧愁风雨,树犹如此[7]!倩何人唤取,红巾翠袖,揾英雄泪[8]?

——邓广铭《稼轩词编年笺注》增订本卷一

[1] 楚天:南方的天空。

［2］"遥岑"三句:是说远眺山峦令人忧伤。遥岑,远山。远目,远望。玉簪螺髻,比喻远山如同人的发髻。

［3］断鸿:失群的孤雁。

［4］吴钩:宝刀。

［5］"休说"二句:西晋张翰(字季鹰)在京城时,见秋风起,想起家乡苏州的鲈鱼脍、莼菜羹,遂弃官回乡。

［6］求田问舍:询问房产田地之事,指为个人利益打算。刘郎:指刘备。据《三国志》载,许汜只知求田问舍,为刘备所笑。

［7］树犹如此:史载桓温北伐经过金城,见之前种下的柳树已经十围,不由叹息:"木犹如此,人何以堪。"这是叹息时光匆匆的意思。

［8］倩:请。红巾翠袖:指歌女。揾:擦。

破阵子·为陈同甫赋壮词以寄之

辛弃疾

〔解题〕这首词作于辛弃疾闲居信州之时。词中回想当年的风云气概,一直联想到功成名就的伟业和扫清天下的痛快,又突然跌落回闲居无成的现实之中。既充满英雄气魄,又发出沉痛叹息,感情酣畅,令人动容。陈同甫,即陈亮,辛弃疾的好友,婺州永康人。为人才气超迈,喜谈兵,论议风生,下笔数千言立就,著名学者、文章家和词人。也是激烈反对议和的主战派。

醉里挑灯看剑,梦回吹角连营[1]。八百里分麾下炙,五十弦翻塞外声[2]。沙场秋点兵。　马作的卢飞快,弓如霹雳弦惊[3]。了却君王天下事,赢得生前身后名。可怜白发生。

——邓广铭《稼轩词编年笺注》增订本卷二

[1] 角:号角。连营:指军中营帐相连。
[2] 麾:部下。炙:烤肉。五十弦:原指瑟,指代乐器。翻:演奏。塞外声:塞外的歌曲。
[3] 的卢:一种烈性的快马。

永遇乐·京口北固亭怀古

辛弃疾

〔解题〕京口,今江苏镇江。北固亭,在京口东北的北固山上,北面长江。宁宗开禧元年(1205),辛弃疾戍防京口。当时的政治环境极为复杂,辛弃疾虽然看似居于要职,其实深感难有作为。此词为怀古之作,出于对时局深切的忧虑,词中寄托了深沉的感情。词中追慕古代英雄,抒写烈士闲置、功业难就的压抑与悲凉。

千古江山,英雄无觅,孙仲谋处[1]。舞榭歌台,风流总被,雨打风吹去[2]。斜阳草树,寻常巷陌,人道寄奴曾住[3]。想当年,金戈铁马,气吞万里如虎[4]。　元嘉草草,封狼居胥,赢得仓皇北顾[5]。四十三年,望中犹记,烽火扬州路[6]。可堪回首,佛狸祠下,一片神鸦社鼓[7]。凭谁问,廉颇老矣,尚能饭否[8]?

——邓广铭《稼轩词编年笺注》增订本卷五

[1] 觅:寻找。孙仲谋:三国时吴主孙权,字仲谋,曾在京口建都。孙权曾在赤壁之战中击败曹操,保卫了江东,所以这里提到他。

[2] 舞榭歌台:歌舞用的楼台,借指历史上曾有的繁华。"风流"二句:苏轼《浪淘沙·赤壁怀古》有"浪淘尽,千古风流人物"之句。这里说三国人

物的遗迹已经在历史中逐渐消失了。

　　［3］寄奴：南朝宋武帝刘裕,小字寄奴,生长于京口。

　　［4］"想当年"三句：刘裕曾两次北伐,收复洛阳、长安,这里是赞扬其北伐的壮举。

　　［5］"元嘉"三句：元嘉：宋文帝刘义隆的年号。狼居胥：在今内蒙古自治区境内。《史记》载霍去病追匈奴至狼居胥,封山而还。刘义隆好大喜功,曾说自己有封狼居胥之意,即希望北伐立功的意思。后来命王玄谟北伐,大败而回。

　　［6］四十三年：辛弃疾于高宗绍兴三十二年(1162)归宋,至宋宁宗开禧元年(1205)任镇江知府而作此词,正好四十三年。扬州路：辛弃疾当年由金归宋,曾路经扬州,那时金主完颜亮被杀,形势混乱,一路烽火连天。

　　［7］可堪：如何忍受。回首：回想。佛狸(bì lí 必离)：北魏太武帝拓跋焘,小字佛狸。拓跋焘击败王玄谟之后,曾追至长江北岸的瓜步山,在山上建立行宫,即后来的佛狸祠。神鸦：神庙中吃祭品的乌鸦。社鼓：祭祀时击打的鼓。这里说佛狸祠香火旺盛,意谓江北百姓供奉异族宗庙,是无论如何不能忍受的。

　　［8］"凭谁"三句：指朝廷无意再起用有抗敌经验的老将。廉颇：战国时赵国名将。据《史记》载,赵王欲用廉颇,遣使者去探查情况。廉颇报国心切,当着使者的面吃了斗米饭,十斤肉,披挂上马,表示自己依然可用。使者回去报告赵王说："廉将军虽老,尚善饭；然与臣坐,顷之三遗矢矣。"赵王认为廉颇已经年老,就没有再起用他。

南乡子·登京口北固亭有怀

辛弃疾

〔解题〕这首词和前一首相同,也是写登临的感慨,语言更加浅显,感情基调也更为明快。词的上半阕写登临所见,引发历史沧桑的感叹。下半阕吟咏孙权故事,赞美他英雄年少,能够占据江东,与曹刘对峙,寄寓着对时局的感慨,末尾也有对当权者怯懦无为的讽刺。

何处望神州[1]。满眼风光北固楼[2]。千古兴亡多少事,悠悠。不尽长江滚滚流。　　年少万兜鍪[3]。坐断东南战未休[4]。天下英雄谁敌手。曹刘。生子当如孙仲谋[5]。

——邓广铭《稼轩词编年笺注》增订本卷五

[1] 神州:指沦陷的中原。
[2] 北固楼:即北固亭。
[3] 兜鍪(móu谋):头盔。指代士兵。
[4] 坐断:占据,割据。
[5] "天下"三句:据《三国志》记载,曹操曾对刘备说,天下称得上英雄的只有刘备和自己,袁绍之流并不足数。孙仲谋:孙权。据《三国志》记载,曹操见东吴军队整肃,曾感慨道:"生子当如孙仲谋。"

水调歌头·送章德茂大卿使虏

陈　亮

〔解题〕陈亮（1143—1194），字同甫，号龙川，人称龙川先生。婺州永康（今浙江永康）人。陈亮一生坚持抗金，反对议和，曾两次被诬入狱。与辛弃疾为友，词风也与辛弃疾接近。淳熙十二年（1185）十二月，章森（字德茂）奉命出使金国，陈亮作《水调歌头》为其送行，题中的"虏"即指金。此词直抒胸臆，通篇直陈，慷慨激昂，表达了对屈辱事敌的强烈激愤。

不见南师久，漫说北群空[1]。当场只手，毕竟还我万夫雄[2]。自笑堂堂汉使，得似洋洋河水，依旧只流东[3]！且复穹庐拜，会向藁街逢[4]。　　尧之都，舜之壤，禹之封。于中应有，一个半个耻臣戎[5]。万里腥膻如许，千古英灵安在？磅礴几时通[6]？胡运何须问，赫日自当中[7]。

——姜书阁《陈亮龙川词笺注》上卷

[1] 南师：南宋的军队。北群空：没有良马，比喻没有人才。

[2] "当场"二句：说章德茂出使至金，也定能支撑局面，不愧为杰出人才。只手，独自一身，指使金的章森独入敌国。万夫雄，万里挑一的人才。

[3] "自笑"三句：很高兴看到你作为堂堂汉使，如同滔滔河水不改东流的方向。这是勉励章德茂坚持原则的话。自笑，自喜。

[4] "且复"二句：这一次暂且去金国朝拜，总有一天会轮到他们的使

者朝拜大宋。穹庐,毡帐,指金国。藁(gǎo 搞)街,汉代长安的街名,当时为外国使臣居住的地方。

[5]"尧之"五句:文明悠久的中原大地,总还有一个半个对臣服于异族感到耻辱的人吧!这是表达强烈愤慨的话。壤,土地。封,疆域。

[6]"万里"三句:大片山河沦丧于金人之手,历史上抗敌的英灵在哪里?英雄之气何时才能充塞贯通于天地之间?膻腥,指游牧民族。如许,如此。

[7]胡运:指金国的命运。赫日:比喻南宋政权。

题景苏堂竹

释道璨

〔解题〕释道璨,生卒年不详。南宋诗僧。字无文,俗姓陶。南昌(今属江西)人。度宗咸淳主饶州荐福寺。这是一首咏物诗,借咏竹表达了对苏轼的崇敬,颂扬人与竹"一节不肯曲"的节操。景苏堂在今江西瑞昌,"景苏"即为敬仰苏轼之意。相传苏轼路过瑞昌,曾在亭子山的崖石上题字,墨水洒落在竹子上,此后山上的竹叶上均有墨点。后来的瑞昌主簿王景琰将一些竹子移植到苏轼过夜的厅堂前,并在堂上悬挂了"景苏堂"的匾额。

一叶复一叶,也道几翻覆。一点复一点,书墨要接续。亲见长公来[1],一节不肯曲。见竹如见公,北麓能不俗[2]。回首熙丰间[3],几人愧此竹?

——《宋诗纪事》卷九十三

[1] 长公:指苏轼。

[2] 北麓(lù 路):瑞昌主簿王景琰号北麓。

[3] 熙丰:指北宋熙宁、元丰两个年号,当时是王安石、章惇新党执政时期,也是北宋党争激烈的时期。

多景楼醉歌

刘　过

〔解题〕刘过(1154—1206),字改之,号龙洲道人,吉州泰和(今属江西)人,与陈亮相友善,一生力主抗金。这首诗表达了作者不愿埋首书堆消磨壮志,志在四方的高远抱负。多景楼,在今江苏镇江北固山上的甘露寺内。

君不见七十二子从夫子,儒雅强半鲁国士[1]。二十八将佐中兴,英雄多是棘阳人[2]。丈夫生有四方志,东欲入海西入秦[3]。安能龌龊守一隅,白头章句浙与闽[4]？醉游太白呼峨岷[5],奇材剑客结楚荆[6]。不随举子纸上学《六韬》[7],不学腐儒穿凿注《五经》[8]。天长路远何时到？侧身望兮涕沾巾。

——《龙洲集》卷一

[1]"君不"二句:是说孔门贤才之中多半是鲁国人。七十二子,据说孔子的学生有三千人,其中通晓六艺的有七十二人。儒雅,博学的儒者。强半,超过一半。鲁国士,鲁国人。孔子弟子之中,颜渊、曾点等都是鲁人。

[2]"二十"二句:邓禹等二十八将多半是南阳人。二十八将,邓禹等二十八位将领辅佐东汉光武帝刘秀。棘阳,西汉县名,故址在今河南南阳以南。

[3]秦:陕西的简称,指代中原地区。

〔4〕龌龊(wò chuò 握绰):拘束。隅:角落。白头章句:即皓首穷经之意。章句,汉代有专门分章析句的章句学家。浙:浙江。闽:福建。

〔5〕太白:太白山,为秦岭主峰之一。峨岷:峨山、岷山,都在四川。

〔6〕结:集结。楚荆:楚国故地,指江陵、襄阳一带。

〔7〕举子:应举的读书人。《六韬》:古代兵书名。

〔8〕腐儒:只知空谈经学的儒生。《五经》:《诗》《书》《易》《礼》《春秋》五部儒家经典。

沁园春·梦孚若

刘克庄

〔解题〕刘克庄(1187—1269),字潜夫,号后村居士,莆田(今福建莆田)人。刘克庄是江湖诗派的代表人物,亦长于词。其词以忧时伤世之作为多,学辛弃疾之豪放,而雄浑气象不及。方孚若,名信儒,是刘克庄的同乡好友,曾经多次奉命出使金国,以气节闻名。此词上片写梦中与友人同游,纵论慷慨;下片写梦醒的惆怅与感叹,虚实之间反衬出作者壮志难酬的愤懑之情。

何处相逢,登宝钗楼,访铜雀台[1]。唤厨人斫就,东溟鲸脍[2],圉人呈罢,西极龙媒[3]。天下英雄,使君与操[4],馀子谁堪共酒杯。车千两,载燕南赵北[5],剑客奇才。　饮酣画鼓如雷[6]。谁信被晨鸡轻唤回[7]。叹年光过尽,功名未立;书生老去,机会方来。使李将军,遇高皇帝,万户侯何足道哉[8]!披衣起,但凄凉感旧,慷慨生哀。

——钱仲联笺注《后村词笺注》卷三

[1] 宝钗楼:在咸阳,宋时为著名酒楼。铜雀台:故址在今河北省临漳县西南。这两处名胜都在当时的北方沦陷区。

[2] 斫(zhuó琢):切。脍:细切的鱼肉。

[3] 圉(yǔ雨)人:养马的人。西极:西方极远之地。龙媒:骏马。《汉

书·礼乐志》:"天马徕龙之媒。"颜师古注引应劭曰:"言天马者乃神龙之类,今天马已来,此龙必至之效也。"后因称骏马为"龙媒"。

[4]"天下"二句:汉末曹操曾对刘备说:"今天下英雄,惟使君与操耳。"这里比喻作者与方孚若。

[5]燕南赵北:泛指黄河以北地区。

[6]画鼓:有彩绘的鼓。

[7]"谁信"句:形容清晨鸡叫梦回。

[8]"使李"二句:据《史记》记载,汉文帝曾对李广说:"如令子当高帝时,万户侯岂足道哉!"这是慨叹生不逢时,否则凭借胸中韬略,定能大有作为。

频酌淮河水

戴复古

〔解题〕戴复古(1167—1248?),字式之,号石屏,天台(今浙江天台)人。一生不仕,漫游江湖,为江湖诗派重要诗人。戴复古写作了很多反映民生疾苦和收复国土志向的作品。淮河流域接近当时沦陷的中原地区,这首诗表达了作者对中原大地的热爱,寄寓着悲愤的感情。

有客游濠梁,频酌淮河水[1]。东南水多咸[2],不如此水美。春风吹绿波,郁郁中原气[3]。莫向北岸汲[4],中有英雄泪。

——四部丛刊本《石屏诗集》

［1］濠梁:濠水上的桥。濠水在今安徽凤阳境内。频酌:频繁舀水。
［2］东南:指南宋京城临安(今浙江杭州)一带。临安近海,故云"水多咸"。
［3］郁郁:气息旺盛的样子。
［4］汲:打水。

元兵俘至合沙诗寄仲子

陈文龙

〔**解题**〕陈文龙,生卒年不详,字志忠,一字君贲,兴化军(今福建莆田)人。咸淳四年(1268)廷试第一。德祐二年(1276)五月,益王在福州即位,改元景炎,是为端宗。陈文龙时守兴化,元兵大举攻城,力屈被俘,即日绝食,至杭州去世。此诗作于陈文龙被解往杭州途中,直陈了他以身殉国的决心。仲子,第二个儿子。

斗垒孤危势不支,书生守志誓难移[1]。自经沟渎非吾事,臣死封疆是此时[2]。须信累臣堪衅鼓,未闻烈士树降旗[3]。一门百指沦胥北,惟有丹衷天地知[4]。

——《全宋诗》卷三五四三

[1] 斗垒:形容营垒之小。不支:难以支撑。书生:作者自指。
[2] "自经"二句:自己并非无谓牺牲,而是尽臣子的本分,即表达必死的决心。自经沟渎(dú读),自杀。
[3] "须信"二句:宁可为国捐躯,也不苟且偷生。累臣,被囚之臣。衅鼓,以血涂鼓。新器铸成,以血涂之,称为"衅"。
[4] 百指:十口人。沦胥:沦陷,陷于元军。丹衷:丹心。

六州歌头

张孝祥

〔解题〕张孝祥(1132—1169),字安国,历阳乌江(今安徽和县)人。绍兴二十四年(1154)举进士第一。一生反对议和,拥护北伐,卒年仅三十八岁。张孝祥词风格豪迈,气魄雄健。《六州歌头》一首是其名篇,据说他在建康留守席上赋此词,北伐主将张浚听了深受感动,为之罢席。词上片写沦陷区为金人所据的苍凉景象,下片写将士报国志向和报国无门的愤激,全词情感慷慨悲壮,笔墨酣畅淋漓。

长淮望断,关塞莽然平[1]。征尘暗,霜风劲,悄边声[2]。黯销凝[3]。追想当年事,殆天数,非人力,洙泗上,弦歌地,亦膻腥[4]。隔水毡乡,落日牛羊下,区脱纵横[5]。看名王宵猎,骑火一川明[6]。笳鼓悲鸣,遣人惊[7]。　念腰间箭,匣中剑,空埃蠹,竟何成[8]。时易失,心徒壮,岁将零。渺神京[9]。干羽方怀远,静烽燧,且休兵[10]。冠盖使,纷驰鹜,若为情[11]。闻道中原遗老,常南望,羽葆霓旌[12]。使行人到此,忠愤气填膺。有泪如倾[13]。

——毛晋辑《宋六十名家词·于湖词》

[1]"长淮"二句:远望淮河一带,草木已经长得和关塞一样高。长淮,

淮河。望断:远望。莽然:草木茂盛状。

〔2〕"征尘"三句:道路上尘土灰暗,冷风劲吹,边地寂静无声。这是写边塞的萧瑟景象。

〔3〕黯:黯然。销凝:销魂凝思。

〔4〕当年事:指中原沦陷之事。殆:似乎。洙泗:洙水泗水,都是孔子曾经讲学的地方。弦歌地:指文化历史悠久的中原地区。膻腥:牛羊的腥臭味,这里是指中原地区沦陷于金人之手。

〔5〕毡乡:北方少数民族聚居的地方。区脱:汉时匈奴用来卫戍的土室,这里指淮河对岸扎住满了金兵。

〔6〕名王:金人的贵族。宵猎:夜里打猎。骑火:举着火把的骑兵。

〔7〕笳:胡笳。遣:使。

〔8〕空埃蠹:白白地落满尘埃,为蠹虫蛀蚀。

〔9〕神京:指北宋都城汴京(今河南开封)。

〔10〕干羽:盾牌和旗帜,均为舞蹈时舞者所执。相传舜曾用舞干羽的方法感化苗民,使其归服。怀远:感化边民。静烽燧:烽烟不起。这是讽刺南宋王朝的议和政策。

〔11〕冠盖:官员的服饰和车马。使:使者。驰骛:奔走。若为情:何以为情,即"情何以堪"的意思。

〔12〕羽葆霓旌:皇帝的车驾,这是说中原地区的人民都盼望朝廷能够收复失地。

〔13〕填膺:充满胸膛。

满 江 红

李俊民

〔解题〕李俊民(1176—1260),字用章,号鹤鸣道人,泽州(今山西晋城)人。少习理学,金承安五年(1200)进士第一,授应奉翰林文字。后弃官,教授乡里。金亡,曾被忽必烈召见,仍乞还山。这首《满江红》表达了作者不乐仕进、情愿归隐之意,语言潇洒不羁,不事雕琢。

名利场中,愁过了、几多昏晓。试看取,江鸥远水,野麇丰草[1]。世事浮云翻覆尽,此生造物安排了[2]。但芒鞋竹杖任蹉跎[3],狂吟笑。　樽有酒,同谁倒?花满径,无人扫。念红尘,来往倦如飞鸟。懒后天教闲处著,坐间人比年时少。向太行山下觅菟裘[4],吾将老。

——彊村丛书《庄靖先生乐府》

[1] 麇:鹿的一种。
[2] 浮云翻覆:比喻世事的变化无常。造物:古时认为万物凭天造,故称天为"造物"。
[3] 芒鞋:草鞋。
[4] 菟(tú涂)裘:地名,在今山东省泗水,此处代指年老退隐之处。《左传·隐公十一年》:"使营菟裘,吾将老矣。"菟裘为古邑名,在鲁地。

沁园春·题潮阳张许二公庙

文天祥

[解题] 文天祥(1236—1283),初名云孙,字天祥,改字履善,又字宋瑞,号文山,吉水(今江西吉安)人。宝祐四年(1256)进士第一。景炎三年(1278)兵败被元军俘虏,次年被送至大都(今北京),囚禁三年,元至元十九年(1283)被杀。潮阳,在今广东。唐代安史之乱时,张巡、许远力守睢阳,屏障江淮,直至城陷殉国。

为子死孝,为臣死忠,死又何妨。自光岳气分,士无全节,君臣义缺,谁负刚肠[1]。骂贼睢阳,爱君许远,留得声名万古香[2]。后来者,无二公之操,百炼之钢。　　人生翕歘云亡[3]。好烈烈轰轰做一场。使当时卖国,甘心降虏,受人唾骂,安得留芳。古庙幽沈,仪容俨雅,枯木寒鸦几夕阳[4]。邮亭下[5],有奸雄过此,仔细思量。

——唐圭璋《全宋词》

[1] 光岳:光指日、月、星三光,岳指五岳。这里指山河大地。光岳气分,谓山河动荡。刚肠:比喻坚贞不屈的气节。

[2] 睢(suī 虽)阳:指张巡。

[3] 翕歘(xī xū 西需):倏忽,形容短暂。云:语气助词。

［4］ 幽沈:幽深。俨雅:庄重。

［5］ 邮亭:古代供传递文书的公人和旅客歇宿的馆舍。

过零丁洋

文天祥

〔**解题**〕这首诗约作于祥兴二年(1279)文天祥被俘期间。时元军追击在崖山(今广东新会)的宋幼主赵昺,强迫文天祥随船同往,诗即作于过零丁洋之时。诗歌展现了作者大义凛然的精神,历来为人称道传颂。零丁洋,在广东省中山市南珠江口外。

辛苦遭逢起一经,干戈寥落四周星[1]。山河破碎风飘絮,身世浮沉雨打萍。惶恐滩头说惶恐,零丁洋里叹零丁[2]。人生自古谁无死?留取丹心照汗青[3]。

——《文山先生集》卷十四

[1] 遭逢:遭遇。起一经:因为一部经书而起。这里是指因为熟读儒家典籍,通过考试而做官。干戈:指战争。寥落:荒凉冷落。四周星:四年。

[2] 惶恐滩:在今江西万安的赣江中,激流险恶。零丁:孤苦无依。

[3] 汗青:史册。古代用竹简纪事,竹简要用火烤干竹汗(水分),称为汗青。

正 气 歌

文天祥

〔解题〕 文天祥被俘后被押往大都(今北京),《正气歌》即作于被囚大都期间。作为文天祥的名篇,此诗通过列举历史上著名英雄人物的事迹,颂扬了坚强不屈的"正气",表明自己愿以先贤为典范,虽然身在狱中受尽苦楚,坚贞的志向也从未改变。全诗语言朴素,大义凛然,作者的人格精神也一直为后世所传颂。

余囚北庭[1],坐一土室。室广八尺,深可四寻[2]。单扉低小,白间短窄[3],污下而幽暗。当此夏日,诸气萃然[4]:雨潦四集[5],浮动床几,时则为水气;涂泥半朝[6],蒸沤历澜,时则为土气;乍晴暴热,风道四塞,时则为日气;檐阴薪爨[7],助长炎虐,时则为火气;仓腐寄顿[8],陈陈逼人,时则为米气;骈肩杂遝[9],腥臊汗垢,时则为人气;或圊溷[10]、或毁尸、或腐鼠,恶气杂出,时则为秽气。叠是数气,当之者鲜不为厉[11]。而予以孱弱俯仰其间,於兹二年矣,幸而无恙,是殆有养致然尔[12]。然亦安知所养何哉?孟子曰:"吾善养吾浩然之气。"彼气有七,吾气有一,以一敌七,吾何患焉!况浩然者,乃天地之正气也,作正气歌一首。

天地有正气,杂然赋流形[13]。下则为河岳,上则为日星。於人曰浩然,沛乎塞苍冥[14]。皇路当清夷[15],含和吐明庭。时穷节乃见[16],一一垂丹青。在齐太史简,在晋董狐笔[17]。在秦张良椎,在汉苏武节[18]。为严将军头,为嵇侍中血[19]。为张睢阳齿,为颜常山舌[20]。或为辽东帽[21],清操厉冰雪。或为出师表[22],鬼神泣壮烈。或为渡江楫,慷慨吞胡羯[23]。或为击贼笏,逆竖头破裂[24]。是气所磅礴,凛烈万古存。当其贯日月,生死安足论。地维赖以立,天柱赖以尊[25]。三纲实系命[26],道义为之根。嗟予遘阳九[27],隶也实不力。楚囚缨其冠,传车送穷北[28]。鼎镬甘如饴[29],求之不可得。阴房阒鬼火[30],春院闭天黑。牛骥同一皂,鸡栖凤凰食[31]。一朝蒙雾露,分作沟中瘠[32]。如此再寒暑,百疠自辟易[33]。哀哉沮洳场,为我安乐国[34]。岂有他缪巧,阴阳不能贼[35]。顾此耿耿存[36],仰视浮云白。悠悠我心悲,苍天曷有极[37]。哲人日已远,典刑在夙昔[38]。风檐展书读,古道照颜色。

——《文山先生集》卷十四

[1] 北庭:汉代匈奴居处,这里指大都。

[2] 寻:长度单位,八尺为寻。

[3] 白间:没有油漆的窗户。

[4] 萃然:丛集。

[5] 潦(lǎo 老):积水。

[6] 涂泥半朝:形容土室内阳光不能普照。

[7] 檐阴:檐下。薪爨(cuàn 窜):煮饭。

[8] 顿:贮藏。

[9] 骈肩:肩挨着肩。杂遝(tà 踏):拥挤杂乱。

[10] 圊溷(qīng hùn 青混):厕所。

[11] 叠:叠加。是:这样。厉:病。

[12]孱弱:形容身体不好。有养:有所养,指浩然之气。

[13]赋:给予。流形:各种形态,指世间万物。

[14]苍冥:苍天。

[15]皇路:国运。清夷:清平。

[16]时穷:危急时刻。

[17]"在齐"二句:历史上秉笔直书的史官。见本书《太史简》《董狐笔》篇。

[18]张良椎:张良为报秦灭韩之仇,欲在博浪沙椎杀秦始皇。苏武节:汉苏武出使匈奴,历经艰苦,十九年方还。

[19]严将军:严颜。三国时,严颜为张飞所俘,拒不投降,言"我州但有断头将军,无有降将军也"。嵇侍中:嵇绍。晋惠帝时王室内讧,嵇绍以身护惠帝,血溅帝衣而死。见本书《嵇绍传》篇。

[20]张睢阳:张巡。唐代张遂守睢阳,史载其战斗时呼喊口号,齿牙皆碎。颜常山:颜杲卿。曾当面痛骂安禄山,安禄山怒,命人钩断其舌。

[21]辽东帽:三国时,管宁为德行高尚的名士,喜戴白帽。曾避乱辽东,跟着去的人集居成邑。

[22]出师表:三国时诸葛亮出兵伐魏时上的表章。

[23]渡江楫:用祖逖击楫北伐的典故。胡羯(jié节):指被祖逖打败的后赵石勒。

[24]笏(hù护):大臣上朝所持的手板。唐德宗时,朱泚谋反,司农卿段秀实曾以笏板猛击其头。逆竖:叛贼。

[25]地维:地的四角,古人认为大地是方的。天柱:古代神话中的支天之柱。

[26]三纲:古人的伦理道德标准。系命:赖以维持。

[27]阳九:古人以为命中注定的灾难年头。

[28]"楚囚"二句:言自己被俘解往大都。楚囚,指囚犯。

[29]鼎镬(huò或):烹煮的器具。古时有将人烹煮的酷刑,这是说自己宁愿赴死而不可得。

[30]阗(tián田):充满。

[31]"牛骥"二句:比喻贤才见屈。皂,马槽。

142

[32] 蒙雾露:指受恶劣环境影响而死。沟中瘠:沟壑中瘦弱的尸体。

[33] 再寒暑:过了两年。疠:病。辟易:退散。

[34] 沮洳(rù 入):低湿之处。

[35] 缪(miù 谬)巧:巧妙的方法。贼:侵害。

[36] 耿耿:指正气。

[37] 曷:何。极:尽。

[38] "典刑"句:自己随时可能遇害。夙昔,朝夕。

金陵驿二首

文天祥

〔解题〕这两首诗作于文天祥被俘押解途中经过金陵(今南京)之时。诗中哀叹国破家亡的惨痛,有一些凄凉和伤感,但精神风骨,凛然不屈。

草合离宫转夕晖[1],孤云飘泊复何依?山河风景元无异,城郭人民半已非。满地芦花和我老,旧家燕子傍谁飞?从今别却江南路,化作啼鹃带血归[2]。

万里金瓯失壮图,衮衣颠倒落泥涂[3]。空流杜宇声中血,半脱骊龙颔下须[4]。老去秋风吹我恶,梦回寒月照人孤。千年成败俱尘土,消得人间说丈夫[5]。

——《文山先生集》卷十四

[1] 合:四围。离宫:皇帝的行宫。
[2] 啼鹃:相传蜀王杜宇,死去化为杜鹃啼血。这是表示情知必死而不忘故国。
[3] 金瓯(ōu 欧):金的盆盂,比喻疆土完固。衮衣:帝王的礼服。这句是指宋恭帝被掳事。泥涂:污泥。
[4] 骊(lí 离)龙:黑色的龙。这是形容自己衰老体弱,胡须脱落。
[5] 消得:能得。

过 平 原 作

文天祥

〔解题〕平原,唐代郡名,在今山东德州。唐时,颜真卿为平原太守。文天祥被俘押解途中路过平原,作此诗怀念颜真卿兄弟在安史之乱中的壮举和气节,严厉抨击了乱国的奸臣贼子,义正辞严,慷慨激昂。

平原太守颜真卿,长安天子不知名[1]。一朝渔阳动鼙鼓,大河以北无坚城[2]。公家兄弟奋戈起,一十七郡连夏盟[3]。贼闻失色分兵还,不敢长驱入咸京[4]。明皇父子将西狩,由是灵武起义兵[5]。唐家再造李郭力,若论牵制公威灵[6]。哀哉常山惨钩舌,心归朝廷气不慑[7]。崎岖坎坷不得志,出入四朝老忠节[8]。当年幸脱安禄山,白首竟陷李希烈[9]。希烈安能遽杀公,宰相卢杞欺日月[10]。乱臣贼子归何处,茫茫烟草中原土。公死于今六百年,忠精赫赫雷当天。

——《文山先生集》卷十四

[1]颜真卿:字清臣,琅邪临沂(今山东临沂)人,颜师古五世从孙、颜杲卿从弟。唐代书法大家。开元二十二年(734)进士,曾四次被任命为监察御史,迁殿中侍御史。天宝末,因杨国忠憎恶其直言,出为平原太守,人称"颜平原"。"长安"句:唐玄宗李隆基听说颜真卿在平原坚守,曾说:"朕不

识颜真卿形状何如,所为得如此!"

[2] 渔阳:唐郡名,在今天津蓟州区一带,安禄山在渔阳起兵叛乱。鼙(pí皮)鼓:战鼓。大河:黄河。

[3] 公家兄弟:指颜真卿及其堂兄颜杲卿。颜家兄弟联络河北诸郡,二十四郡中有十七郡响应号召。连夏盟:连盟支持唐朝。夏,中华,指代唐朝。

[4] 咸京:咸阳,秦的都城,这里指唐都长安。

[5] "明皇"句:指安史乱起,唐玄宗李隆基与其子李亨出奔西蜀事。西狩,古时有天子巡狩的制度,这里作为皇帝出逃的婉称。灵武,今甘肃灵武。李亨在出奔途中于灵武即皇帝位,是为唐肃宗。

[6] "唐家"二句:李光弼和郭子仪所以能匡扶唐室,与颜真卿在军事上牵制了安禄山的兵力密不可分。李郭,李光弼和郭子仪。

[7] "哀哉"二句:颜杲卿被俘后大骂安禄山,安禄山怒,命钩其舌。慑,畏惧。

[8] 崎岖坎坷:指颜真卿一生不幸。出入四朝:颜真卿历玄宗、肃宗、代宗和德宗四朝。

[9] 李希烈:唐德宗时为淮西节度使,建中三年(783)叛乱,德宗命颜真卿前往抚慰。李希烈要以颜真卿为相,颜真卿不屈,于兴元元年(784)被害,时年七十七岁,故云"白首"。

[10] 遽(jù巨):就。这里表示反问。卢杞:德宗时宰相,怂恿德宗派颜真卿往李希烈处,意在借李希烈之手加害于他。

书文山卷后

谢 翱

〔解题〕谢翱(1249—1295),字皋羽,晚号宋累,福建霞浦人。此诗为追悼文天祥之作。诗中痛悼文天祥为国捐躯的壮烈之举,同时寄托着对南宋覆亡的深切哀痛。文天祥号文山,集名《文山集》,此诗写于文天祥文集卷后。

魂飞万里程,天地隔幽明[1]。死不从公死,生如无此生。丹心浑未化,碧血已先成[2]。无处堪挥泪,吾今变姓名[3]。

——《晞发遗集》卷上

[1] 隔幽明:说自己与文天祥生死相隔。
[2] 浑:全。碧血:据《庄子·外物》,苌弘死后其血化碧。这是说文天祥为国捐躯,丹心长存。
[3] 变姓名:隐姓埋名,表示绝不为新朝所用。

寒　菊

郑思肖

〔解题〕 郑思肖(1241—1318),字忆翁,号所南,福州连江(今属福建)人。南宋灭亡,隐居苏州。坐卧必向南,故号"所南",意在怀念故国。郑思肖是著名画家,作品中寄寓着强烈的故国情怀。他画的兰花无根无土,象征国土沦亡,无所依托。这首诗写寒菊宁可冻死枝头,也不愿随北风飘逝,表达了作者的爱国情怀和高洁独立的情操。

花开不并百花丛,独立疏篱趣未穷。宁可枝头抱香死,何曾吹落北风中[1]。

——四部丛刊本《郑所南先生文集》

[1] "宁可"二句:谓菊花宁可留存清香死于枝头,也不会随北风吹落飘零。这里是表示不会向元统治者低头的决心。北风,指代蒙元的统治。

仲九和陶（选二）

牟巘

〔解题〕牟巘（1227—1311），字献甫，一字献之，井研（今属四川）人，徙居吴兴（今属浙江湖州）。南宋末曾为大理少卿。学者称陵阳先生。后隐居数十年不出，志节皎然。以文章著名。《仲九和陶》写重阳之时对陶渊明的追念，颇见作者风骨，遣词造句也接近陶渊明的恬淡。原诗三首，这里选了两首。仲九，即九月初九重阳节。和陶，唱和陶渊明之作。

惊飙举落叶，意气何轩轩[1]。秋高百卉尽，寂寞但空园。何异富与贵，变灭随云烟[2]。缅怀陶彭泽，平生极几研[3]。

好恶岂不察？凿垣植蒿蓬[4]。而此庭前菊，锄灌少人工。此物抱至洁，有似楚两龚[5]。留香待严凛，意与烈士同[6]。

——《陵阳先生集》

[1] 飙（biāo 标）：暴风。轩轩：高昂的样子。

[2] "秋高"四句：秋风吹落百花，园中寂寞空荡，人间的富贵也是如此转瞬即逝。百卉，百花。

[3] 陶彭泽：即陶渊明。陶渊明曾为彭泽令。极研：曲尽情态。

149

〔4〕垣:墙壁。

〔5〕楚两龚:指汉代龚胜、龚舍,二人均品格高洁,又都是楚人,故称"楚两龚"。

〔6〕严凛:苦寒。烈士:志节之士。《韩非子·诡使》:"而好名义不仕进者,世谓之烈士。"

壬辰十二月车驾东狩后即事五首(其二)

元好问

〔解题〕元好问(1190—1257),字裕之,号遗山山人,太原秀容(今山西忻县)人。金宣宗兴定五年(1221)进士,金亡不仕。元好问是金代著名诗人,他生活在金元易代之际,饱尝国破家亡之苦,其丧乱诗可与杜甫诗媲美。金哀宗天兴元年(1232),蒙古军队围困汴京,十二月,金主出城东奔。元好问得知此事后作诗一组,这里选的是第二首。诗中极写战争给人民生活带来的巨大破坏和苦痛,表达了作者悲愤哀恸的心情。

惨澹龙蛇日斗争,干戈直欲尽生灵[1]。高原出水山河改,战地风来草木腥[2]。精卫有冤填瀚海[3],包胥无泪哭秦庭[4]。并州豪杰知谁在,莫拟分军下井陉[5]。

——狄宝心《元好问诗编年校注》卷四

[1]"惨澹"二句:形容战争的持久酷烈,给黎民百姓的生活带来了巨大的痛苦。惨澹,暗淡无色。龙蛇,指金和蒙古的军队。干戈,指战争。直,简直。生灵,百姓。

[2]高原出水:山洪,比喻蒙古军队的来势凶猛。草木腥:形容一草一木都沾染了战地腥风血雨的气息,比喻战争的残酷。

[3]"精卫"句:指精卫填海故事。据《山海经》记载,炎帝的女儿女娃溺死于东海,化为精卫鸟,常衔石以填东海。

〔4〕"包胥"句:春秋时,吴国军队攻打楚国郢都,申包胥入秦国求兵,在朝堂痛哭七日七夜。秦人深受感动,出兵援楚。

〔5〕"并州"二句:五代时刘知远为河东节度使,驻节并州(今山西太原)。后晋出帝为契丹掳去,刘知远声称要出兵井陉(xíng 形)(今河北井陉),迎归晋帝,结果代晋称帝,自立为后汉高祖。这两句诗表现了对金王朝政局的忧虑。

鹧鸪天

元好问

〔解题〕这首词写隐居生活。上片由远及近,描绘了乡村清秀幽美的风光。下片写乡村生活的淳朴安详,表达了作者淡泊高洁的心境。全词笔调平淡轻快,只有结尾略显轩昂。

偃蹇苍山卧北冈,郑庄场圃入微茫[1]。即看花树三春满,旧数松风六月凉[2]。 蔬近井,蜜分房,茅斋坚坐有藜床[3]。旁人错比扬雄宅[4],笑杀韩家昼锦堂[5]。

——赵永源校注《遗山乐府校注》卷三

[1] 偃蹇:高峻盘曲的样子。场圃:麦场。
[2] 六月凉:六月暑热,但作者心情恬淡,能感到松风清凉宜人。
[3] 蔬近井:菜畦靠近井水。蜜分房:蜜蜂分房酿蜜。坚坐:形容作者意志坚定自守。藜(lí离)床:很简陋的床。
[4] 扬雄宅:西汉扬雄闭门著书,门庭冷落。卢照邻《长安古意》:"寂寂寥寥扬子居,年年岁岁一床书。"
[5] 韩家昼锦堂:北宋韩琦为宰相,退休还乡时建昼锦堂,欧阳修曾为之作《相州昼锦堂记》,云:"仕宦而至将相,富贵而归故乡。"最后两句言自己慕扬雄之清净,不羡韩琦之富贵。

鹧 鸪 天

元好问

[解题] 此词写借酒浇愁,醉以忘忧,实际正是未能忘忧。下片说屈原憔悴,《离骚》无味,不如学阮籍醉生梦死,都是激愤而作旷达之语,蕴含了作者对时事和自身命运的哀痛之情。

只近浮名不近情,且看不饮更何成[1]。三杯渐觉纷华近,一斗都浇块磊平[2]。　　醒复醉,醉复醒。灵均憔悴可怜生[3]。《离骚》读杀浑无味[4],好个诗家阮步兵[5]。

——赵永源校注《遗山乐府校注》卷三

[1]"只近"二句:只求功名利禄是不近人情的事情,有酒的时候岂能只看不喝呢。浮名,虚名,指功名利禄。《世说新语·任诞》记张翰说:"使我有身后名,不如及时一杯酒。"《陈书·阴铿传》记载,阴铿与朋友饮宴,曾把酒肉赐给为他倒酒的侍者,并说倒酒的人不知酒味"非人情也"。

[2] 块垒:胸中不平之气。

[3] 灵均:屈原字。

[4]《离骚》:屈原名篇,屈原信而见疑,忠而被谤,幽愤而作《离骚》。读杀:读尽。

[5] 阮步兵:阮籍,嗜酒成性,全身远祸。这里说屈原不如阮籍,是悲愤的反语。

沁园春·垦田东城

许 衡

〔解题〕许衡(1209—1281),字仲平,号鲁斋。怀州河内(今河南沁阳)人。元世祖朝累官中书左丞,后以病请归。这首词写退耕劳作的情形,从一天清晨的劳碌入手,描写细致入微,生活虽然清贫而恬淡亲切。下片写作者怀抱,表明甘心躬耕田园,不愿追名逐利。全词语言质朴而饶有风味。

月下檐西,日出篱东,晓枕睡馀。唤老妻忙起,早餐供具:新炊藜糁,旧腌盐蔬[1]。饱后安排,城边垦副[2],要占苍烟十亩居。闲谈里,把从前荒秽[3],一旦驱除。　为农换却为儒、任人笑、谋身拙更迂。念老来生业,无他长技;欲期安稳,敢避崎岖[4]。达士声名,贵家骄蹇[5],此好胸中一点无。欢然处,有膝前儿女,几上诗书。

——《鲁斋遗书》卷十一

[1] 藜糁(lí shēn 离身):野菜掺米煮成的粥。盐蔬:咸菜。
[2] 垦副(zhǔ 主):开垦荒地。
[3] 荒秽:杂草。
[4] 长技:擅长的技能。崎岖:坎坷不平,比喻险恶艰苦。
[5] 达士:有名望的人。骄蹇:骄横。

水调歌头·咸阳怀古

白　朴

〔解题〕白朴（1226—1307），字仁甫，又字太素，号兰谷。祖籍河曲隩州（今山西曲沃），后居真定（今河北正定）。幼遭世乱，为元好问抚养长大。入元，迁居金陵。白朴是著名的杂剧散曲作家，风格明丽典雅。此词为怀古之作，既反对秦的残暴，也反对项羽纵火焚烧咸阳。作者生逢金元易代之时，饱受战乱之苦，怀古实际也是感今。咸阳，秦的都城。

鞭石下沧海[1]，海内渐成空。君王日夜为乐，高枕望夷宫[2]。方欢东门逐兔，又慨中原失鹿，草昧起英雄[3]。不待素灵哭，已识斩蛇翁[4]。　　笑重瞳，徒叱咤，凛生风[5]。阿房三月焦土，有罪与秦同[6]。秦固亡人六国，楚复绝秦三世，万世果谁终[7]。我欲问天道，政在不言中。

——徐凌云校注《天籁集编年校注》

[1]"鞭石"句：史载秦始皇欲造石桥，有神人以鞭驱石入海。

[2]夷宫：秦的宫殿。

[3]东门逐兔：李斯为秦相，被杀时曾言，现在再想携鹰犬出故乡东门追逐狡兔已经是不可能的了。这里也指秦杀害大臣之事。中原失鹿：比喻失去政权。《史记·淮阴侯列传》："秦失其鹿，天下共逐之。"草昧：草莽。

[4]素灵：白蛇之灵。斩蛇翁：指汉高祖刘邦，史载刘邦斩白蛇而起兵

抗秦。

　　［5］重瞳:项羽,据说项羽目生重瞳。

　　［6］"阿房"二句:项羽入咸阳,火烧阿房宫,大火三月不息,其罪孽也与秦的残暴相同。

　　［7］"秦固"三句:秦亡六国,楚人项羽又亡秦,不知这种循环结果究竟如何。六国,韩、赵、魏、楚、燕、齐。三世,三代。

义侠行并序

王 恽

〔解题〕王恽（1228—1304），字仲谋，号秋涧，卫州汲郡（今河南卫辉）人。元世祖忽必烈至元十九年（1282），权臣阿合马被刺身亡，刺杀他的人就是王著。阿合马横征暴敛，天下痛恨，王恽激赏王著牺牲自己刺杀阿合马的壮举，故作《义侠行》。

予为王著作《剑歌行》，继更曰《义侠》。或询其所以，因为之解曰：彼恶贯盈，祸及天下，大臣当言天吏，得以显戮[1]。而著处心积虑，一旦以计杀之，快则快矣，终非正理。夫以匹夫之微，窃杀生之柄，岂非暴豪邪[2]？不谓之侠可乎？然大奸大恶，凡民罔不憝[3]。又以《春秋》法论，乱臣贼子，人人得而诛之，不以义与之可乎[4]？又且以游侠言，古今若是者不数人，如让之止报己私，轲之剧躯无成[5]。较以此举，出于寻常万万也。凡人临小利害，尚且顾父母、念妻子。虑一发不当，且致后患。著之心，孰谓不及此哉？然所以略不顾籍者[6]，正以义激于衷而奋捐一身为轻，为天下除害为重。足见天之降衷[7]，仁人义士，有不得自私而已者，此著之心也，何以明之？事既露，著不去，自缚诣司败[8]，以至临命，气不少挫，而视死如归。诚杀身成名，季路仇牧[9]，死而不悔者也。故以"剑歌"易而"义侠"云。著字子明，益都人。少沈毅，有胆气，轻财重义，不屑小节。尝为吏，不乐，去而从军。后与妖僧高比行假千夫长，归有此举。死年二十九。时至元十九年壬午岁三月十七日丁丑夜也。

君不见悲风萧萧易水寒，荆轲西去不复还。狂图只与蝥蛛靡[10]，至今恨骨埋秦关。又不见豫让义所激，漆身吞炭人不识。劂躯止酬一己恩，三刜襄衣竟何益[11]？超今冠古无与俦，堂堂义烈王青州。午年辰月丁丑夜，汉允策秘通神谋[12]。春坊代作鲁两观，卯魄已褫曾夷犹[13]。袖中金锤斩马剑，谈笑馘取奸臣头[14]。九重天子为动色，万命拔出颠崖幽。陂陀燕血济时雨，一洗六合妖氛收。丈夫百年等一死，死得其所鸿毛辁[15]。我知精诚耿不灭，白虹贯日霜横秋。潮头不作子胥怒，地下当与龙逢游[16]。长歌落笔增慨慷，觉我发竖寒飕飕。灯前山鬼忽悲啸，铁面御史君其羞。（是月受南台侍御史，故云[17]。）

——《秋涧先生大全文集》第九卷

[1] 显戮：明正典刑，公开处死。

[2] 柄：指权力。暴豪：凶暴强横。

[3] 凡民罔不憝（duì 对）：所有的人都憎恶之。憝，怨恨，憎恶。

[4] 《春秋》法论：宋代朱熹说："《春秋》之法，乱臣贼子，人人得而诛之，不必士师也。"

[5] 让：豫让，古代著名侠士，春秋战国间晋人。为晋卿智瑶家臣。晋出公二十二年（前453）赵、韩、魏共灭智氏。豫让用漆涂身，吞炭使哑，暗伏桥下，谋刺赵襄子未遂，后为赵襄子所捕。临死，求得赵襄子衣服，拔剑击斩其衣，以示为主复仇，然后伏剑自杀。见《史记刺客列传》。轲：荆轲，侠士，曾为燕太子丹刺秦王，未遂而死。劂（mó 魔）躯无成：毁灭了自己的身躯未

能成功。

〔6〕顾籍:顾忌。

〔7〕降衷:降善,施福。

〔8〕诣(yì义):到。司败:司法机构。

〔9〕季路:仲由字子路,又字季路,孔子的学生。为救其主卫出公姬辄,被蒯聩所杀。仇牧:春秋时宋国大夫。南宫万杀宋愍公,仇牧不畏强暴,与其搏斗,被杀。

〔10〕蝥(wú吴)蛛:蜘蛛的别名。这是说荆轲刺秦不成,反为秦所杀。

〔11〕刜:砍。豫让行刺赵襄子不成,拔剑连刺其衣三次,然后自杀。

〔12〕汉允:汉代王允,密谋诛杀董卓。此指王著谋杀阿合马。

〔13〕鲁两观:孔子任鲁司寇时,于两观诛杀少正卯。褫(chǐ尺):剥夺。夷犹:从容自若。

〔14〕"袖中"二句:朱亥袖铜锤槌杀晋鄙。馘(guó国),原意为割耳,此指砍掉敌人的首级。

〔15〕"丈夫"二句:如果死得其所,大丈夫把死看得像鸿毛一样轻。輶(yóu由),轻。

〔16〕子胥:伍子胥,因进忠言为吴王夫差所杀。龙逄(páng旁):关龙逄,因向夏桀进忠言被杀。

〔17〕御史:作者时为御史,故结尾言王著义举令自己惭愧汗颜。

单刀会（第四折节选）

关汉卿

[解题] 关汉卿（约1220—1300），号已斋叟，大都（今北京）人，元代著名戏剧家。关汉卿创作了大量杂剧，深刻反映了社会生活的诸多层面，许多作品生动鲜活，具有极强的艺术感染力。《单刀会》是关汉卿的著名历史剧作之一，这里选录的是关羽赴宴途中在船上的唱词，其中塑造了关羽孤胆英雄形象，显示其大义凛然气魄。

（正末云）[1]看了这大江，是一派好水呵！（唱）

〔双调〕〔新水令〕大江东去浪千叠，引着这数十人驾着这小舟一叶。又不比九重龙凤阙[2]，可正是千丈虎狼穴。大丈夫心别[3]，我觑这单刀会似赛村社[4]。（云）好一派江景也呵！（唱）

〔驻马听〕水涌山叠，年少周郎何处也[5]？不觉的灰飞烟灭，可怜黄盖转伤嗟。破曹的樯橹一时绝[6]，鏖兵的江水犹然热，好教我情惨切！（带云）这也不是江水，（唱）二十年流不尽的英雄血！

——《关大王独赴单刀会》

[1] 正末：杂剧角色名。元杂剧中的末为男角，相当于京剧中的"生"，

分正末、副末、外末、小末等。

[2] 九重龙凤阙:帝王的宫殿。

[3] 心别:别有怀抱。

[4] 觑(qù去):看。赛村社:乡村举办的祭祀竞赛活动。

[5] 周郎:指周瑜。

[6] 樯橹:战船。

窦娥冤(第三折节选)

关汉卿

〔**解题**〕《窦娥冤》是关汉卿的名作,这里选的法场行刑一节,写窦娥含冤而死前的愤怒控诉。选段情感激烈,语言极为生动,震撼人心,对天地的责骂,显示了一位弱小者面对死亡不屈的精神。

〔端正好〕没来由犯王法[1],不提防遭刑宪,叫声屈动地惊天。顷刻间游魂先赴森罗殿[2],怎不将天地也生埋怨。

〔滚绣球〕有日月朝暮悬,有鬼神掌着生死权。天地也!只合把清浊分辨[3],可怎生糊突了盗跖、颜渊[4]?为善的受贫穷更命短,造恶的享富贵又寿延。天地也,做得个怕硬欺软,却原来也这般顺水推船。地也,你不分好歹何为地?天也,你错勘贤愚枉做天[5]!哎,只落得两泪涟涟。

——《感天动地窦娥冤》

[1] 没来由:平白无故。
[2] 森罗殿:传说中阎罗王判案的地方,这里指代死亡。
[3] 只合:应当。
[4] 盗跖:大盗,指坏人。颜渊:孔子的弟子,指贤人。
[5] 勘:判断。

〔南吕〕一枝花·咏喜雨

张养浩

〔解题〕 张养浩(1269—1329),字希孟,别号云庄,山东济南人。官拜监察御史、礼部尚书。元文宗天历二年(1329)关中大旱,当时张养浩休官家居,此前朝廷先后七征不起。此以陕西行台中丞征,命赴关中救灾,养浩闻命即起,即散其家之所有与乡里贫乏者,登车就道。遇饥者则赈之,死者则葬之。到官四月,未尝家居,止宿公署。夜则祷于天,昼则出赈饥民,终日无少息,终至忧劳而死。这首散套即作于此时。作品写久旱逢甘霖的由衷喜悦,表达了作者对百姓苦难的感同身受,和救民于水火的紧迫心情,情感自然真挚。

〔一枝花〕用尽我为国为民心,祈下些值金值玉雨。数年空盼望,一旦遂沾濡[1]。唤醒焦枯,喜万象春如故。恨流民尚在途[2],留不住。都弃业抛家,当不的也离乡背土。

〔梁州〕恨不得把野草翻腾做菽粟[3],澄河沙都变化做金珠,直使千门万户家豪富,我也不枉了受天禄。眼觑着灾伤教我没是处,只落得雪满头颅[4]。

〔尾声〕青天多谢相扶助,赤子从今罢叹吁。只愿得三日霖霪不停住[5],便下当街上似五湖,都渰了九衢[6],犹自洗不尽从前受过的苦。

——隋树森《全元散曲》

[1] 沾濡:湿润。

[2] 流民:离乡背井的灾民。

[3] 菽(shū 叔)粟:泛指五谷等粮食。

[4] 雪满头颅:满头白发。

[5] 霖霪(yín 银):久雨。

[6] 湮(yān 烟):通"淹"。衢:大路。

挽文山丞相

虞 集

〔解题〕虞集(1272—1348),字伯生,号道园,祖籍仁寿(今四川仁寿),迁居崇仁(今江西崇仁)。是曾大破金军的宋丞相虞允文五世孙。从著名理学家吴澄学,受其影响。工诗能文,与杨载、范梈、揭傒斯并称为"元诗四大家"。这是虞集追挽文天祥的诗。文天祥号文山。诗中表达了世事难为、英雄失路的历史遗憾。

徒把金戈挽落晖,南冠无奈北风吹[1]。子房本为韩仇出[2],诸葛宁知汉祚移[3]。云暗鼎湖龙去远[4],月明华表鹤归迟[5]。不须更上新亭望,大不如前洒泪时[6]。

——《道园遗稿》

[1]"徒把"二句:《淮南子·览冥训》记载,鲁阳公激战至日暮,曾挥戈以挽回落日。这是比喻文天祥力图挽回宋室江山。南冠:指囚犯。北风:指元兵。这是说文天祥被俘,对于元兵南下已经无能为力。

[2]"子房"句:子房,汉代张良,字子房。张良为韩人,为报秦灭韩之仇而出山。

[3]"诸葛"句:诸葛亮谋复汉室,哪去考虑汉之国运是不是已经更替,知其不可为而毅然为之。

[4]鼎湖:据说黄帝铸鼎荆山之下,鼎成而乘龙升天,后人称铸鼎之处

为鼎湖。后以"鼎湖龙去"指皇帝驾崩。

［5］华表鹤归:比喻文天祥之死。

［6］"不须"二句:南宋已亡,局面还比不上东晋偏安之时。新亭,故址在今江苏省南京市南,指东晋南渡诸人新亭对泣之事。

〔南吕〕一枝花·咏剑

施 惠

〔解题〕这支套曲借物抒怀,从咏叹宝剑的威力入手,抒发了作者功业未就的感慨和安定天下的豪情,铺陈有序,淋漓酣畅。作者施惠,元代曲家,生卒年不详,字君美,杭州人。

离匣牛斗寒[1],到手风云助,插腰奸胆破,出袖鬼神伏。正直规模,香檀把虎口双吞玉[2],沙鱼鞘龙鳞密砌珠。挂三尺壁上飞泉,响半夜床头骤雨[3]。

〔梁州〕金错落盘花扣挂,碧玲珑镂玉妆束,美名儿今古人争慕。弹鱼空馆,断蟒长途[4];逢贤把赠,遇寇即除[5]。比莫邪端的全殊,纵干将未必能如[6]。曾遭遇净朝才烈士朱云,能回避叹苍穹雄夫项羽,怕追陪报私仇侠客专诸[7]。价孤,世无。数十年是俺家藏物,吓人魂,射人目。相伴着万卷图书酒一壶,遍历江湖。

〔尾声〕笑提常向尊前舞,醉解多从醒后赎[8],则为俺未遂封侯把他久担误。有一日修文用武,驱蛮静虏,好与清时定边土。

——隋树森《全元散曲》

[1] 牛斗寒:形容剑气直冲云霄。牛斗,牛宿和斗宿。

〔2〕正直规模:形容剑的笔直。虎口:剑柄与剑刃间的护手处。双吞玉:两面镶嵌玉石。

〔3〕三尺:指剑。《汉书·高祖纪下》:"吾以布衣提三尺,取天下,此非天命乎?"颜师古注:"三尺,剑也。"响半夜:旧说宝剑会遇事自鸣。

〔4〕弹鱼空馆:指战国时冯谖弹剑而歌事。断蟒:指汉高祖刘邦斩白蛇事。

〔5〕把赠:送给知己好友。

〔6〕莫邪、干将:传说中的两把宝剑。

〔7〕朱云:汉时诤臣。项羽:项羽被困垓下,自刎乌江。专诸:春秋时刺客,以匕首刺杀王僚。

〔8〕"醉解"句:常解下宝剑抵押换酒,酒醒后再赎回。

题郑所南兰

倪　瓒

[解题] 倪瓒(1301—1374)，字元镇，号云林，无锡(今属江苏)人。元末著名画家。倪瓒素有高士之名，诗风素淡而有情致。这是一首题画诗。郑所南，即郑思肖，见前《寒菊》诗注。郑思肖所画兰花无根无土，寄托了对故国的哀悼。倪瓒题咏此画，感叹坚守节操者的稀少，表达对郑思肖始终不渝其节高尚情操敬慕。

秋风兰蕙化为茅，南国凄凉气已消[1]。只有所南心不改，泪泉和墨写《离骚》[2]。

——江兴祐点校《清闷阁集》卷八

[1]"秋风"二句：秋风摧折兰蕙为茅草，江南充满凄凉气象。屈原《离骚》感叹自己培养的人才变节："余既滋兰之九畹兮，又树蕙之百亩。……虽萎绝其亦何伤兮，哀众芳之芜秽。"南国，南宋。南宋灭亡的哀痛，已渐渐被人们忘怀。

[2] 所南：郑思肖。泪泉和墨：用泪水调墨。这是说郑思肖画兰如同屈原写《离骚》一样，寄寓了忠贞的爱国感情。

将 归

王 逢

〔解题〕王逢(1319—1388),字元吉,号席帽山人,江阴(今属江苏)人。至正年间,曾作《河清颂》,歌颂元王朝的统治。但他不愿做官,元亡后,王逢写了很多丧乱之作,颇有悲歌慷慨之致。钱基博《中国文学史》说他"气疏而才俊,仿佛杜牧,能以豪迈发才藻,盖得杜诗之一体"。将归,将归田园之意。

梧桐生朝阳,凤凰鸣高冈[1]。嗟我羁旅人,弥年独彷徨。非不善趋走,玉佩垂双璜[2]。君侯多车从,瞻者亦辉光。如何日同游,忽忽我鬓苍。衡茅龙江上[3],儿耕妻蚕桑。夜来得家书,云当奉烝尝[4]。去去甘贫贱,零露沾衣裳[5]。

——《梧溪集》

[1]"梧桐"二句:《诗经·大雅·卷阿》:"凤凰鸣矣,于彼高冈。梧桐生矣,于彼朝阳。"郑玄笺:"凤凰鸣于山脊之上者,居高视下,观可集止,喻贤者待礼乃行,翔而后集。梧桐生者,犹明君出也。生于朝阳者,被温仁之气,亦君德也。"前人解《诗》认为,凤凰鸣高冈,喻贤者之在朝;梧桐生朝阳,喻贤君之驭明时。写明君贤臣在朝,为写自己为明君所弃的无用之人。

[2]趋走:奔走谋生。璜:半圆形的玉。

[3]衡茅:以茅草苫盖门上的横木,比喻茅屋。

〔4〕烝(zhēng征)尝:祭祀。

〔5〕"去去"二句:不待天亮而去,露水沾衣,见去意之急。零露,降落的露水。

蒋彦章来访别后怀之

戴 良

〔解题〕戴良(1317—1383),字叔能,号九灵山人,婺州浦江(今属浙江)人。元亡之际,奔走救亡无果。明洪武十五年,被招至京师任官,托病坚辞,后自杀。其诗中往往寄托着深切的遗民情怀。蒋彦章,不详,从诗中看,应是戴良朋友,元亡不仕之遗民。

会稽山下正黄昏,布袜芒鞋何处村。无复霜台观獬豸,每从雨甸牧鸡豚[1]。功名久已成澌尽[2],节操由来与世存。久说首阳薇可采[3],为歌遗事却消魂。

——《九灵山房集》卷二十九

[1] 霜台:御史台。獬豸(xiè zhì 谢至):本是一种神兽,这里比喻司法之官。甸:郊外。
[2] 澌尽:泯灭。
[3] 首阳:首阳山,伯夷、叔齐不食周粟,隐居首阳山采薇而食,最终饿死。

〔中吕〕山坡羊·道情

宋方壶

〔解题〕宋方壶,元代曲家,名子正,生平不详,华亭(今上海松江)人。这首曲写隐士情怀,说功名利禄、兴亡成败都不足为意,要紧的是无论穷困或通达,都坚持自己的操守志向,语言通俗,晓畅明快。

青山相待,白云相爱,梦不到紫罗袍共黄金带[1]。一茅斋,野花开,管甚谁家兴废谁成败?陋巷箪瓢亦乐哉[2]!贫,气不改;达,志不改!

——隋树森《全元散曲》

[1]紫罗袍、黄金带:官员的服饰,此指做官。
[2]陋巷箪(dān 丹)瓢:形容清贫的生活。《论语》载孔子赞扬颜回,言其生活清贫却不改其乐:"一箪食,一瓢饮,在陋巷。人不堪其忧,回也不改其乐,贤哉回也!"箪,用竹或苇编成的盛饭之器。

青丘子歌

高 启

〔解题〕高启(1336—1374),字季迪,号槎轩。祖籍开封,迁居吴淞青丘,故又号青丘子。洪武二年(1368)召修《元史》,授翰林院国史编修,旋即辞官回乡,洪武六年(1373),苏州知府魏观因将府宅建于张士诚宫殿旧址,被告谋反获罪。高启因为魏观撰《上梁文》坐罪,洪武七年(1374)被腰斩于南京。高启是元末明初的著名诗人,各体兼工,尤长歌行。《青丘子歌》是诗人自述,放言自己本是仙官下凡,一心寄情诗书,无暇顾及世情世物,成功地塑造了一位孤标傲世、狂放不羁的文士形象,反映了当时文人独立人格意识的觉醒。全诗笔力矫健,气势奔腾,具有高启长篇歌行的鲜明特征。

江上有青丘,予徙家其南,因自号青丘子。闲居无事,终日苦吟,间作《青丘子歌》言其意,以解诗淫之嘲[1]。

青丘子,臞而清,本是五云阁下之仙卿[2]。何年降谪在世间[3],向人不道姓与名。蹑屩厌远游,荷锄懒躬耕[4]。有剑任锈涩,有书任纵横。不肯折腰为五斗米,不肯掉舌下七十城[5]。但好觅诗句,自吟自酬赓[6]。田间曳杖复带索,旁人不识笑且轻[7]。谓是鲁迂儒、楚狂生[8]。青丘子,闻之不介

175

意,吟声出吻不绝咿咿鸣[9]。朝吟忘其饥,暮吟散不平。当其苦吟时,兀兀如被酲[10]。头发不暇栉,家事不及营[11]。儿啼不知怜,客至不果迎[12]。不忧回也空,不慕猗氏盈[13]。不惭被宽褐,不羡垂华缨[14]。不问龙虎苦战斗,不管乌兔忙奔倾[15]。向水际独坐,林中独行。斫元气,搜元精,造化万物难隐情,冥茫八极游心兵,坐令无象作有声[16]。微如破悬虱,壮若屠长鲸,清同吸沆瀣,险比排峥嵘[17]。霭霭晴云披,轧轧冻草萌[18]。高攀天根探月窟,犀照牛渚万怪呈[19]。妙意俄同鬼神会[20],佳景每与江山争。星虹助光气,烟露滋华英。听音谐《韶》乐,咀味得大羹[21]。世间无物为我娱,自出金石相轰铿[22]。江边茅屋风雨晴,闭门睡足诗初成。叩壶自高歌[23],不顾俗耳惊。欲呼君山老父携诸仙所弄之长笛,和我此歌吹月明。但愁欻忽波浪起,鸟兽骇叫山摇崩[24]。天帝闻之怒,下遣白鹤迎。不容在世作狡狯,复结飞佩还瑶京[25]。

——《高青丘集》卷十一

[1] 淫:沉溺。

[2] 臞(qú 渠):清瘦。五云阁:神仙的居所。仙卿:仙官。

[3] 降谪:贬降。

[4] "蹑屐(juē 撅)"二句:既懒得出门远游,又懒得荷锄耕田。蹑,踩。屐,草鞋。荷锄,扛着锄头。

[5] 折腰:鞠躬。五斗米:陶渊明有不为五斗米折腰之事,五斗米是形容俸禄的微薄。掉舌:卖弄口才,游说。郦食其曾靠游说得到齐国七十馀座城池。这里是说自己既不愿为官得俸,也不愿交游谋身。

[6] 但:只。好:喜欢。酬赓(gēng 耕):唱和。

[7] 曳杖:拄杖。带索:垂着腰带。轻:轻慢。

[8] 鲁迂儒:鲁地迂腐的儒生。楚狂生:楚狂接舆,后指狂放的隐士。

〔9〕吻:口。

〔10〕兀兀:昏沉。酲(chéng 成):酒醉。

〔11〕栉(zhì 至):梳头。营:经营。

〔12〕不果迎:不一定出迎。

〔13〕回也空:指贫穷。回指颜回,孔子曾说颜回"屡空",即经常穷困。猗(yī 一)氏盈:猗氏,猗顿,战国时大富商,资拟王公,驰名天下。盈,指富足。

〔14〕被宽褐:穿着粗布衣服。华缨:华美的衣冠。

〔15〕龙虎苦战斗:豪杰争夺天下争斗。乌兔奔倾:指时光流逝。乌兔,金乌玉兔,指日月。

〔16〕斫(zhuó 灼):砍。元气、元精:天地万物本元的精神。言诗歌乃取天地元气而成。冥茫:苍茫。心兵:心神。心感物而动,如兵应敌而动,故名心兵。

〔17〕破悬虱:击中如同悬挂于空中的虱子一般微小的东西。长鲸:大鲸鱼。沆瀣:露气。峥嵘:高峻的山峰。形容诗歌的不同风格。

〔18〕轧轧:生机萌动的样子。

〔19〕天根:星宿名,即氐宿。月窟:月宫。犀照牛渚:《晋书》载温峤在牛渚矶燃犀角照见水中怪物。

〔20〕俄:顷刻。

〔21〕《韶》乐:传为虞舜时曲名。大羹:古时祭祀所用的不加调料的肉汁。

〔22〕金石:钟磬一类的乐器。轰铿:轰然鸣响。

〔23〕叩壶:用王敦"叩壶而歌"的典故,见前张元幹《石州慢》注。

〔24〕"欲呼"四句:据《博异志》载,有一个善吹笛子的人,曾于君山之侧吹笛,有一老父携笛前来,言可合仙乐。吹响之后,鸟兽叫噪,月色昏暗。欻忽,突然。

〔25〕狡狯:嬉戏。瑶京:传说中天帝的宫殿。

177

登金陵雨花台望大江

高 启

〔**解题**〕 这首诗作于明太祖洪武二年(1369)。金陵,今江苏南京。雨花台,在南京城南聚宝山上,传说梁武帝时,云光法师在此讲经,落花如雨,故称雨花台。最高处可以俯瞰长江。诗写江山形势与历史兴亡,是一首江山形胜和天下一统的赞歌。

大江来从万山中[1],山势尽与江流东。钟山如龙独西上,欲破巨浪乘长风[2]。江山相雄不相让[3],形胜争夸天下壮。秦皇空此瘗黄金,佳气葱葱至今王[4]。我怀郁塞何由开,酒酣走上城南台[5]。坐觉苍茫万古意[6],远自荒烟落日之中来。石头城下涛声怒[7],武骑千群谁敢渡。黄旗入洛竟何祥,铁锁横江未为固[8]。前三国,后六朝[9],草生宫阙何萧萧。英雄乘时务割据[10],几度战血流寒潮。我生幸逢圣人起南国,祸乱初平事休息[11]。从今四海永为家,不用长江限南北。

——《高青丘集》卷十一

[1] 大江:长江。

[2] 钟山:即紫金山,在南京东北。这里说只有钟山山势向西,与众不同。

〔3〕相雄:互相争雄。

〔4〕秦皇:秦始皇。瘗(yì义):埋葬。秦始皇曾在钟山埋下黄金以镇压金陵的"王气"。金陵是明朝的首都,这两句是说秦始皇埋下黄金的举动徒劳无功,金陵至今仍有蓬勃的王者之气。

〔5〕郁塞:郁闷。城南台:即雨花台。

〔6〕万古意:抚今追昔之情。

〔7〕石头城:三国时东吴孙权所筑,故址在今南京清凉山上。

〔8〕黄旗入洛:三国时,丹阳人刁玄称东南地区出现"黄旗紫盖",为吴主应命为天子的祥瑞。吴主孙皓信以为真,便欲北上洛阳称帝,结果途遇到大雪,士兵不堪其苦,几乎叛变,不得已南还。后吴为晋所灭。铁锁:据《晋书》载,吴人用铁锁横断长江以拒敌,王濬以大火炬烧断铁索,兵抵石头城灭吴。

〔9〕三国:三国时期魏、蜀、吴三国。六朝:吴、东晋、宋、齐、梁、陈。这是说金陵在三国和六朝时期都曾为都城。

〔10〕乘时:趁机。割据:占据东南而称雄。

〔11〕圣人:指朱元璋。事休息:结束战乱,与民休息。

咏煤炭

于 谦

[解题] 于谦(1398—1457),字廷益,钱塘(今浙江杭州)人。明永乐十九年(1421)进士。"土木堡之变",于谦拥立景帝,抗击进犯的瓦剌军队。英宗复辟后,以谋逆罪被处死。万历中,谥忠肃。这是一首咏物诗,托物言志,表达了作者为国为民的高尚情操。

凿开混沌得乌金[1],蓄藏阳和意最深。爝火燃回春浩浩[2],洪炉照破夜沉沉。鼎彝元赖生成力[3],铁石犹存死后心。但愿苍生俱饱暖,不辞辛苦出山林。

——《忠肃集》卷十一

[1] 混沌:囫囵。乌金:指煤炭。
[2] 爝(jué 绝)火:炬火。
[3] 鼎彝:古时的礼器。燃烧煤炭,用于冶炼制造礼器。

石将军战场歌

李梦阳

〔解题〕李梦阳(1473—1530),字献吉,号空同子,庆阳(今属甘肃)人。曾因反对刘瑾专权而下狱。李梦阳力主"文必秦汉,诗必盛唐",是明代"前七子"的代表人物。有《空同集》。石将军,指石亨,陕西渭南人。曾随于谦守北京,击退瓦剌军队,封镇朔大将军。后恃功骄横,权势过高,天顺四年(1460)以谋逆罪名被捕,死于狱中。此诗作于正德四年(1509),主要追忆石亨的战功。诗写战场形势的危急和石亨破敌的勇猛,夹叙夹议,雄浑昂扬,笔力纵横,为李梦阳歌行的代表作。

清风店南逢父老,告我己巳年间事[1]。店北犹存古战场,遗镞尚带勤王字[2]。忆昔蒙尘实惨怛,反覆势如风雨至[3]。紫荆关头昼吹角,杀气军声满幽朔[4]。胡儿饮马彰义门,烽火夜照燕山云[5]。内有于尚书[6],外有石将军。石家官军若雷电,天清野旷来酣战。朝廷既失紫荆关,吾民岂保清风店[7]?牵爷负子无处逃,哭声震天风怒号。儿女床头伏鼓角,野人屋上看旌旄[8]。将军此时挺戈出,杀敌不异草与蒿[9]。追北归来血洗刀[10],白日不动苍天高。万里烟尘一剑扫,父子英雄古来少[11]。天生李晟为社稷,周之方叔今元老[12]。单于痛哭倒马关,羯奴半死飞狐道[13]。处处欢声噪鼓旗,家家牛酒犒王师。应追汉室嫖姚将,还忆唐家郭子仪[14]。沉吟此事六十春,此地经过泪满巾。黄云落日古骨白,沙砾惨淡愁行人。行人来折战场柳,下马坐望居庸口[15]。却忆千官迎驾初[16],千乘万骑下皇都。乾坤得见中兴主,杀伐重闻载造图[17]。姓名应勒云台上[18],如此战功天下无!呜呼战功今已无,安得再生此辈西备胡[19]。

——《空同先生集》卷十九

[1] 清风店:地名,在今河北省定县北三十里。石亨在此击溃瓦剌军队。己巳:明英宗正统十四年(1449)。

[2] 遗镞(zú族):留下的箭头。勤王:君主蒙难或受到威胁,臣子起兵救援。

[3] 蒙尘:帝王逃走,指英宗在土木堡被俘事。惨怛(dá达):伤痛。"反覆"句:指时局剧变,瓦剌军队入侵,势如风雨。

[4] 紫荆关:在今河北省易县西北的紫荆岭上。瓦剌军队挟持明英宗攻下紫荆关,向北京进兵。幽朔:幽州和朔州,指北京周围一带。

[5] 彰义门:当时北京的西门。瓦剌军曾攻彰义门,被明军击退。燕山:在河北平原北部。

[6] 于尚书:即于谦,见前《咏煤炭》注释。

[7] 岂保:怎能保住。

[8] "儿女"二句:孩子们被战鼓和号角的声音吓得伏在床头不敢动,乡人攀上屋顶窥探战况。野人,乡下人。旌旄,军中旗帜。

[9] 蒿:草名。形容石亨杀敌之易。

[10] 追北:追赶逃走的敌人。北,败退。

[11] 父子英雄:指石亨及其侄石彪。石彪骁勇善战,封定远侯。

[12] 李晟(shèng胜):唐代著名将领,德宗时多次平定藩镇之乱。曾任凤翔、陇右节度等使,兼四镇,北庭行营元帅,封西平郡王。方叔:周宣王时大臣,曾率兵进攻楚国,又曾攻狁。

[13] 单于:本为匈奴最高首领称号,这里借指瓦剌军队的首领。倒马

关:在今河北唐县西北,明代与居庸关、紫荆关合称三关。石亨曾追击瓦剌部首领也先的弟弟伯颜帖木耳于此。羯奴:对瓦剌的蔑称。飞狐道:在今河北涞源县和蔚县交界处。峭壁耸立,一线微通,蜿蜒百馀里,地势险要。

[14] 嫖姚将:指霍去病。霍去病在汉武帝时为嫖姚校尉,前后六次击败匈奴,官拜骠骑将军,封冠军侯。郭子仪:唐代大将,平定安史之乱有功。这是说石亨战功可以媲美霍去病、郭子仪。

[15] 居庸口:居庸关,在今北京西北,为长城重要关口。

[16] 迎驾:瓦剌将英宗放还,明朝派人迎接英宗回京。

[17] 载造:同"再造",重新缔造。

[18] 勒:刻石。云台:东汉明帝为追念前代功臣,画邓禹等二十八位大将军的肖像于云台之上。

[19] 安得:怎得。备:防备。胡:指明中叶侵扰陕西、甘肃一带的鞑靼。

石潭即事(其四)

李 贽

〔解题〕 李贽(1527—1602),本名载贽,字宏甫,号卓吾,别号温陵居士。泉州晋江(今福建晋江)人。晚明思想家、文学批评家,性格狂怪,思想激进,深受心学影响。《石潭即事》是李贽晚年所作,表明不愿取悦世人的人生态度,将主人公的傲岸形象刻画得栩栩如生。

若为追欢悦世人[1],空劳皮骨损精神。年来寂寞从人谩[2],只有疏狂一老身[3]。

——《续焚书》卷五

[1] 追欢:追逐欢乐。悦:取悦。
[2] 谩:谩骂,非议。
[3] 老身:作者自指。

马 上 作

戚继光

〔**解题**〕戚继光(1528—1587),字元敬,号南塘,登州(今山东蓬莱)人。明代的抗倭名将。这是一首作于马上的短诗,简要地写出了作者为国征战的壮志豪情,言辞简练而富有感染力。

南北驱驰报主情[1],江花边月笑平生[2]。一年三百六十日,多是横戈马上行[3]。

——《明戚武毅公止止堂集》

[1] 驱驰:策马疾驰。
[2] 江花:江边的花,指代南方。边月:边地的月,指代北方。
[3] 横戈:拿着武器。

甲辰八月辞故里

张煌言

〔解题〕 张煌言(1620—1664),字玄著,号苍水,鄞县(今浙江宁波)人。明末,在浙东起兵抗击南下的清军。后兵败退守孤岛,康熙三年(1664)被俘就义。甲辰八月,即被俘的康熙三年,作者转押杭州,辞别家乡而作此诗。诗中表达了对国土沦亡的深切哀悼,表明自己未能挽回时局的遗憾和英勇就义的决心。全诗感情充沛激荡,虽是诀别,而意气昂扬,读之令人振起。

国亡家破欲何之?西子湖头有我师[1]。日月双悬于氏墓,乾坤半壁岳家祠[2]。惭将赤手分三席,敢为丹心借一枝[3]。他日素车东浙路,怒涛岂必属鸱夷[4]!

——《张苍水集》第三编

[1] 之:去。西子湖:即西湖。西湖边有岳飞庙和于谦墓,表明自己要效法岳飞和于谦。

[2] 于氏:明代于谦,见前《咏煤炭》注释,于谦墓在西湖畔。岳家祠:西湖畔有岳飞祠。

[3] 赤手:空手。分三席:与于谦、岳飞分列三席,这是表明作者就义的决心。一枝:栖身之处。

〔4〕素车:灵车。鸱(chī吃)夷:皮口袋。传说春秋时伍子胥被杀,装入鸱夷投入江中,精魂化为怒涛。言自己死后,魂魄也将如伍子胥一般化为怒涛,滚滚不息。

秋日杂感十首(其二)

陈子龙

〔解题〕 陈子龙(1608—1647),字卧子,松江华亭(今上海)人。明末结"几社",与"复社"相应,试图挽救明王朝的危局。清兵南下,他在太湖起兵抗清,兵败殉国。《秋日杂感》共十首,作于清顺治三年(1646),时作者避居苏州。诗写亡国之痛,忧愤悲叹,感情深切沉郁,令人动容。

行吟坐啸独悲秋[1],海雾江云引暮愁。不信有天常似醉,最怜无地可埋忧[2]。荒荒葵井多新鬼,寂寂瓜田识故侯[3]。见说五湖供饮马,沧浪何处着渔舟[4]。

——《陈子龙诗集》卷十五

[1] 啸:长啸。
[2] "不信"句:不相信上天永远好像喝醉了一般,意即认为上天总会有清醒的时候。这是表达对反清复明的希望。"最怜"句:因为国土已经都被清人占据,所以说"无地"。
[3] 葵:野菜。井上生葵,说明周围无人居住,水井废弃。这是形容战后的凄凉荒芜。瓜田:《史记》载,邵平在秦为东陵侯,秦亡后在长安东门外种瓜为生。这是借用邵平典故比喻明亡后隐居的士族。
[4] 见说:听说。五湖:太湖流域。供饮马:意思是清兵已经到达太湖地区。"沧浪"句:湖中已经无处可以泛舟,意思是天下已经无处可以隐居了。

别 云 间

夏完淳

〔**解题**〕 夏完淳(1631—1647),字存古,号小隐,松江华亭(今上海)人。父夏允彝,师陈子龙,都是明末抗清志士。夏完淳随陈子龙起兵太湖,被俘后就义于南京,年仅十七岁。云间,松江的古称。这是作者与家乡诀别的诗,感情虽然沉痛,然而义无反顾,表现了为国捐躯的英勇气概。

三年羁旅客,今日又南冠[1]。无限河山泪,谁言天地宽?已知泉路近[2],欲别故乡难。毅魄归来日,灵旗空际看[3]。

——《夏完淳集》卷四

[1] 三年:南明福王弘光元年(1645)陈子龙军抗清失败,夏完淳漂泊长江下游地区,至被俘时约为三年。羁旅:漂泊在外。南冠:囚犯。

[2] 泉路近:将死。泉路,黄泉路。

[3] "毅魄"二句:言自己虽然身死,而抗清战斗之精神不灭。毅魄,坚毅的魂魄。灵旗,战旗。

又酬傅处士山次韵二首

顾炎武

〔解题〕顾炎武(1613—1682)，本名继坤，改名绛，字忠清。明亡后改名炎武，字宁人，号亭林。昆山(今江苏昆山)人。明末积极反清，明亡后漫游山东、河北、陕西等地。康熙年间被举鸿博，坚拒不就。顾炎武为著名思想家和学者。傅山(1607—1684)，字青主，太原人，顾炎武友。这两首诗是顾炎武依照傅山写给自己的诗原韵唱和的作品。

清切频吹越石笳，穷愁犹驾阮生车[1]。时当汉腊遗臣祭，义激韩仇旧相家[2]。陵阙生哀回夕照[3]，河山垂泪发春花。相将便是天涯侣，不用虚乘犯斗槎[4]。

愁听关塞遍吹笳，不见中原有战车[5]。三户已亡熊绎国，一成犹启少康家[6]。苍龙日暮还行雨，老树春深更著花[7]。待得汉廷明诏近，五湖同觅钓鱼槎[8]。

——《顾亭林诗笺释》卷四

[1]"清切"二句：言自己空有刘琨的报国之志，却只能像阮籍一样作穷途之哭。清切，形容乐声悲凉激越。越石，晋刘琨字。刘琨，见《扶风歌》作者介绍。笳，古时一种北方的吹奏乐器。刘琨在晋阳被胡人围困，他夜奏

胡笳,胡人感慨起思乡之情,天明散去。阮生,指阮籍。阮籍驾车出游,走到无路处,痛哭而返。

〔2〕"时当"二句:据《后汉书》,陈咸在王莽篡汉后,仍然在家里用汉家祖腊。又史载张良五世相韩,韩为秦所灭,张良以家财求客刺秦,为韩报仇。这是以陈咸不忘汉室和张良为韩复仇比喻傅山不忘明室。腊,岁终祭祀。

〔3〕陵阙:帝王的陵寝。

〔4〕相将:互相扶持。犯斗槎(chá 茶):旧时有浮槎沿天河而上犯牵牛座的传说,这里是说,彼此是志同道合的伴侣,不须做乘浮槎出海即退隐江湖的打算。槎,竹筏。

〔5〕"愁听"二句:听到笳声四起,心中感到忧愁。清兵占据天下,却见不到反清的战斗。

〔6〕"三户"二句:明王朝虽然已经灭亡,自己却仍有复明的决心。三户,秦灭楚,楚人怨恨,有俗语说:"楚虽三户,亡秦必楚。"熊绎国,即楚国,楚武王名熊绎。一成,土地方圆十里为一成。少康,夏君王相的儿子。传说寒浞灭相,少康奔有虞氏,据土一成,后来终于又消灭了寒浞,恢复夏的统治。

〔7〕"苍龙"二句:自己虽然已经年老,而壮志雄心仍在。行雨,下雨。

〔8〕"待得"二句:等到反清事业成功,我们就一同去泛舟五湖,即功成身退的意思。汉廷,汉代政权,比喻推翻清朝的恢复明朝。明诏,君王英明的诏令。五湖,太湖。

山居杂咏六首(其一)

黄宗羲

〔解题〕 黄宗羲(1610—1695),字太冲,号南雷,浙江馀姚人,晚年号梨洲老人。明末"复社"领导人之一,明亡后屡次拒绝朝廷征召,隐居著述。黄宗羲是著名学者,于经学史学均有深入研究,著有《宋元学案》《明儒学案》《明夷待访录》等。此诗为顺治十六年(1659)黄宗羲隐居时所作。诗人虽然饱经战乱、牢狱和贫病的折磨,但依然斗志昂扬,气魄雄伟。整首诗写得磊落潇洒,格调高朗,充满了乐观精神。

锋镝牢囚取次过,依然不废我弦歌[1]。死犹未肯输心去,贫亦其能奈我何[2]!廿两棉花装破被,三根松木煮空锅。一冬也是堂堂地,岂信人间胜著多[3]。

——《南雷诗历》卷一

[1]"锋镝(dí笛)"二句:是说虽然饱经战争和牢狱,自己的生活和信念依然不改。锋镝,刀口和箭头,泛指战争。取次,依次。弦歌,鼓琴咏歌。孔子困于陈蔡,依然弦歌不绝。

[2]"死犹"二句:面对死亡威胁尚且不肯投降,眼前的贫穷又能把我怎么样呢。输心,输诚,献纳诚心,即投降。其,岂。

[3]"一冬"二句:尽管清贫,但我一冬也过得堂堂正正,不信别人比我强。堂堂,盛大端正的样子。胜著,胜算。

秣 陵

屈大均

〔解题〕屈大均(1630—1696),字翁山,初名绍隆,广东番禺(今属于广东)人。自幼好学,曾参与广东的反清起义,失败后一度削发为僧,后还俗,依旧为反清复仇之事奔走。康熙十八年(1679)后,隐居不出。工诗,慷慨有奇气,与陈恭尹、梁佩兰并称为"岭南三大家"。秣陵,今南京。这首诗写南京风物萧条,以寄亡国之思。

牛首开天阙,龙冈抱帝宫[1]。六朝春草里,万井落花中[2]。访旧乌衣少,听歌玉树空[3]。如何亡国恨,尽在大江东[4]?

——《翁山诗外》卷五

[1] 牛首:牛首山,在南京城南。天阙:皇帝宫殿前的阙楼。这是形容山峰对峙耸立的样子。龙冈:指钟山。

[2] 万井:千家万户。

[3] 乌衣:乌衣巷,东晋及南朝时为高门士族聚居之所。玉树:指陈后主作《玉树后庭花》。

[4] "如何"二句:是对历史的沉思与追问。大江,长江。

醉落魄·咏鹰

陈维崧

〔解题〕陈维崧(1625—1682),字其年,号迦陵,江苏宜兴人。康熙十八年(1679)举博学鸿词,官翰林院检讨。陈维崧长于词,存词多至一千六百馀首,笔力豪放,气概纵横。此词借咏鹰抒发壮志未酬的感慨,风姿英爽,气魄开张。

寒山几堵[1],风低削碎中原路[2]。秋空一碧无今古。醉袒貂裘,略记寻呼处[3]。　　男儿身手和谁赌,老来猛气还轩举[4]。人间多少闲狐兔,月黑沙黄,此际偏思汝[5]。

——《湖海楼词集》卷三

[1] 几堵:几座。
[2] "风低"句:风势劲健如削,似乎使得道路破碎。
[3] 袒:裸露。略记:大略记得。寻呼处:猎人呼唤猎鹰的地方。
[4] 身手:本事。赌:较量。轩举:轩昂。
[5] "人间"三句:月昏天暗之时,正当用猎鹰捕猎狐兔。

三闾祠

查慎行

〔解题〕查慎行(1650—1727),初名嗣琏,字夏重,后改名慎行,字悔余,号初白,海宁(今属浙江)人。查慎行论诗主兼取唐宋,而于宋诗用力尤深。此诗是查慎行途经湖南时凭吊屈原所作,工稳纯熟,才气舒展。三闾祠,即屈原祠,屈原曾官三闾大夫,祠在今湖南汨罗。

平远江山极目回,古祠漠漠背城开[1]。莫嫌举世无知己,未有庸人不忌才[2]。放逐岂消亡国恨?岁时犹动楚人哀[3]!湘兰沅芷年年绿,想见吟魂自往来[4]。

——《敬业堂诗集》卷二

[1] 极目:纵目远眺。古祠:三闾祠。背城:背对着城郭。
[2] "莫嫌"二句:意谓屈原不必怨恨当世缺少知己,从古至今庸人嫉妒贤才的事情是屡见不鲜的。屈原《离骚》:"国无人莫我知兮。"
[3] 岁时:逢年过节,指端午。
[4] 兰、芷(zhǐ只):楚辞中常见的香花。吟魂:诗人的灵魂。

道 傍 碑

赵执信

〔解题〕赵执信（1662—1744），字伸符，号秋谷，益都（今属山东）人。康熙十八年（1679）年进士。康熙二十八年（1689），因在"国丧"期间观演《长生殿》，与洪昇等被革去功名。此诗作于康熙二十三年（1684），作者任山西乡试正考官，在太行山区看到许多为卸职官员歌功颂德的功德碑，对这种虚伪无耻的行径进行了辛辣的讽刺。

道傍碑石何累累[1]，十里五里行相追。细观文字未磨灭，其词如出一手为。盛称长吏有惠政，遗爱想象千秋垂[2]。就中文字极琐细，龃龉不顾识者嗤[3]。征输早毕盗终获，黉宫既葺城堞随[4]。先圣且为要名具，下此黎庶吁可悲[5]！居人遇者聊借问，姓名恍惚云不知[6]。住时于我本无恩，去后遭我如何思？去者不思来者怒，后车恐蹈前车危。深山凿石秋雨滑，耕时牛力劳挽推。里社合钱乞作记，兔园老叟颐指挥[7]。请看碑石俱砖甓，身及妻子无完衣[8]。但愿太行山上石，化为滹沱水中泥[9]。不然道傍隙地正无限，那得年年常立碑。

——《赵执信全集》卷一

[1] 累累:众多貌。

[2] 惠:好。遗爱:离职官员所谓的"德政"。

[3] 就中:其中。龃龉(jǔ yǔ 举语):上下牙齿不合,比喻矛盾不合逻辑。哂:嘲笑。

[4] 征输:指赋税。黉(hóng 红)宫:学宫,学校。葺(qì 气):修缮。这都是所谓"德政"的具体事项。

[5] "先圣"二句:连孔子都成为官员沽名钓誉的工具,更不要提百姓了。先圣,指孔子,旧时学宫中有孔子相。要,同"邀"。黎庶,黎民百姓。

[6] "居人"二句:询问当地的居民,并没有人记得碑文的传主究竟是谁。居人,居民。聊,姑且。聊借问,随便问一问。

[7] 兔园老叟:指迂腐儒生。颐指:用面颊指挥,颐指气使的样子。

[8] 砖甃(zhòu 皱):用砖砌的碑亭。

[9] "但愿"四句:作者感慨,说希望太行山上的石头变作滹沱河中的泥沙,不然道旁空地无限,岂不年年都要立碑。滹沱(hū tuó 呼驼),河流名,穿太行山而过。

197

潍县署中画竹呈年伯包大中丞括

郑燮

〔解题〕郑燮(1693—1765),字克柔,号板桥,兴化(今江苏兴化)人。乾隆元年(1736)年进士。晚年寄居扬州,卖画为生。长诗、书、画,时称"三绝"。其诗多反映现实之作,不事雕琢。此诗作于作者任潍县知县时,借画竹表现对民生疾苦的关切之情。年伯,泛指父辈。包括,钱塘人,曾任山东布政使,署理巡抚。

衙斋卧听萧萧竹[1],疑是民间疾苦声。些小吾曹州县吏[2],一枝一叶总关情。

——《郑板桥全集·题画》

[1] 衙斋:官署书房。萧萧:竹叶之声。
[2] 些小:微小。吾曹:我辈。

竹　石

郑　燮

〔**解题**〕作者善于画竹,这首《竹石》是他题咏自己画作的作品。诗写竹的坚韧不屈,也是比喻为人应当具有这样的精神。全诗语言质朴,形象生动。

咬定青山不放松,立根原在破岩中[1]。千磨万击还坚劲,任尔东南西北风[2]。

——《郑板桥全集·题画》

［1］立根:生根。
［2］磨:折磨。任:任凭。尔:你。

己亥杂诗（一二五）

龚自珍

[**解题**] 龚自珍（1792—1841），字尔玉，又字璱人，号定庵，浙江仁和（今浙江杭州）人。清代重要思想家和文学家。他的诗往往胸怀远大，气魄过人，展现心怀天下的境界。己亥，清道光十九年（1839）。这一年龚自珍陆续写作七言绝句三百一十五首，真实地反映了当时社会情况，也体现了作者强烈的人格精神。这首著名的绝句流露对黑暗时局的强烈不满，大声疾呼天降英才，彻底改变这浑浑噩噩的局面。

九州生气恃风雷[1]，万马齐喑究可哀[2]。我劝天公重抖擞[3]，不拘一格降人才。

——《龚自珍编年诗注》

[1]"九州"句：言九州已无生气，需要风雷震荡激发生气。九州，指中国。恃，需要。风雷，比喻风云激荡。
[2] 喑（yīn 阴）：嘶哑。究：终究。
[3] 劝：勉励，激励。抖擞：振奋，振作精神。

咏 史

龚自珍

〔解题〕 这首诗作于道光五年(1825)作者客居昆山之时。诗题为咏史,实则是咏叹时事,对上层人物互相倾轧,出于私利而蝇营狗苟的肖小行径给予了辛辣的讽刺,结尾反诘,冷峻深刻。

金粉东南十五州[1],万重恩怨属名流[2]。牢盆狎客操全算[3],团扇才人踞上游[4]。避席畏闻文字狱,著书都为稻粱谋[5]。田横五百人安在,难道归来尽列侯[6]?

——《龚自珍编年诗注》

[1] 金粉:形容江南的繁华绮丽。东南十五州:泛指长江下游地区。

[2] "万重"句:意谓上流社会彼此之间恩怨重重。

[3] 牢盆:煮盐的器具,这里指把持盐政的人。狎客:帮闲的清客。操全算:操纵一切。

[4] 团扇才人:轻薄文人。

[5] 避席:因恐惧离席而去。稻粱谋:本指禽鸟寻觅食物,多用以比喻人谋求衣食。

[6] "田横"二句:汉灭楚后,田横率领五百人逃往海岛,因不愿投降而自刎,五百人皆随其自杀。这里说跟随田横的五百壮士难道有归顺汉朝而列侯的吗? 这与只图私利的小人形成了鲜明的对比。

赴戍登程口占示家人二首

林则徐

〔**解题**〕林则徐(1785—1850),字元抚,一字少穆,晚号俟村老人。福建侯官(今属福州)人。道光十八年(1838)为钦差大臣,赴广东禁烟。后任两广总督,主持对英抗争,革职令戍新疆。这两首诗作于道光二十二年(1842),自西安出发赴戍伊犁之时。诗自言怀抱,襟怀坦荡。口占,随口吟成。

出门一笑莫心哀,浩荡襟怀到处开。时事难从无过立,达官非自有生来[1]。风涛回首空三岛,尘壤从头数九垓[2]。休信儿童轻薄语,嗤他赵老送灯台[3]。

力微任重久神疲,再竭衰庸定不支[4]。苟利国家生死以,岂因祸福避趋之[5]。谪居正是君恩厚,养拙刚于戍卒宜[6]。戏与山妻谈故事,试吟断送老头皮[7]。

——《林则徐诗集》

[1]"时事"二句:如今没有犯错就难以成事,高官并非与生俱来,意思是丢掉也没有什么可惜。

[2]九垓(gāi 该):九州,指中国。

[3]嗤:嘲笑。古时有"赵老送灯台,一去更不来"的俗语,这是劝慰家

人,不要听信那些揶揄自己戍边不能回来的轻薄流言。

[4] 神疲:精神疲惫。不支:不能坚持。

[5] "苟利"二句:只要有利于国家,生死都是小事,怎么会因为个人祸福就趋利避害。以,之,任之,置之度外之意。

[6] 养拙:守拙,不出仕的意思。这是说戍边正与自己愚拙不愿出仕的个性相合。刚:恰好,正好是。

[7] 山妻:对自己妻子的谦称。据说宋代杨朴之妻送其夫赴京时作诗,有"今日捉将官里去,这回断送老头皮"之句。末两句说,妻子可以学杨朴妻念一念这首诗来送自己,表达了作者乐观旷达的情绪。

冯将军歌

黄遵宪

〔解题〕黄遵宪(1848—1905),字公度,别号人境庐主人,广东嘉应(今梅州市)人。光绪二年(1876)举人,先后出使日本、美国、英国、新加坡等地。光绪二十年(1894)回国,积极鼓吹维新变法,戊戌后被免职。冯将军,冯子材,广东钦州(今广西钦州)人。同治年官至提督。1883—1885年,年近古稀的冯子材受命抗击侵犯我边境的法国军队,取得镇南关大捷。此诗约作于光绪十一年(1885),歌颂冯子材的英勇事迹,情感充沛,气魄宏大。

冯将军,英名天下闻。将军少小能杀贼,一出旌旗云变色。江南十载战功高,黄褂色映花翎飘[1]。中原荡清更无事,每日摩挲腰下刀[2]。何物岛夷横割地,更索黄金要岁币[3]。北门管钥赖将军,虎节重臣亲拜疏[4]。将军剑光方出匣,将军谤书忽盈箧[5]。将军卤莽不好谋,小敌虽勇大敌怯[6]。将军气涌高于山,看我长驱出玉关[7]。平生蓄养敢死士,不斩楼兰今不还[8]。手执蛇矛长丈八,谈笑欲吸匈奴血[9]。左右横排断后刀,有进无退退则杀。奋梃大呼从如云[10],同拼一死随将军。将军报国期死君,我辈忍孤将军恩[11]!将军威严若天神,将军有令敢不遵,负将军者诛及身。将军一叱人马惊,从而往者五千人。五千人马排墙进,绵绵延延相击应[12]。轰雷巨炮欲发声,既戟交胸刀在颈。敌军披靡鼓声死,万头窜窜纷如蚁。十荡十决无当前,一日横驰三百里[13]。吁嗟乎!马江一败军心慑,龙州拓地贼氛压[14]。闪闪龙旗天上翻,道咸以来无此捷。得如将军十数人,制梃能挞虎狼秦[15];能兴灭国柔强邻[16],呜呼安得如将军!

——《人境庐诗草》

[1] 黄褂:清代用于赏赐有功官员的服饰。花翎:清代官员的帽饰,以孔雀翎做成。

[2] 荡清:肃清。摩挲:抚摸。这是表达将军思战的壮志。

[3] 岛夷:蔑指法国。岁币:每年为求和而输纳钱币。

[4] 北门管钥:即北门之管,《左传·僖公三十二年》:"杞子自郑使告于秦曰:郑人使我掌其北门之管,若潜师以来,国可得也。"后因用以喻军事要地或守御重任。这里指冯子材扼守镇南关。虎节重臣:军权在握的大臣,指两广总督张之洞。虎节,古代帝王授予将领的信符。拜疏:臣僚给皇帝上书。这是说张之洞保举冯子材领兵。

[5] 箧:小箱子。谤书盈箧,诽谤攻击的书信堆满了箱子,形容冯子材遭人攻讦之多。

[6] "将军"二句:这是诽谤冯子材书信中的话。

[7] 玉关:玉门关,指代边关。这里指镇南关。

[8] 楼兰:西域古国,这里代指犯边的外敌。

[9] 匈奴:这里指法国侵略者。

[10] 梃(tǐng挺):棍棒。从如云:跟随的人多。

[11] 孤:辜负。

[12] 排墙进:排成人墙前进。相击应:战斗时互相接应。

[13] 十荡十决:原是说洪水到处堤岸即决,这是说冯将军部队所向披靡。

[14] 马江:马尾港,在福州东南闽江口。1884年8月,法国军舰袭击

该港,福建水师全军覆没。龙州:即今广西龙州。拓地:开拓土地。贼氛:指侵略者的气焰。

[15] 制:擎。挞:打,抗击。虎狼秦:比喻侵略者。

[16] 兴灭国:复兴即将灭亡的国家。柔强邻:使强邻顺服。

狱 中 题 壁

谭嗣同

〔解题〕谭嗣同(1865—1898),字复生,号壮飞,浏阳(今湖南浏阳)人。甲午战争后,提倡新学,呼吁变法。光绪二十四年(1898)七月,参与戊戌变法。变法失败后,不愿出逃避难,慷慨就义。其诗多反映时代现实,抒写胸怀抱负,风格豪迈激越。这首《狱中题壁》即作于狱中。

望门投止思张俭[1],忍死须臾待杜根[2]。我自横刀向天笑,去留肝胆两昆仑[3]。

——蔡尚思、方行编《谭嗣同全集》增订本

[1] 望门投止:见门即去投宿。止,止宿。思:思慕。东汉末年张俭被人诬陷,被迫逃走。人们敬仰他的为人,都冒风险接待他。这是说希望出逃的维新人士能够顺利脱险。

[2] 须臾:片刻。杜根:东汉安帝时人,因上书要求摄政的邓太后归政,触怒太后,被命装入袋中摔死。幸而执法人手下留情,他装死三日,最终逃走。邓氏被诛后,杜根复官。这是借杜根忍死之事劝勉维新人士。

[3] 横刀:横陈佩刀以表示无所畏惧。去:出奔。肝胆:比喻真诚。这是说,不管是去是留,人品都如昆仑山一般高大。

自 励 二 首

梁启超

〔解题〕梁启超(1873—1929),字卓如,号任公,别号饮冰室主人。广东新会人。十七岁中举人,师承康有为,积极宣传变法维新。戊戌变法失败后,流亡日本。梁启超的诗文,精神振奋,气势磅礴,有纵论古今之态,极富激情。这两首诗作于光绪二十七年,时作者正流亡在外。诗中表达了改变中国的坚定志向,也有先觉者的孤独与苦闷。

平生最恶牢骚语,作态呻吟苦恨谁。万事祸为福所倚[1],百年力与命相持[2]。立身岂患无馀地,报国惟忧或后时[3]。未学英雄先学道,肯将荣瘁校群儿[4]。

献身甘作万矢的,著论求为百世师[5]。誓起民权移旧俗,更研哲理牖新知[6]。十年以后当思我,举国犹狂欲语谁[7]。世界无穷愿无尽,海天寥廓立多时。

——吴松等点校《饮冰室文集点校》

[1] 祸为福所倚:《老子》:"祸兮福所倚,福兮祸所伏。"

[2] "百年"句:意思是人的一生应该尽自己的力量和命运斗争。

[3] "立身"二句:立身行道哪里会计较有没有退路,一心报国只担心

时机已经太迟。

〔4〕学道:学习人生的道理。荣瘁:荣枯。校:相比。意思是应该志存高远,不要像凡俗小人那样斤斤计较个人得失。

〔5〕甘作万矢的:甘愿成为万人攻击的目标。著论:著书立说。百世师:百世之师。

〔6〕移:改变,替代。牖(yǒu):窗户,打开窗户以引进。这是说希望通过研究引进西方学说,改变中国的面貌。

〔7〕"举国"句:天下都是愚狂不清醒的人,能跟谁说话呢?

题《江山万里图》应日人之索

秋　瑾

[**解题**] 秋瑾(1875—1907),字璿卿,号竞雄,别号鉴湖女侠,浙江山阴(今浙江绍兴)人,生于福建。秋瑾是爱国革命女诗人的杰出代表。此诗作于1905年,强烈谴责日俄军队在中国领土上的战争,流露出作者深沉的忧思和激昂的报国情怀。

万里乘云去复来,只身东海挟春雷[1]。忍看图画移颜色,肯使江山付劫灰[2]。浊酒不销忧国泪,救时应仗出群才。拼将十万头颅血,须把乾坤力挽回[3]。

——郭长海、郭君兮辑注《秋瑾全集笺注》

[1] 去复来:诗作于作者第二次赴日途中,故云"去复来"。挟:携带。谓满怀革命理想。

[2] 忍看:岂忍看。移颜色:地图的颜色改变,说明国土被侵占。肯使:怎肯使。劫灰:遭战火成劫后之灰。

[3] 乾坤:天下。挽回乾坤,指解救国家的危局。

正 气 说

《论语》选录

〔**解题**〕 孔子(前551—前479),名丘,字仲尼,鲁国陬邑(今山东曲阜东南)人。孔子的祖先是宋国贵族,后来迁至鲁国。孔子是儒家学派的创始人,也是儒家文化的集大成者。《论语》是孔子弟子和再传弟子关于孔子言行的记录,内容多为孔子的讲话、孔子与弟子的讨论以及弟子之间的谈话。以下选取了一些《论语》中谈论人生理想和为人之道的段落,从中可以大致看出儒家对道德与立身之间联系的重视。

子曰:"三军可夺帅也,匹夫不可夺志也[1]。"

——《论语·子罕》

子曰:"饭疏食饮水,曲肱而枕之,乐亦在其中矣[2]。不义而富且贵,于我如浮云。"

——《论语·述而》

曾子曰:"可以托六尺之孤,可以寄百里之命,临大节而不可夺也[3]。君子人与?君子人也。"

——《论语·泰伯》

曾子曰:"士不可以不弘毅,任重而道远[4]。仁以为己任,不亦重乎？死而后已,不亦远乎？"

——《论语·泰伯》

君子之于天下也,无适也,无莫也,义与之比[5]。

——《论语·里仁》

子曰:"富与贵,是人之所欲也,不以其道得之,不处也;贫与贱,是人之所恶也,不以其道得之,不去也。君子去仁,恶乎成名[6]？君子无终食之间违仁,造次必于是,颠沛必于是[7]。"

——《论语·里仁》

子曰:"人之生也直,罔之生也幸而免[8]。"

——《论语·雍也》

子曰:"志士仁人,无求生以害仁,有杀身以成仁[9]。"

——《论语·卫灵公》

[1] 三军:诸侯国中的大国可以拥有三军,指军队。夺帅:丧失主帅。夺志:改变主张。

[2] 疏食:粗粮,一说糙米。水:冷水,古时称热水为汤,称冷水为水。肱:胳膊。

[3] 百里之命:谓国君的政令。不可夺:不可动摇。

[4] 弘毅:宽弘坚毅。言士之抱负远大,意志坚强。朱熹《论语集注》:"弘,宽广也;毅,强忍也。非弘不能胜其重,非毅无以致其远。"

[5] "君子"四句:君子对于天下的事情,没有规定一定要怎样干,也没有一定不能怎样干,一切都服从于"义"。

〔6〕去:离开。恶乎:于何处,如何。

〔7〕终食:吃完一餐饭的时间。违:离开。造次:仓促的时候。颠沛:颠沛流离的时候。

〔8〕罔:不直,诬罔。

〔9〕求生以害仁:贪图生存而损害仁德。

《孟子》选录

[解题] 孟子(前372?—前289?),名轲,字子舆,战国时邹(今山东邹城)人。据《史记》记载,孟子是孔子之孙子思的再传弟子。孟子继承和发展了孔子的思想,其思想核心是"义",其个人形象也刚正不屈,凛然难犯,前人言其有"泰山岩岩之气象""有刚明果毅整齐严肃之意"。《孟子》共七篇,为孟子弟子万章等人所编。

我知言,我善养吾浩然之气。……其为气也,至大至刚[1],以直养而无害,则塞于天地之间。其为气也,配义与道[2];无是,馁也[3]。是集义所生者[4],非义袭而取之也[5]。行有不慊于心[6],则馁矣。

——《孟子·公孙丑上》

居天下之广居,立天下之正位,行天下之大道。得志与民由之[7],不得志独行其道。富贵不能淫,贫贱不能移,威武不能屈[8]。此之谓大丈夫。

——《孟子·滕文公下》

孟子曰:"鱼,我所欲也,熊掌,亦我所欲也;二者不可得兼,舍鱼而取熊掌者也。生,亦我所欲也,义,亦我所欲也;二者不可得兼,舍生而取义者也。生亦我所欲,所欲有甚于生者,故不为苟得也[9];死亦我所恶,所恶有甚于死者,故患有所不辟也[10]。如使人之所欲莫甚于生,则凡可以得生者何不用也?使人之所恶莫甚于死者,则凡可以辟患者何不为也?由是则生而有不用也;由是则可以辟患而有不为也。是故所欲有甚于生者,所恶有甚于死者;非独贤者有是心也,人皆有之,贤者能勿丧耳[11]。一箪食[12],一豆羹[13],得之则生,弗得则死。呼尔而与之[14],行道之人弗受;蹴尔而与之[15],乞人不屑也。

"万钟则不辩礼义而受之,万钟于我何加焉[16]?为宫室之美,妻妾之奉,所识穷乏者得我与[17]?乡为身死而不受[18],今为宫室之美为之;乡为身死而不受,今为妻妾之奉为之;乡为身死而不受,今为所识穷乏者得我而为之:是亦不可以已乎[19]?此之谓失其本心。"

——《孟子·告子上》

孟子曰:"说大人[20],则藐之[21],勿视其巍巍然[22]。堂高数仞[23],榱题数尺[24],我得志,弗为也。食前方丈,侍妾数百人,我得志,弗为也。般乐饮酒,驱骋田猎,后车千乘[25],我得志,弗为也。在彼者,皆我所不为也;在我者,皆古之制也。吾何畏彼哉?"

——《孟子·尽心下》

万章曰:"一乡皆称原人焉[26],无所往而不为。原人,孔子以为德之贼。何哉?"曰:非之无举也[27],刺之无刺也,同乎流俗,合乎汙世[28]。居之似忠信,行之似廉洁。众皆悦之,自以为是,而不可与入尧舜之道。故曰:德之贼也。孔子曰:"恶似而非者[29]:恶莠[30],恐其乱苗也;恶佞[31],恐其乱义也;恶利口[32],恐其乱信也;恶郑声[33],恐其乱乐也;恶紫,恐其乱朱也;恶乡原,恐其乱德也。"

——《孟子·尽心下》

[1] 至大至刚:朱熹《孟子集注》:"至大初无限量,至刚不可屈挠。盖天地之正气,而人得以生者,其体段本如是也。"

[2] 配:配合,辅助。道:天理自然。

[3] 馁:不充盈。

[4] 集义:积善。

[5] 袭:袭取。

[6] 慊(qiè妾):满足。

[7] 与民由之:和众人一起。

[8] 淫:放荡。移:变节。屈:降低志向。

[9] 苟得:苟且求生。

[10] 患:患难。辟:通"避"。

[11] 丧:丧失。

[12] 箪(dān丹):盛饭的竹器。

[13] 豆:盛肉的器皿。

[14] 呼:轻蔑地呼喝。

[15] 蹴(cù醋):践踏。

[16] 万钟:指厚禄。六斛四斗为一钟。何加:有什么益处。

[17] 得我:感激我。得,通"德"。

[18] 乡:通"向",先前。

[19] 已:止,罢休。

[20] 说:进言。

[21] 藐:藐视。

[22] 巍巍然:形容高高在上的样子。

[23] 堂:殿堂的台基。仞:八尺。

[24] 榱(cuī崔)题:屋椽的端头。

[25] 乘:古时以四马驾车,四马为乘,故一辆车也称为乘。

[26] 原:谨厚。

[27] 非:责怪。无举:无法列举。

[28] 汙(wū污):污浊。

[29] 恶:厌恶。

[30] 莠:杂草。

[31] 佞:巧言。

[32] 利口:多言不实。

[33] 郑声:春秋时郑国的音乐,儒家以为淫乐。

修　身

荀　子

〔**解题**〕荀子,名况,战国末赵国人。年十五,游学齐国稷下(今山东淄博东北),曾任稷下学宫祭酒,时人尊称他为荀卿。后适楚,春申君以为兰陵令。李斯、韩非等皆出其门下。荀子是儒家的重要代表人物,为性恶论者,认为礼法可以节制恶的本性,特别强调后天学习的作用。《荀子》三十二篇,大部分为荀子所撰。《修身》为第二篇,论述了修养身心的方法和做人准则,强调礼义对修养的重要作用。

见善,修然必以自存也[1]。见不善,愀然必以自省也[2]。善在身,介然必以自好也;不善在身,菑然必以自恶也[3]。故非我而当者,吾师也[4];是我而当者,吾友也;谄谀我者,吾贼也[5]。故君子隆师而亲友,以致恶其贼。好善无厌,受谏而能诫,虽欲无进,得乎哉[6]?小人反是,致乱而恶人之非己也,致不肖而欲人之贤己也,心如虎狼,行如禽兽,而又恶人之贼己也。谄谀者亲,谏争者疏,修正为笑,至忠为贼,虽欲无灭亡,得乎哉[7]?《诗》曰:"噏噏呰呰,亦孔之哀。谋之其臧,则具是违;谋之不臧,则具是依[8]。"此之谓也。

扁善之度[9],以治气养生,则后彭祖[10],以修身自强,则名配尧、禹。宜于时通,利以处穷,礼信是也[11]。凡用血气、志意、知虑，由礼则治通，不由礼则勃乱提僈[12]；食饮、衣服、居处、动静，由礼则和节，不由礼则触陷生疾；容貌、态度、进退、趋行，由礼则雅，不由礼则夷固僻违[13]，庸众而野。故人无礼则不生，事无礼则不成，国家无礼则不宁。《诗》曰："礼仪卒度，笑语卒获[14]。"此之谓也。

以善先人者谓之教，以善和人者谓之顺[15]；以不善先人者谓之谄，以不善和人者谓之谀。是是、非非谓之知[16]，非是、是非谓之愚。伤良曰谗[17]，害良曰贼。是谓是、非谓非曰直。窃货曰盗，匿行曰诈，易言曰诞，趣舍无定谓之无常，保利弃义谓之至贼[18]。多闻曰博，少闻曰浅。多见曰闲[19]，少见曰陋。难进曰偍[20]，易忘曰漏。少而理曰治，多而乱曰秏[21]。

治气养心之术：血气刚强，则柔之以调和；知虑渐深，则一之以易良[22]；勇胆猛戾[23]，则辅之以道顺[24]；齐给便利[25]，则节之以动止[26]；狭隘褊小，则廓之以广大[27]；卑湿、重迟、贪利，则抗之以高志[28]；庸众驽散，则刦之以师友[29]；怠慢僄弃，则炤之以祸灾[30]；愚款端悫，则合之以礼乐，通之以思索[31]。凡治气养心之术，莫径由礼，莫要得师，莫神一好[32]。夫是之谓治气养心之术也。

志意修则骄富贵，道义重则轻王公，内省而外物轻矣[33]。传曰："君子役物，小人役于物。"[34]此之谓矣。身劳而心安，为之；利少而义多，为之；事乱君而通，不如事穷君而顺焉[35]。故良农不为水旱不耕，良贾不为折阅不市[36]，士君子不为贫穷怠乎道。

体恭敬而心忠信，术礼义而情爱人[37]，横行天下，虽困四夷，人莫不贵。劳苦之事则争先，饶乐之事则能让[38]，端悫诚信，拘守而详[39]，横行天下，虽困四夷，人莫不任[40]。

体倨固而心势诈,术顺墨而精杂污,横行天下,虽达四方,人莫不贱[41]。劳苦之事则偷儒转脱[42],饶乐之事则佞兑而不曲[43],辟违而不悫[44],程役而不录[45],横行天下,虽达四方,人莫不弃。

行而供翼,非渍淖也[46];行而俯项,非击戾也[47];偶视而先俯,非恐惧也[48]。然夫士欲独修其身,不以得罪于比俗之人也[49]。

夫骥一日而千里,驽马十驾则亦及之矣[50]。将以穷无穷,逐无极与[51]?其折骨绝筋,终身不可以相及也[52]。将有所止之[53],则千里虽远,亦或迟或速、或先或后,胡为乎其不可以相及也?不识步道者[54],将以穷无穷、逐无极与?意亦有所止之与?夫坚白、同异、有厚无厚之察[55],非不察也,然而君子不辩,止之也;倚魁之行[56],非不难也,然而君子不行,止之也。故学曰:"迟彼止而待我,我行而就之,则亦或迟或速、或先或后,胡为乎其不可以同至也?"故跬步而不休[57],跛鳖千里[58];累土而不辍,丘山崇成[59];厌其源[60],开其渎[61],江河可竭;一进一退,一左一右,六骥不致[62]。彼人之才性之相县也,岂若跛鳖之与六骥足哉[63]?然而跛鳖致之,六骥不致,是无他故焉,或为之,或不为尔。道虽迩[64],不行不至;事虽小,不为不成。其为人也多暇日者,其出入不远矣[65]。

好法而行,士也[66];笃志而体,君子也[67];齐明而不竭,圣人也[68]。人无法,则伥伥然[69];有法而无志其义,则渠渠然[70];依乎法而又深其类[71],然后温温然[72]。

礼者,所以正身也;师者,所以正礼也。无礼何以正身?无师,吾安知礼之为是也?礼然而然,则是情安礼也[73];师云而云,则是知若师也[74]。情安礼,知若师,则是圣人也。

故非礼[75],是无法也;非师,是无师也。不是师法而好自用,譬之是犹以盲辩色,以聋辩声也,舍乱妄无为也[76]。故学也者,礼法也;夫师,以身为正仪,而贵自安者也。《诗》云:"不识不知,顺帝之则[77]。"此之谓也。

端悫顺弟,则可谓善少者矣[78];加好学逊敏焉,则有钧无上,可以为君子者矣[79]。偷儒惮事,无廉耻而嗜乎饮食,则可谓恶少者矣;加惕悍而不顺[80],险贼而不弟焉,则可谓不详少者矣[81],虽陷刑戮可也[82]。

老老而壮者归焉[83],不穷穷而通者积焉[84];行乎冥冥而施乎无报,而贤不肖一焉[85]。人有此三行,虽有大过,天其不遂乎[86]。君子之求利也略[87],其远害也早,其避辱也惧,其行道理也勇。君子贫穷而志广,富贵而体恭,安燕而血气不惰[88],穷倦而容貌不枯,怒不过夺,喜不过予[89]。君子贫穷而志广,隆仁也[90];富贵而体恭,杀势也[91];安燕而血气不惰,柬理也[92];劳倦而容貌不枯,好交也[93];怒不过夺,喜不过予,是法胜私也[94]。《书》曰:"无有作好,遵王之道;无有作恶,遵王之路。"[95]此言君子之能以公义胜私欲也。

——王先谦《荀子集解》

[1]"见善"二句:看到善的形象,一定要认真地审视自身是否具有这样的善。修然,整饬貌。存,反省自察。

[2]"见不善"二句:看的不善的形象,一定要满怀忧惧地反省自身是否也有这样的不善。愀(qiǎo巧)然,忧惧貌。

[3]"善在身"四句:自身具有善性,一定坚定珍视;有不善在身,就要像灾害一样讨厌。菑(zāi灾)然,灾祸在身。菑,通"灾"。

[4]非我而当:批评我批评得准确而恰当。

[5]吾贼也:是害我的人。贼,有害的人。

［6］"好善"四句：喜爱美好的言行而不感到厌倦,接受规劝并且能引以为戒,就算不想进步也是不可能的。

［7］"小人"数句：小人与君子相反,自己极其昏乱,还憎恨别人的批评；自己极其无能,还要人夸自己贤能；有虎狼之心,禽兽之行,还厌恶别人讨厌自己。亲近阿谀奉承之辈,远离规劝自己的人,把善良正直的话当作嘲讽,将忠诚的行为看作伤害,这样的人想不灭亡,又怎么可能呢。

［8］"《诗》曰"数句：见《诗经·小雅·小旻》。诗的大意是,小人嘀嘀咕咕,我心悲哀难除。如果策谋美好,全来反对阻挡。如果策谋错误,全都跟着依附。噏(xī 西)噏,附和。呰(zǐ 紫)呰,同"訾訾",诋毁。孔,很,非常。臧(zāng 脏),善。具,都。

［9］扁善之度：处处遵循礼法,无往而不善的法则。扁,通"遍"。

［10］彭祖：传说中彭祖寿活八百岁,这是说寿命仅次于彭祖。

［11］"宜于"三句：以善修养自身,适用于人生顺利通达之时,也有利于困顿穷厄之时。礼义确实是如此。信,确实。

［12］勃：通"悖",荒谬。提僈：松弛懈怠。

［13］夷固：傲慢。僻违：偏离正途。

［14］"《诗》曰"二句：见《诗经·小雅·楚茨》。诗的大意是,礼仪完全符合法度,言笑交谈恰到好处。卒,尽,都。获,得宜,得当。

［15］"以善"二句：用善来引导人称作"教",用善来协调人际关系叫作"顺"。先,引导。和,协和。

［16］是是：肯定正确的。非非：否定错误的。

［17］谗：用言语陷害他人。

［18］"窃货"五句：偷窃财物叫作"盗",隐匿自己的行为叫作"诈",总是改变自己的说法那是荒诞,取舍没有个一定那叫"无常",为保住利益而抛弃义那就称作"至贼"。易言,说话轻率。趣舍,取舍。

［19］闲：广博。

［20］偍(tí 提)：迟缓。

［21］"少而"两句：举措简要而又调理叫作"理",繁多而混乱叫作"耗"。耗(mào 貌),通"眊",昏昧不明。

［22］"知虑"二句：思虑过于深沉,就用平易温和均衡。渐深,思虑深

沉。渐(qián前),通"潜",深。易良,平易温和。

[23] 猛戾:凶狠暴躁。

[24] 道顺:引导其驯顺。道,通"导"。

[25] 齐给(jǐ jǐ记几)便利:行动轻率急躁。

[26] 动止:快慢有节奏。

[27] "狭隘"二句:心胸狭小,就用广大去开阔。褊(biǎn扁)小,气量狭小。

[28] "卑湿"二句:情志卑下,迟钝不敏,贪利好财,就用高尚的志向去提升景境界。卑湿,低下。重迟,迟钝。抗,激发,激励。

[29] "庸众"二句:平庸散漫,就用严师诤友去革除。驽散,低劣散漫。刦(jié劫),革除。

[30] "怠慢"二句:怠慢、轻佻自弃,就让灾祸来警示。僄(piào票)弃,轻佻自弃,炤,通"照",明确告知。

[31] "愚款"三句:朴厚老实,就用礼乐熏染使之行事和度,多思考使之通达。愚款,憨厚。端悫(què确),正直诚谨。

[32] "凡治"四句:治气养心的措施,没有比礼义更便捷的,没有比得到良师更重要的,没有比用心专一爱好更神妙的了。径,便捷。要,重要。

[33] "志意"三句:志意美好就会傲视富贵,把道义看得重就会轻视王公,内心省察明觉就会名利地位等身外之物。修,美好。骄,傲视。轻,以……为轻。

[34] "传曰"二句:君子支配外物,小人被外物役使。传,泛指前人的著述,古书。役,使,支配。

[35] "事乱"二句:侍奉昏乱的国君而仕途通达,不如侍奉困迫的国君顺道义而行。乱君,昏乱的国君。通,显达。穷,困迫。顺,顺应礼义。

[36] 折:亏损。阅:卖。

[37] 术:通"述",遵循。人:通"仁"。

[38] 饶乐:逸乐。

[39] 拘守:约束自己的行为。

[40] 任:信任。

[41] "体倨"五句:外表倨傲鄙固而内心诡诈,行慎到、墨子之术而实

225

际上很混乱,行于天下,尽管可通达四方,人没有不鄙视的。倨固,傲慢顽固。顺,当为"慎",指慎到,先秦刑名家。墨,墨翟,墨家学派的创始人。精,当为"情",情实。

[42] 偷儒:苟且懒惰。转脱:推脱逃避。

[43] 佞兑:谄媚取悦。

[44] 辟:僻,邪僻,偏离正道。违:悖谬不循正理。

[45] 程役:通"逞欲"。不录:不检束。

[46] "行而供翼"二句:行走时小步快走以示恭敬,不是身上沾了污渍。供,通"恭"。翼,敬。渍,陷入。淖,烂泥。

[47] "行而俯项"二句:走路时身体轻微前倾低首(显示恭敬的仪态),不是怕遇上抵触的眼光。俯项,低头。击戾,抵触。

[48] "偶视"二句:两人对视先放低眼光,不是害怕对方。偶视,二人对视。

[49] 比俗:世俗。

[50] "夫骥"二句:良马一日千里,驽马走十天也能走这么多的路程。骥,良马。驽,劣马。十驾,走十天。

[51] "将以"二句:驽马是要追逐这无穷的路程,追逐这没有极限的奔跑吗?穷无穷,穷尽无穷的路程,指非常遥远。

[52] "其折"二句:即使它跑断筋骨,也追不上骐骥。

[53] 止:限度。

[54] 步道者:走路的人。

[55] 坚白、同异、有厚无厚:均为墨家和道家所讨论的哲学命题。察:明辨。指他们对这些命题的论辩。

[56] 倚魁之行:怪僻的行为。

[57] 跬(kuǐ 傀)步:小步。

[58] 跛(bǒ 簸)鳖:跛脚的鳖。

[59] 崇:终。

[60] 厌:堵塞。

[61] 渎:水沟。

[62] "一进"三句:有的进有的退,有的左有的有,即使六匹千里马拉

的车子也到达不了目的地。

[63]"彼人"二句:人们之间才质直接的差别,难道像跛鳖与骐骥那样吗?县,悬,悬殊,差距。

[64]迩(ěr耳):近。

[65]"其为"二句:一个人如果总是有很多闲暇的日子,那他就不可能超越常人。

[66]"好法"二句:爱好礼法而能实行的,是士人。

[67]"笃志"二句:坚定志向而能践履的,是君子。体,实行。

[68]"齐明"二句:智慧明敏而无穷的,是圣人。齐明,敏捷明智。

[69]伥(chāng昌)伥然:无所适从。

[70]"有法"二句:有礼法但不理解礼法的意义,就会局促而不知所从。志,知,深入理解。渠渠然,局促的样子。

[71]深且类:深知其意有明其统类。

[72]温温然:平和的样子。

[73]情安礼:性情合于礼法。

[74]知若师:理智顺从师长。

[75]非:违背。

[76]舍乱妄无为:除了胡乱行动不会再做出什么事来。乱妄,胡乱行动。

[77]"不识"二句:见《诗经·大雅·皇矣》。大意是,不知不觉,顺应着上天自然的法则。帝,天帝,指天道。则,法则。

[78]"端悫"二句:正直诚实,孝敬父母,敬顺兄长,就是好的少年了。弟,通"悌",顺从兄长。

[79]"加好"三句:再加上谦逊、聪敏,那别人只有向他赶齐,而没有能超越他之上的,就可以成为君子了。钧,通"均",相等。

[80]惕:放荡。

[81]详:通"祥"。

[82]陷:使遭受。

[83]老老:尊敬老年人。壮者:壮年人。归:归附。

[84]不穷穷:不挤兑困窘的人。通者:通达的人。积:积聚,也是归附

之意。

[85]"行乎"二句:做了事而不显扬,施于人而不求回报,那么不管贤与不贤的人,所有的人都会归心拥戴。冥冥,暗中。

[86]遂:坠,毁灭。

[87]"君子"句:君子略于求利,及早避害。略,粗略,不经意。

[88]燕:安逸。

[89]"怒不"二句:不因愤怒而过度惩罚,也不因喜欢而过分赏赐。过,过分。夺,处罚。予,奖赏。

[90]隆仁:尊崇仁义。

[91]杀势:减抑威势。

[92]柬理:择理而行。

[93]好交:当作"好文",爱好礼仪。

[94]法胜私:礼法胜过私意。

[95]"《书》曰"数句:《尚书》上说,不要按照自己的爱好做事,要遵循王道;不因自己讨厌的处理事,要遵从王道。无,通"毋",不要。

儒　行

〔**解题**〕《礼记》是儒家经典之一,是我国古代有关礼仪制度的资料汇编。流传至今的《礼记》为戴圣选编的四十九篇本。《礼记》内容复杂,涉及面广,具有非常重要的思想价值和史料价值。《儒行》篇通过孔子与鲁哀公的谈话,列举了儒者的品德、行为等方面的特征。鲁哀公(？—前468),名姬将,春秋时鲁国第二十六任君主。

鲁哀公问于孔子曰:"夫子之服,其儒服与[1]？"孔子对曰:"丘少居鲁,衣逢掖之衣[2]。长居宋,冠章甫之冠[3]。丘闻之也:君子之学也博,其服也乡[4]。丘不知儒服。"

哀公曰:"敢问儒行[5]。"孔子对曰:"遽数之,不能终其物[6]。悉数之,乃留,更仆未可终也[7]。"

哀公命席[8]。孔子侍曰:"儒有席上之珍以待聘[9],夙夜强学以待问[10],怀忠信以待举[11],力行以待取[12]。其自立有如此者。

"儒有衣冠中[13],动作慎;其大让如慢[14],小让如伪[15],大则如威[16],小则如愧[17];其难进而易退也[18]。粥粥若无能也[19]。其容貌有如此者。

"儒有居处齐难[20],其坐起恭敬,言必先信[21],行必中正,道途不争险易之利[22],冬夏不争阴阳之和[23];爱其死以有待也[24],养其身以有为也[25]。其备豫有如此者[26]。

"儒有不宝金玉,而忠信以为宝;不祈土地,立义以为土地[27];不祈多积[28],多文以为富[29];难得而易禄也,易禄而难畜也[30]。非时不见[31],不亦难得乎?非义不合[32],不亦难畜乎?先劳而后禄[33],不亦易禄乎?其近人有如此者[34]。

"儒有委之以货财[35],淹之以乐好[36],见利不亏其义;劫之以众,沮之以兵,见死不更其守[37];鸷虫攫搏,不程勇者[38];引重鼎,不程其力[39];往者不悔,来者不豫[40];过言不再[41],流言不极[42];不断其威,不习其谋[43]。其特立有如此者。

"儒有可亲而不可劫也,可近而不可迫也,可杀而不可辱也。其居处不淫[44],其饮食不溽[45],其过失可微辨而不可面数也[46]。其刚毅有如此者。

"儒有忠信以为甲胄[47],礼义以为干橹[48];戴仁而行,抱义而处[49];虽有暴政,不更其所[50]。其自立有如此者。

"儒有一亩之宫[51],环堵之室[52],筚门圭窬[53],蓬户瓮牖[54];易衣而出,并日而食[55];上答之,不敢以疑[56];上不答,不敢以谄[57]。其仕有如此者[58]。

"儒有今人与居,古人与稽[59];今世行之,后世以为楷;适弗逢世[60],上弗援,下弗推,谗谄之民,有比党而危之者;身可危也,而志不可夺也[61];虽危,起居竟信其志,犹将不忘百姓之病也[62]。其忧思有如此者。

"儒有博学而不穷,笃行而不倦,幽居而不淫[63],上通而不困[64]。礼之以和为贵,忠信之美,优游之法[65]。慕贤而容众,毁方而瓦合[66]。其宽裕有如此者[67]。

"儒有内称不辟亲[68],外举不辟怨;程功积事,推贤而进达之,不望其报[69];君得其志,苟利国家[70],不求富贵。其举贤援能有如此者[71]。

"儒有闻善以相告也,见善以相示也,爵位相先也,患难相死也[72],久相待也[73],远相致也[74]。其任举有如此者[75]。

"儒有澡身而浴德[76],陈言而伏[77],静而正之[78]。上弗知也,粗而翘之,又不急为也[79]。不临深而为高,不加少而为多[80]。世治不轻,世乱不沮[81]。同弗与,异弗非也[82]。其特立独行有如此者。

"儒有上不臣天子[83],下不事诸侯。慎静而尚宽,强毅以与人,博学以知服[84]。近文章,砥厉廉隅[85]。虽分国,如锱铢[86];不臣不仕[87]。其规为有如此者[88]。

"儒有合志同方[89],营道同术[90]。并立则乐,相下不厌[91]。久不相见,闻流言不信。其行本方立义[92],同而进,不同而退[93]。其交友有如此者。

"温良者,仁之本也。敬慎者,仁之地也。宽裕者,仁之作也[94]。孙接者,仁之能也[95]。礼节者,仁之貌也。言谈者,仁之文也。歌乐者,仁之和也。分散者,仁之施也[96]。儒皆兼此而有之,犹且不敢言仁也。其尊让有如此者[97]。

"儒有不陨获于贫贱[98],不充诎于富贵[99],不慁君王[100],不累长上,不闵有司[101],故曰儒。今众人之命儒也妄,常以儒相诟病[102]。"

孔子至舍,哀公馆之[103]。"闻此言也,言加信,行加义,终没吾世,不敢以儒为戏[104]。"

——《礼记·儒行》

[1]"夫子"二句:夫子您穿的衣服,大概是儒者特有的衣服吧?
[2] 逢掖之衣:宽大袖子的衣服。掖,通"腋",腋下。

231

〔3〕章甫:殷制的礼冠。宋国是殷人之后,故从殷礼。

〔4〕乡:入乡随俗。

〔5〕"敢问"句:请问有关儒者行为的特点。

〔6〕"遽(jù巨)数"二句:仓促地列举,短时间不能把事情说完。遽,仓促。物,事。

〔7〕"悉数"三句:如果要详细讲解,就要久留,等到仆人换班的时候也讲不完。悉,全部。留,久。

〔8〕"哀公"句:哀公命人给孔子安排座席。席,铺设席位。

〔9〕"儒有"句:按孔颖达之解,说儒者能铺陈上古尧舜之道,以待君上的招聘。珍,珍宝。

〔10〕夙夜:日以继夜。强学:努力学习。

〔11〕举:举荐。

〔12〕取:选中。

〔13〕中(zhòng众):符合度数要求。

〔14〕大让:在大事上谦让,如让国、让天下。慢:傲慢。

〔15〕小让:小事的谦让。伪:虚伪。

〔16〕大则如威:做大事谨慎,如同有所畏惧。

〔17〕小则如愧:做小事恭谨,如同心怀愧疚。

〔18〕难进而易退:求进时犯难,退却时唯恐不速。

〔19〕粥粥:柔弱谦卑的样子。

〔20〕居处:起居。齐难(zhāi nǎn斋赧):庄重小心。

〔21〕先信:以信为先。

〔22〕险易之利:这里指道路的难走和易走的方便。

〔23〕阴阳之和:温度适宜。

〔24〕爱其死:不轻死。待:有所期待。

〔25〕养其身以有为也:保养身体,是为了有所作为。

〔26〕备豫:准备。

〔27〕立义:建立道义。

〔28〕多积:积蓄财富。

〔29〕多文:多文化学识。

[30]"难得"二句:很难求得他的出仕,他把俸禄看得很轻。不需要很厚的俸禄,但却不能像普通人那样畜养他。

[31] 非时不见:不到恰当的时候不出现。

[32] 非义不合:不符合道义的事情不合作。

[33] 先劳而后禄:先做出勋劳而后接受报酬。

[34] 近人:待人接物。

[35] 委之以货财:赠送给他财物。委,积聚,堆积。

[36] 淹之以乐好:用其喜好的东西诱惑他使其沉溺其中。淹,使沉溺。乐好,娱乐嗜好。

[37]"劫之"三句:即使拿人多势众去胁迫他,拿武器去恐吓他,面对死亡他也不会改变其操守。劫,胁迫。沮,恐吓。兵,武器。更其守,改变操守。

[38]"鸷虫"二句:跟猛禽凶兽一样的恶势力搏斗,他不会顾忌自己的力量是不是薄弱。鸷虫,猛禽野兽。攫搏,搏斗。程,度量,计算。

[39]"引重"二句:比喻不计较自己的力量大小,尽力去做对的事情。引,牵引。

[40]"往者"二句:已经做过的事,不会反悔;未来的事,不事先考虑很多。

[41] 过言不再:错误的话不会再说。

[42] 流言不极:无根的流言,不追究其根源。

[43] 不习其谋:不谋划盘算什么事情。

[44] 淫:过度奢华。

[45] 溽(rù 褥):浓郁的滋味。

[46] 微辨:委婉地批评。面数:当面指责。

[47] 甲胄:盔甲。

[48] 干橹:盾牌。

[49]"戴仁"二句:出行和居处都不离开仁义。戴,尊崇。处,居处。

[50] 不更其所:不改变自己的操守。

[51] 宫:住宅。

[52] 环堵:古制一堵墙长各一丈,环堵即四面围绕一丈之墙,形容房

233

舍之小。

[53] 筚门:荆条所编的门。圭窬(yú 鱼):墙上开圭形的门洞。

[54] 蓬户:以蓬草作门。瓮牖:以破瓮为窗户。

[55] "易衣"二句:全家只有一身完整的衣服出门,两天只吃一天的饭,形容生活穷困。易衣,交换衣服。并日,合两天为一天。

[56] "上答"二句:君上采纳了他的意见,不敢怀疑疑心。答,采纳意见。疑,怀有二心。

[57] "上不"二句:君上不赏识他,他也不敢用谄媚的办法取悦于上。谄,谄媚。

[58] "其仕"句:儒者对于出仕做官的态度是如此的。

[59] "儒有今人"二句:儒者虽与今人同处,志向却与古人相合。稽,相合。

[60] 适弗逢世:生不逢时。

[61] "逸诡"四句:那些逸诡之人,结伙威胁他,只能危害他的身体,不能改变他的志向。比党,结伙。

[62] "虽危"三句:虽处危境,一举一动都想伸张自己的抱负,仍不忘百姓的疾苦。信,伸张。病,疾苦。

[63] "幽居"句:隐居独处,也不做邪僻之事。

[64] "上通"句:显达时也不迷失自我,背离正道。上通,指得到任用。

[65] 优游之法:效法温柔平和。

[66] 毁方:毁灭棱角,即不露锋芒的意思。瓦合:破碎的瓦器相合,意思是与众人和睦相处。

[67] 宽裕:宽大,宽容,心胸开阔。

[68] 称:举荐。辟:通"避"。

[69] "程功"三句:在充分考察被荐者的业绩及才能后,推荐贤才,达之于上,而不望其回报。程,考察。积,积累。报,回报。

[70] 苟:只要。

[71] 援:援引,荐拔。

[72] "爵位"二句:面对爵位,相互谦让;面对患难,争先赴难。相先,互相以为先,即互相谦让。

[73]"久相"句:郑玄注:"久相待,谓其友久在下位不升,己则待之以进也。"久,滞留,久居下位。待,等待以同进。

[74]"远相"句:朋友远离朝廷不得志,设法招来以仕。远,远离庙堂。致,使其前来。

[75]任举:举荐。

[76]澡身而浴德:修养身心,使之高洁。澡身,是说能澡洁其身不染浊;浴德,是说沐浴于德以德自清也。

[77]陈言而伏:向国君进言,退而听君命。

[78]静而正之:不露痕迹地向国君进言匡正其过。

[79]"上弗"三句:国君如果不了解,则观察寻找机会,大略地加以启发。粗,大略。翘,启发。

[80]"不临"二句:不在地位低下的人面前居高临下,不在功劳少的人面前夸耀自己功绩之多。临深,居高临下。

[81]"世治"二句:在治世,处身要自重;面对乱世,也不沮丧。轻,轻佻。沮,沮丧。

[82]"同弗"二句:对和自己意见相同的人不轻易赞扬,和自己意见不同的人也不轻易非议。

[83]臣:以臣事天子。

[84]"慎静"三句:谨慎静处而贵尚宽和,与人相处而坚持原则,广博地学习而又能够服膺胜于己的人。宽,从容阔达。与,接触。强毅,不随便附会于他人。服,敬服。

[85]砥厉:磨炼。廉隅:棱角。比喻操守方正。

[86]"虽分"二句:即使分封给他国土,也看得如锱铢之轻。分国,天子分封土地。锱铢,比喻微小。

[87]不臣不仕:不足以使自己臣服的君主,不出仕做他的官。

[88]规为:约束自己的行为。

[89]合志同方:志同道合。方,道。

[90]营:经营。术:方法。

[91]"并立"二句:一同做官则快乐,互相谦下而不厌。

[92]本方:以道为本。立义:据义以立。

[93] "同而"二句:志向相同就一起前进,志向不同就分道扬镳。

[94] 作:行为举止。

[95] 孙接:谦逊待人。孙,通"逊"。

[96] 分散:分散钱财。

[97] 尊让:谦让。

[98] 陨获:困窘失意。

[99] 充诎(qū屈):因喜而失去节操,得意忘形。

[100] 愿(hùn诨):辱。

[101] 闵:忧患。有司:官吏。

[102] "今众"二句:现在的众人胡乱地称人为"儒"不符合儒的本义,常拿"儒"这个名称来羞辱人。命,命名。妄,虚妄不实。

[103] 馆之:送食物到馆舍。

[104] "闻此"五句:这是鲁哀公的话,意为听了孔子的话,言语更要讲信用,行为更要合道义,这一生也不敢再拿儒者来开玩笑了。

不食嗟来之食

〔解题〕本篇写齐人宁可饿死也不愿接受黔敖无礼的施舍，说明依礼而行的重要。篇幅虽短，却形象生动，言简意赅，"嗟来之食"也成为流传后世的成语。

齐大饥。黔敖为食于路，以待饿者而食之[1]。有饿者蒙袂辑屦，贸贸然来[2]。黔敖左奉食，右执饮，曰："嗟！来食[3]。"扬其目而视之，曰："予唯不食嗟来之食，以至于斯也。"从而谢焉[4]，终不食而死。曾子闻之，曰："微与[5]！其嗟也可去；其谢也可食[6]。"

——《礼记·檀弓下》

[1] 黔敖：人名，齐国富人，生平不详。食之：拿食物给人吃。
[2] 袂：衣袖。辑屦（jù 巨）：拖着鞋子，言其身体无力而迈不开步子。贸贸然：走路茫茫然的样子。
[3] 奉食：拿着吃的。执饮：拿着喝的。嗟：呼唤声，带轻视意。
[4] 谢：道歉。
[5] 微与：不可，不该。与，语气助词表感叹。
[6] "其嗟"二句：意思是黔敖无礼时可以离开，他道歉后就可以接受食物。

狱中上书自明

邹　阳

〔解题〕邹阳，西汉人，景帝时为梁孝王的门客，为羊胜等人谗害下狱，遂于狱中上书梁王自陈。书中列举历代史实，申明听信谗言的危害和任用忠志之士的意义。虽在狱中，仍为壮词，雄辩开阖。

臣闻忠无不报，信不见疑，臣常以为然[1]，徒虚语耳。昔荆轲慕燕丹之义，白虹贯日，太子畏之[2]；卫先生为秦画长平之事，太白食昴，昭王疑之[3]。夫精诚变天地，而信不谕两主，岂不哀哉！今臣尽忠竭诚，毕议愿知[4]，左右不明，卒从吏讯[5]，为世所疑。是使荆轲、卫先生复起，而燕、秦不寤也[6]。愿大王孰察之[7]。

昔玉人献宝[8]，楚王诛之；李斯竭忠[9]，胡亥极刑[10]。是以箕子阳狂[11]，接舆避世[12]，恐遭此患。愿大王察玉人、李斯之意，而后楚王、胡亥之听[13]，毋使臣为箕子、接舆所笑。臣闻比干剖心，子胥鸱夷[14]，臣始不信，乃今知之。愿大王孰察，少加怜焉！

语曰：白头如新，倾盖如故[15]。何则？知与不知也。故樊於期逃秦之燕[16]，借荆轲首以奉丹事；王奢去齐之魏[17]，临城自刭以却齐而存魏。夫王奢、樊於期非新于齐、秦而故于燕、魏也,所以去二国,死两君者[18],行合于志,而慕义无穷也。是以苏秦不信于天下,为燕尾生;白圭战亡六城,为魏取中山[19]。何则?诚有以相知也。苏秦相燕,人恶之于燕王,燕王按剑而怒,食以𬴊𬴊[20];白圭显于中山,人恶之于魏文侯,文侯投以夜光之璧[21]。何则?两主二臣,剖心析肝相信,岂移于浮辞哉[22]!

故女无美恶,入宫见妒;士无贤不肖,入朝见嫉。昔司马喜膑脚于宋[23],卒相中山;范雎摺胁折齿于魏[24],卒为应侯。此二人者,皆信必然之画,捐朋党之私,挟孤独之交,故不能自免于嫉妒之人也[25]。是以申徒狄蹈雍之河[26],徐衍负石入海[27],不容身于世,义不苟取比周于朝[28],以移主上之心。故百里奚乞食于路[29],缪公委之以政;宁戚饭牛车下[30],而桓公任之以国。此二人岂素宦于朝[31],借誉于左右[32],然后二主用之哉?感于心,合于行,坚如胶漆,昆弟不能离,岂惑于众口哉?故偏听生奸,独任成乱。昔鲁听季孙之说逐孔子[33],宋信子冉之计囚墨翟[34]。夫以孔、墨之辩,不能自免于谗谀,而二国以危。何则?众口铄金,积毁销骨[35]。是以秦用戎人由余而霸中国[36],齐用越人子臧而强威、宣[37]。此二国岂拘于俗,牵于世,系奇偏之辞哉[38]?公听并观[39],垂明当世。故意合则胡越为兄弟[40],由余、子臧是矣;不合则骨肉为仇敌,朱、象、管、蔡是矣[41]。今人主诚能用齐、秦之明,后宋、鲁之听,则五霸不足侔[42],三王易为比也[43]。

是以圣王觉寤,捐子之之心[44],而不说田常之贤[45],封比干之后,修孕妇之墓[46],故功业覆于天下。何则?欲善无厌也[47]。夫晋文公亲其仇而强霸诸侯[48];齐桓公用其仇而一匡天下[49]。何则?慈仁殷勤,诚加于心,不可以虚辞借也。至夫秦用商鞅之法,东弱韩、魏,立强天下,而卒车裂之[50]。越用大夫种之谋,禽劲吴而伯中国,遂诛其身[51]。是以孙叔敖三去相而不悔[52],於陵子仲辞三公为人灌园[53]。今人主诚能去骄傲之心,怀可报之意,披心腹,见情素,堕肝胆,施德厚,终与之穷达,无爱于士,则桀之犬可使吠尧,而跖之客可使刺由,何况因万乘之权,假圣王之资乎[54]!然则荆轲湛七族,要离燔妻子,岂足为大王道哉[55]!

臣闻明月之珠,夜光之璧,以暗投人于道,众莫不按剑相眄者[56]。何则?无因而至前也。蟠木根柢[57],轮囷离奇[58],而为万乘器者[59],以左右先为之容也[60]。故无因而至前,虽出随珠和璧[61],只足怨结而不见德;故有人先谈,则枯木朽株[62],树功而不忘[63]。今天下布衣穷居之士,身在贫贱,虽蒙尧、舜之术,挟伊、管之辩[64],怀龙逢、比干之意,欲尽忠当世之君,而素无根柢之容,虽竭精神,欲开忠信,辅人主之治,则人主必袭按剑相眄之迹矣[65]。是使布衣之士,不得为枯木朽株之资也。是以圣王制世御俗,独化于陶钧之上[66],而不牵乎卑辞之语,不夺乎众多之口[67]。故秦皇帝任中庶子蒙嘉之言[68],以信荆轲之说,而匕首窃发;周文猎泾渭,载吕尚而归,以王天下[69]。秦信左右而亡,周用乌集而王[70]。何则?以其能越挛拘之语[71],驰域外之议[72],独观乎昭旷之道也[73]。今人主沈谄谀之辞,牵于帷墙之制[74],使不羁之士与牛骥同皂,此鲍焦所以愤于世而不留富贵之乐也[75]。

臣闻盛饰入朝者[76],不以私污义;砥砺名号者[77],不以利伤行。故里名"胜母",曾子不入[78];邑号"朝歌",墨子回车[79]。今欲使天下恢廓之士[80],诱于威重之权,胁于位势之贵,回面污行,以事谄谀之人,而求亲近于左右,则士有伏死堀穴岩薮之中耳[81],安有尽忠信而趋阙下者哉[82]!

——《文选》卷三十九

[1] 常:通"尝",曾经。

[2] 荆轲:战国末年刺客。燕丹:燕太子丹。白虹贯日:据说荆轲的精诚感动上天,出现了白虹贯日的景象。太子畏之:荆轲临行前因故未能速行,太子丹曾担心他变卦。畏,担心。

[3] 卫先生:秦人。画:谋划。长平之事:秦将白起在长平(今山西高平西北)败赵国军,为乘胜灭赵,派卫先生请求秦昭王增援。太白食昴(mǎo卯):金星侵犯昴宿,预示赵国将有兵灾。太白即金星。食,蚀,侵犯。昴,星宿名。

[4] 毕议:把我要说的话说尽。愿知:希望大王知道。

[5] 卒从吏讯:最终下狱审讯。

[6] 寤:醒悟。

[7] 孰察之:详细体察之。孰,熟,详细。

[8] 玉人:即楚人卞和,相传卞和得玉璞,献于楚王,楚王认为是石头,卞和被先后砍掉双脚。

[9] 李斯:秦丞相,李斯尽力辅佐秦国,统一天下。始皇死,二世胡亥,杀李斯。

[10] 胡亥:秦二世。

[11] 箕子:纣王的叔父,装疯以避杀身之祸。阳:通"佯",假装。

[12] 接舆:楚之狂人,隐居避世。

[13] "愿大"二句:希望大王明察卞和、李斯一般的忠良之心,不要像楚王、胡亥那样听信谗言。

[14] 比干:纣王时的贤臣,因进谏而被剖心。鸱(chī吃)夷:皮袋。伍子胥死后,尸体被装入皮袋抛入江中。

[15] "白头"二句:有人相识多年,仍然像新认识的一样互不了解;有人只是在路上停车交谈,就像故人一般熟悉。倾盖,两车相遇,车的伞盖靠在一起微微倾斜,称作倾盖,言初次相逢或订交。

[16] 樊於(wū污)期:原为秦将,逃亡至燕。荆轲刺秦,建议献樊於期

首级取得秦王信任,樊於期慷慨自刎而死。

[17] 王奢:战国时齐国大臣,得罪齐王,逃到魏国。其后齐伐魏,奢登城谓齐将曰:"今君之来,不过以奢之故也。夫义不苟生以为魏累。"遂自刭。

[18] 死两君:为两国君主而死。

[19] "是以"二句:苏秦虽然失信于天下,对燕国却极为忠诚。中山国君要处死败将白圭,他逃到魏国,得魏文侯厚待,遂助魏灭中山。苏秦,战国时辩士,曾游说六国合纵抗秦。尾生,人名。据说他与女子相约在桥下相见,女子未来而洪水上涨,他不愿离去,抱桥柱而死,后来以他为守信的典范。白圭,战国时中山国的将领,战败失去六城。

[20] "苏秦"四句:苏秦为燕国相时,有人在燕王面前诋毁苏秦,燕王不但不听,反而给苏秦很好的待遇,把良马杀了给他吃。食,给人吃。駃騠(jué tí 决提),良马。

[21] 投:赠送。

[22] 岂移于浮辞:不因留言改变对他的信任。浮辞,流言。

[23] 司马喜:战国时宋人,在宋国受膑刑(剜去膝盖骨),逃到中山,三次作中山国的宰相。

[24] 范雎:魏国人,曾为人谗害,被打到肋断齿脱。后逃到秦国,封为应侯。摺(lā 拉):同"拉",拉折。

[25] "此二"五句:这二人,都相信一定能实现的计划,抛弃结党营私的行为,只有少数的朋友,故不能避免嫉妒者的迫害。画,计划。捐,抛弃。

[26] 申徒狄:传说为殷末人,谏君不听,投雍水而死。蹈:跳。雍:水名。

[27] 徐衍:周末人,不满乱世,抱石投海。

[28] 苟取:取不该取得的东西。比周:结党。

[29] 百里奚:春秋时虞人,乞讨而至秦国投奔秦穆公,后为秦相。

[30] 宁戚:春秋时卫人,贤而不被任用,隐居为商。一天夜里一边喂牛一边敲着牛角唱歌,齐桓公听到了,知是贤者,交谈后封为大夫。

[31] 素宦:一向为官。

[32] 借誉于左右:借助国君身边人的赞誉。

[33] 季孙:鲁国大夫。季孙接受了齐国选送的女乐,使得鲁君怠于政

事,三日不朝,孔子于是弃官离开鲁国。"听季孙之说"事未详。

[34] 墨翟:即墨子,战国鲁人。"宋信子冉之计囚墨翟"事未详。

[35] 众口铄(shuò硕)金,积毁销骨:铄、销:都是熔化的意思。众人交口毁谤,即使金石也被熔化;一次一次谗诬,久而久之,骨也被溶解。

[36] 由余:春秋时西戎的官吏,为秦穆公所用,靠他伐灭西戎。

[37] 子臧:春秋时越人。强威、宣:实现了齐威王和齐宣王的强盛。

[38] 奇偏:片面。

[39] 公听并观:公正全面地听取意见,多方面地观察事情。

[40] 胡越:胡地在北,越在南,比喻彼此无关或关系疏远。

[41] 朱、象、管、蔡:朱,丹朱,尧的儿子,不贤。象,舜的弟弟,常有意杀害舜。管:管叔。蔡:蔡叔。管叔蔡叔都是周武王的弟弟,因谋反而为周公所囚。

[42] 五霸:指春秋五霸。侔:相比。

[43] 三王:指夏禹、商汤和周文王。比:并列。

[44] 子之:战国时燕王哙的相,骗取燕王让位于他,燕国大乱。齐国趁势伐燕,杀燕王与子之。

[45] 说:通"悦"。田常:即陈恒,春秋时齐简公的大臣,弑简公篡夺齐国政权。

[46] 孕妇:纣王残暴,曾剖孕妇之腹以观胎儿。

[47] "欲善"句:追求善永不满足。厌,满足。

[48] "夫晋"句:晋文公重耳为公子时,勃鞮曾奉命刺杀他,斩断他的衣袖。后重耳回国,有大臣计划谋害他,勃鞮告发,重耳相信了他,幸免于难。

[49] "齐桓"句:齐桓公为公子时,管仲辅佐与其相争的公子纠,曾箭射齐桓公衣带钩。桓公继位,不计前嫌,任管仲为相。

[50] "至夫"三句:秦孝公用商鞅行变法,使秦国强大。孝公死,商鞅被诬谋反,遭车裂而亡。车裂,一种酷刑,俗称五马分尸。

[51] "越用"三句:越国大夫文种,向勾践进伐吴之策。越灭吴后,被诬作乱而死。

[52] 孙叔敖:春秋时楚国人。楚庄王时三度为相而不喜,三度免相而

243

不怨。

[53] 於(wū 污)陵子仲：即陈仲子，战国时齐人，楚王欲聘他为相，他却携家小逃走为人灌园。於陵，地名。

[54] "今人"数句：现在人主若能实实在在地去掉傲慢之心，怀有立功必赏之诚意，推心置腹，袒露真情，肝胆相照，施加厚恩，能够始终穷达与共，对士无所吝惜，士就会尽忠竭诚回报，就如夏桀之狗可以令其对尧吠叫，盗跖之客刺杀许由，何况主上凭着国君的权威，又借助圣王的恩泽呢？情素，真情。穷达，困窘和显达。爱，吝啬。桀，夏桀，暴君。尧，贤王。跖，盗跖，春秋时的大盗。由，许由，尧舜时的贤人。万乘，天子可有兵车万乘，指代帝王。

[55] 湛：通"沉"，灭。要离：春秋时的刺客。吴王阖闾使要离刺庆忌，为取得庆忌信任，要离使吴王斩断自己的右手，杀掉自己的妻儿，伪装成要犯逃到庆忌处，最后刺杀成功。燔(fán 烦)：烧。

[56] "臣闻"四句：言即使是稀世之宝，在暗夜里向人投掷，人也会戒备的。暗，黑夜。按剑，以手抚剑，表示随时准备刺击。眄(miǎn 免)，斜着眼看，这里形容其戒备之态。

[57] 蟠木：弯曲的树。根柢：树根。

[58] 轮囷(qūn 逡)离奇：盘绕弯曲的样子。

[59] 万乘器：天子用物。

[60] 容：雕饰。

[61] 随珠和璧：随侯珠、和氏璧，泛指宝物，比喻贤才。

[62] 枯木朽株：比喻庸才。

[63] 树功而不忘：建立使人永志不忘之功。

[64] 伊、管：伊尹和管仲，皆为贤相。

[65] 袭按剑眄视之迹：也会跟过去人一样照着按剑眄视的方式去做，即也会按剑眄视。袭，遵循。

[66] 陶钧：制陶的转轮，比喻政权。

[67] 夺：受影响而改变。

[68] 任：信用。中庶子：官名，太子的属官。蒙嘉：秦王的宠臣。荆轲以重金贿赂蒙嘉，得以见到秦王。

[69]"周文"三句:周文王到渭水打猎,遇到在此钓鱼的吕尚,载与同归,后来吕尚辅佐武王成就王业。猎泾渭,猎于泾水、渭水之间。吕尚,姜太公。

[70]乌集:乌鸟猝然集合,指周文王遇姜尚出于偶然。《汉书》颜师古注:"言文王之得太公,非因旧故,若乌鸟之暴集。"

[71]挛拘:拳曲,比喻狭隘的成见。

[72]域外之议:不受约束的议论。

[73]昭旷:光明宽广。

[74]帷:床帐,指侍妾。墙:宫墙,指近臣。

[75]鲍焦:春秋时隐士,据传说因不满时事,抱木而死。

[76]盛饰入朝:穿着整齐的礼服到朝廷议事。

[77]砥砺:磨砺。

[78]"故里"二句:曾子至孝,有个地方叫"胜母",他认为这个名字有违孝道,不肯进入。

[79]"邑号"二句:墨子主张"非乐",认为"朝歌"和他的"非乐"主张不合,就回车离去。

[80]恢廓之士:抱负远大的人。

[81]堀:同"窟"。薮(sǒu 叟):湖泽。

[82]阙下:宫阙之下,指君王。

王贡两龚鲍传论

班　固

〔解题〕 班固（32—92），字孟坚，扶风安陵（今陕西咸阳东北）人。著名的史学家和文学家。所撰《汉书》创纪传体断代史体例，文风典雅赡密。本篇主要描写了郑子真与严君平二人的事迹，赞扬他们清介自守，轻财重义，淡泊名利，认为这种精神足以激励旁人。文章朴实委婉，亲切可诵。

昔武王伐纣，迁九鼎于雒邑，伯夷、叔齐薄之，饿死首阳，不食其禄，周犹称盛德焉[1]。然孔子贤此二人[2]，以为"不降其志，不辱其身"也[3]。而孟子亦云："闻伯夷之风者，贪夫廉，懦夫有立志，奋乎百世之上，百世之下莫不兴起，非贤人而能若是乎[4]？"

汉兴，有园公、绮里季、夏黄公、甪里先生[5]。此四人者，当秦之世，避而入商雒深山[6]，以待天下之定也。自高祖闻而召之[7]，不至。其后吕后用留侯计[8]，使皇太子卑辞束帛致礼[9]，安车迎而致之[10]。四人既至，从太子见，高祖客而敬焉，太子得以为重，遂用自安。语在《留侯传》[11]。

其后谷口有郑子真[12]，蜀有严君平[13]，皆修身自保，非其服弗服，非其食弗食。成帝时，元舅大将军王凤以礼聘子真[14]，子真遂不诎而终[15]。君平卜筮于成都市，以为"卜筮者贱业,而可以惠众人。有邪恶非正之问,则依蓍龟为言利害[16]。与人子言依于孝,与人弟言依于顺,与人臣言依于忠,各因势导之以善,从吾言者,已过半矣。"裁日阅数人[17],得百钱足自养,则闭肆下帘而授《老子》[18]。博览亡不通[19],依老子、严周之指著书十万馀言[20]。扬雄少时从游学[21],以而仕京师显名[22],数为朝廷在位贤者称君平德[23]。杜陵李强素善雄[24],久之为益州牧[25],喜谓雄曰:"吾真得严君平矣。"雄曰:"君备礼以待之,彼人可见而不可得诎也。"强心以为不然。及至蜀,致礼与相见,卒不敢言以为从事[26],乃叹曰:"扬子云诚知人!"君平年九十馀,遂以其业终,蜀人爱敬,至今称焉。及雄著书言当世士,称此二人。其论曰:"或问:君子疾没世而名不称[27],盍势诸名卿[28],可几[29]?曰:君子德名为几[30]。梁、齐、楚、赵之君非不富且贵也,恶乎成其名[31]!谷口郑子真不诎其志,耕于岩石之下,名震于京师,岂其卿[32]?岂其卿?楚两龚之絜[33],其清矣乎!蜀严湛冥[34],不作苟见,不治苟得[35],久幽而不改其操,虽随、和何以加诸[36]?举兹以旃,不亦宝乎[37]!"

自园公、绮里季、夏黄公、甪里先生、郑子真、严君平皆未尝仕,然其风声足以激贪厉俗[38],近古之逸民也[39]。若王吉、贡禹、两龚之属,皆以礼让进退云。

——《汉书》卷七十二

[1]"昔武"六句:伯夷、叔齐认为武王伐纣为不忠,所以不愿做周的臣子,避入首阳山,绝食而死。周朝认为伯夷、叔齐的道德值得颂扬。武王,周武王。九鼎,相传夏禹铸九鼎,为国家政权的象征。雒邑,在今洛阳。伯夷、叔齐,商孤竹国君的两个儿子。薄,鄙视。

[2] 贤:以为贤。

〔3〕降志:改变信仰。辱身:苟且保全自身。语见《论语·微子》。

〔4〕"闻伯"数句:语见《孟子·尽心》下。懦,柔弱。兴,感动兴发。

〔5〕园公、绮里季、夏黄公、甪(lù路)里先生:皆为隐士,秦末避乱,隐于商山。年皆八十有馀,须眉皓白,故称"商山四皓"。甪里,地名,用为复姓。

〔6〕商雒(luò洛):山名,在今陕西。

〔7〕高祖:指汉高祖刘邦。

〔8〕留侯:张良。

〔9〕卑辞:言辞谦卑。束帛:五匹帛捆为一束,为馈赠之礼。

〔10〕安车:一种可安坐的小车。

〔11〕语在《留侯传》:详细情形记载于《汉书·留侯传》中。

〔12〕谷口:县名,在今陕西礼泉县东北,咸阳附近。郑子真:郑朴,字子真。西汉末年避乱隐居,王凤礼请出山,郑朴坚拒不出。

〔13〕严君平:严尊,字君平。西汉末年道家学者,思想家。

〔14〕元舅:大舅。王凤:汉成帝的舅父,成帝时任大司马大将军。

〔15〕诎:屈从。

〔16〕蓍(shī诗)龟:蓍草和龟甲,均为占卜的工具。

〔17〕裁:才,仅。阅:指替人占卜。

〔18〕肆:营业之处。

〔19〕亡:通"无"。

〔20〕严周:庄周。指:旨,意旨,要意。

〔21〕扬雄:字子云,汉代著名学者、文章家。成帝时任给事黄门郎。王莽时任大夫,校书天禄阁。

〔22〕以而:不久。

〔23〕数(shuò硕):多次,屡次。

〔24〕杜陵:地名,在今陕西西安市东南。

〔25〕益州:治所在今四川、云南、贵州等地。牧:州牧,官名。

〔26〕从事:吏员名。

〔27〕"君子"句:《论语·卫灵公》载孔子语,意为君子痛心的是直到老死名声也不被人称颂。

［28］ 盍(hé何)势诸名卿:何不接近有名望的公卿。盍,何不。势,这里做亲近解。

［29］ 可几:可以成就(名声)。

［30］ "君子"句:扬雄语,见扬雄《法言》,意为君子追求的是德成而名显。几,通"冀",期望,追求。

［31］ "梁、齐"二句:意为当时的诸侯王都是富贵之人,哪里有什么名望?

［32］ 岂其卿:难道是靠攀附公卿吗?

［33］ 两龚:龚胜、龚舍,俱是楚人,俱以名节著称。絜(jié洁):通"洁"。

［34］ 蜀严:指严君平。湛冥:深沉玄默无欲之意。

［35］ "不作"二句:不为苟且之行,不做苟得之事。

［36］ 随、和:随侯珠、和氏璧,均为珍宝,比喻贵重。

［37］ 举兹以旃(zhān毡):推举此人而表彰之。旃,旗,旌表之意。

［38］ 激:遏制。厉:激励。

［39］ 近古之逸民:言其行为人品接近古代的有德而隐居的逸民。

谏太宗十思疏

魏　徵

〔**解题**〕魏徵(580—643),字玄成,唐初重臣,以直谏闻名。本篇是魏徵贞观十一年(637)写给唐太宗李世民的奏疏,希望皇帝能够"居安思危,戒奢以俭"。全文说理透彻,言辞婉转。

臣闻求木之长者,必固其根本;欲流之远者,必浚其泉源[1];思国之安者,必积其德义。源不深而望流之远,根不固而求木之长,德不厚而思国之安,臣虽下愚,知其不可,而况于明哲乎[2]?人君当神器之重[3],居域中之大,不念居安思危,戒奢以俭,斯亦伐根以求木茂,塞源而欲流长也。

凡百元首[4],承天景命[5],莫不殷忧而道著[6],功成而德衰[7],有善始者实繁,能克终者盖寡[8]。岂其取之易守之难乎?昔取之而有余,今守之而不足,何也?夫在殷忧必竭诚以待下,既得志则纵情以傲物[9];竭诚则吴、越为一体[10],傲物则骨肉为行路[11]。虽董之以严刑[12],震之以威怒[13],终苟免而不怀仁[14],貌恭而不心服。怨不在大[15],可畏惟人;载舟覆舟[16],所宜深慎[17]。奔车朽索[18],其可忽乎[19]?

君人者,诚能见可欲[20],则思知足以自戒;将有作[21],则思知止以安人;念高危[22],则思谦冲而自牧[23];惧满溢[24],则思江海下百川[25];乐盘游[26],则思三驱以为度[27];忧懈怠,则思慎始而敬终;虑壅蔽[28],则思虚心以纳下;惧谗邪,则思正身以黜恶[29];恩所加[30],则思无因喜以谬赏[31];罚所及,则思无以怒而滥刑[32]。总此十思,宏兹九德[33],简能而任之[34],择善而从之,则智者尽其谋,勇者竭其力,仁者播其惠,信者效其忠;文武争驰,君臣无事,可以尽豫游之乐,可以养松乔之寿[35],鸣琴垂拱[36],不言而化。何必劳神苦思,代下司职,役聪明之耳目,亏无为之大道哉!

——《旧唐书·魏徵传》

[1] 流:河水。浚:疏通。

[2] 明哲:神圣聪明的人,此指皇帝。

[3] 神器:指帝位。

[4] 元首:头领,指皇帝。

[5] 景命:大命,承受上天的重任。

[6] 殷忧而道著:有沉重的忧患意识而道行显著。殷忧,深切的忧患。

[7] 功成而德衰:功业成就后德望衰退。

[8] 克终者盖寡:能够善终者大约很少。

[9] 傲物:盛气凌人。

[10] 吴、越:春秋时二国为世仇,比喻敌国。

[11] 骨肉:亲人。行路:行路之人,路人,言彼此无关。

[12] 董:监督。

[13] 震:震慑。

[14] 怀仁:归服仁德。

[15] 怨不在大:怨恨之气不在大小。

[16] 载舟覆舟:比喻人民既能拥立君主,也能推翻君主。

[17] 深慎:深思慎重。

[18] 奔车朽索:飞奔的车用腐朽的绳索牵引,比喻随时有失控的危险。

[19] 忽:忽视,大意。

[20] 诚:果真。可欲:喜爱的东西。

[21] 有作:大兴土木。

[22] 高危:身居高位的危险。

[23] 谦冲:谦和。自牧:自我修养,自我约束。

[24] 满溢:水满外流,指骄盈膨胀。

[25] 江海下百川:江海居百川之下才能纳百川之水。

[26] 盘游:盘乐游逸无法度,这里指田猎。

[27] 三驱:一般解释为田猎时须让开一面,三面驱赶,以示好生之德。这里应解为有限度,古人田猎一年以三次为度。

[28] 壅蔽:阻塞蒙蔽,阻塞了视听的途径,被蒙蔽欺瞒。

[29] 黜恶:贬斥邪恶之人。

[30] 加:施与。

[31] 谬赏:错误的赏赐。

[32] 以:因为。滥刑:滥用刑罚,过量行刑,任意判罪或施刑。

[33] 宏:发扬。

[34] 简:选拔。

[35] 松乔:赤松子、王子乔,均为传说中的仙人。

[36] 垂拱:垂衣拱手,无为而治。

直 书

刘知幾

〔解题〕刘知幾(661—721),字子玄,彭城(今江苏徐州)人,唐代著名史学家。著有我国第一部史学评论专书《史通》。本篇为该书中论述"史笔"的文章,作者力主"直书",反对"曲笔",希望史家不计个人得失安危,能够依照事实,秉笔直书。

夫人禀五常[1],士兼百行[2],邪正有别[3],曲直不同。若邪曲者,人之所贱,而小人之道也[4];正直者,人之所贵,而君子之德也[5]。然世多趋邪而弃正,不践君子之迹[6],而行由小人者,何哉?语曰:"直如弦,死道边;曲如钩,反封侯[7]。"故宁顺从以保吉,不违忤以受害也[8]。况史之为务,申以劝戒,树之风声[9]。其有贼臣逆子,淫君乱主,苟直书其事,不掩其瑕[10],则秽迹彰于一朝,恶名被于千载。言之若是,吁可畏乎[11]!

夫为于可为之时则从,为于不可为之时则凶。如董狐之书法不隐,赵盾之为法受屈[12],彼我无忤,行之不疑,然后能成其良直,擅名今古。至若齐史之书崔弑[13],马迁之述汉非[14],韦昭仗正于吴朝[15],崔浩犯讳于魏国[16],或身膏斧钺[17],取笑当时,或书填坑窖,无闻后代。夫世事如此,而责史臣不能申其强项之风[18],励其匪躬之节[19],盖亦难矣。

是以张俨发愤,私存《嘿记》之文[20];孙盛不平,窃撰辽东之本[21]。以兹避祸,幸而获全。是以验世途之多隘,知实录之难遇耳。

然则历考前史,征诸直词,虽古人糟粕,真伪相乱,而披沙拣金,有时获宝。按金行在历[22],史氏尤多。当宣、景开基之始[23],曹、马构纷之际[24],或列营渭曲,见屈武侯[25],或发仗云台,取伤成济[26]。陈寿、王隐咸杜口而无言;干宝、虞预各栖毫而靡述[27]。至习凿齿[28],乃申以死葛走生达之说,抽戈犯跸之言[29],历代厚诬,一朝始雪。考斯人之书事,盖近古之遗直者欤[30]?次有宋孝王《风俗传》、王邵《齐志》,其叙述当时,亦务在审实。按于时河朔王公[31],箕裘未陨[32];邺城将相[33],薪构仍存[34]。而二子书其所讳,曾无惮色。刚亦不吐[35],其斯之谓欤?

盖烈士徇名[36],壮夫重气,宁为兰摧玉折,不为瓦砾长存。若南、董之仗气直书,不避强御;韦、崔之肆情奋笔,无所阿容[37]。虽周身之防有所不足[38],而遗芳馀烈,人到于今称之。与夫王沉《魏书》[39],假回邪以窃位;董统《燕史》[40],持诡媚以偷荣,贯三光而洞九泉[41],曾未足喻其高下也。

——《史通》卷七

[1] 禀:禀受。五常:金、木、水、火、土,也称五行之气,指人的气质。
[2] 百行:多种品行。
[3] 邪正:善恶。
[4] 小人:指卑鄙的人。
[5] 君子:指高尚的人。
[6] 践:遵循。

[7]"直如弦"四句:东汉末年的童谣,见《后汉书·五行志一》。

[8]违忤:违背,不顺从。

[9]风声:风化声教。

[10]瑕:瑕疵,过失。

[11]吁:叹词。

[12]"如董狐"二句:见本书《董狐笔》条。

[13]齐史之书崔弑:见本书《太史简》条。

[14]马迁:司马迁,他在《史记》中曾指责汉代帝王的过失。

[15]韦昭:韦曜,三国时吴国的史官,不肯为吴主孙皓之父作"纪",被杀。

[16]崔浩:北魏太武帝时奉诏编《魏书》,因直书得罪鲜卑贵族,被杀。

[17]身膏斧钺:即被杀。膏,沾溉。借指赴死。

[18]强项:不肯低头,形容倔强耿直。

[19]匪躬:不顾自身。

[20]"是以"二句:张俨:字子节,三国时吴人。曾遭贾充、荀勖以史事相难,发愤而撰《默记》三卷。嘿,同"默"。

[21]"孙盛"二句:东晋孙盛撰《晋阳秋》,桓温不满其中对自己不利的内容,强命修改。孙盛将原书另抄一份,寄给辽东慕容儁收藏。

[22]金行:指西晋。按五行之说,晋五德属德。

[23]宣、景:指晋宣帝司马懿和晋景帝司马师。

[24]曹、马:指曹氏和司马氏。

[25]列营渭曲:司马懿与诸葛亮相持于渭曲(今陕西大荔县东南),后诸葛亮病逝军中,司马懿追之,蜀军佯欲迎敌,司马懿畏惧,放走了蜀军。即下文"死葛走生达"之意。

[26]"或发"二句:魏高贵乡公曹髦即帝位后,不能忍受朝政皆由司马氏掌握,召王沈、王业以及尚书王经言:"司马昭之心,路人所知也。吾不能坐受废辱,今日与君等自出讨之。"于是亲率僮仆数百,鼓噪而出。中护军贾充迎战于南阙下,太子舍人成济在贾充指挥下,挺戈向前,刺杀曹髦。事见《三国志·魏志·高贵乡公传》裴注引习凿齿《汉晋春秋》。仗,兵器。云台,即陵云台。成济,人名,时为太子舍人。

255

[27] "陈寿"二句:陈寿《三国志》、王隐《晋书》、干宝《晋纪》等书,都没有记载这些史实。陈寿,晋人,撰《三国志》。王隐,晋人,所撰《晋书》,唐代已散佚。干宝,东晋人,撰《晋纪》等。虞预,东晋史家。咸,都。杜口,闭口。

[28] 习凿齿:字彦威,晋襄阳人,博学多闻,曾撰《汉晋春秋》。

[29] 抽戈犯跸(bì 毕):此处刘知几误,事见干宝《晋纪》记载。《三国志·魏志·高贵乡公纪》裴注引《晋纪》云:"成济问贾充曰:'事急矣,若者何?'充曰:'公(司马昭)蓄养汝等,为今日之事也,夫何疑!'济曰:'然!'乃抽戈犯跸。"跸,帝王的车驾,代指君主。

[30] 近古之遗直:近于古人正直遗风。遗直,指直道而行有古人遗风的人。

[31] 河朔:黄河以北地区,指北魏。

[32] 箕裘:祖先的事业。陨:坠落。

[33] 邺城:北齐都城,指代北齐。

[34] 薪构:负薪构堂,指祖先的基业。

[35] 刚亦不吐:不畏强暴。语出《诗经·大雅·烝民》:"柔亦不茹,刚亦不吐,不侮矜寡,不畏强御。"

[36] 徇(xùn 讯)名:为名节而献身。

[37] 阿容:阿谀奉承。

[38] 周身:保全自身。

[39] 王沉《魏书》:晋初,王沉奉诏修《魏书》,多不实之载。

[40] 董统《燕史》:董统于后燕建兴元年(386)受诏撰写后燕历史,多褒美失实。

[41] 贯三光而洞九泉:上贯三光(日、月、星),喻南史氏、董狐之崇高;下洞九泉,喻王沉等人之劣下。

争 臣 论

韩 愈

〔解题〕 韩愈,生平见《左迁至蓝关示侄孙湘》。争臣,即诤臣,直言敢谏之臣。刘向《说苑·臣术》言:"有能尽言于君,用则留之,不用则去之,谓之谏;用则可生,不用则死,谓之诤。"可见"诤臣"之意。谏议大夫阳城出任谏官五年,没有什么谏言上奏,时人以为贤才,韩愈则认为谏官不问朝政是放弃职守,所以写了这篇文章讽劝。文章说理透辟,言辞犀利,态度严肃。

或问谏议大夫阳城于愈[1],可以为有道之士乎哉?学广而闻多,不求闻于人也。行古人之道[2],居于晋之鄙[3]。晋之鄙人,熏其德而善良者几千人[4]。大臣闻而荐之[5],天子以为谏议大夫。人皆以为华[6],阳子不色喜[7]。居于位五年矣,视其德,如在野,彼岂以富贵移易其心哉?

愈应之曰:是《易》所谓"恒其德贞,而夫子凶"者也[8]。恶得为有道之士乎哉[9]?在《易·蛊》之上九云[10]:"不事王侯,高尚其事。"《蹇》之六二则曰:"王臣蹇蹇,匪躬之故。"[11]夫亦以所居之时不一,而所蹈之德不同也[12]。若《蛊》之上九,居无用之地,而致匪躬之节;以《蹇》之六二,在王臣之位,而高不事之心[13]。则冒进之患生,旷官之刺兴[14]。志不可则,而尤不终无也[15]。今阳子在位,不为不久矣;闻天下之得失,不为不熟矣;天子待之,不为不加矣[16]。而未尝一言及于政。视政之得失,若越人视秦人之肥瘠[17],忽焉不加喜戚于其心。问其官,则曰谏议也;问其禄,则曰下大夫之秩也[18];问其政,则曰我不知也。有道之士,固如是乎哉?

且吾闻之:"有官守者,不得其职则去;有言责者,不得其言则去[19]。"今阳子以为得其言乎哉? 得其言而不言,与不得其言而不去,无一可者也。阳子将为禄仕乎? 古之人有云:仕不为贫,而有时乎为贫。谓禄仕者也。宜乎辞尊而居卑,辞富而居贫,若抱关击柝者可也。盖孔子尝为委吏矣,尝为乘田矣,亦不敢旷其职,必曰"会计当而已矣",必曰"牛羊遂而已矣"[20]。若阳子之秩禄,不为卑且贫,章章明矣[21],而如此,其可乎哉?

或曰:否,非若此也。夫阳子恶讪上者[22],恶为人臣招其君之过而以为名者[23]。故虽谏且议,使人不得而知焉。《书》曰:"尔有嘉谟嘉猷,则入告尔后于内,尔乃顺之于外,曰:斯谟斯猷,惟我后之德[24]。"若阳子之用心,亦若此者。

愈应之曰:若阳子之用心如此,滋所谓惑者矣[25]。入则谏其君,出不使人知者,大臣宰相者之事,非阳子之所宜行也。夫阳子,本以布衣隐于蓬蒿之下[26],主上嘉其行谊[27],擢在此位[28]。官以谏为名,诚宜有以奉其职,使四方后代,知朝廷有直言骨鲠之臣[29],天子有不僭赏、从谏如流之美[30]。庶岩穴之士[31],闻而慕之,束带结发[32],愿进于阙下而伸其辞说[33],致吾君于尧舜,熙鸿号于无穷也[34]。若《书》所谓,则大臣宰相之事,非阳子之所宜行也。且阳子之心,将使君人者恶闻其过乎? 是启之也[35]。

或曰:阳子之不求闻而人闻之,不求用而君用之。不得已而起。守其道而不变,何子过之深也[36]?

愈曰:自古圣人贤士,皆非有求于闻用也。闵其时之不平[37],人之不乂[38],得其道,不敢独善其身,而必以兼济天下也。孜孜矻矻[39],死而后已。故禹过家门不入[40],孔席不暇暖[41],而墨突不得黔[42]。彼二圣一贤者[43],岂不知自安佚之为乐哉[44]?诚畏天命而悲人穷也。夫天授人以贤圣才能,岂使自有馀而已?诚欲以补其不足者也。耳目之于身也,耳司闻而目司见,听其是非,视其险易,然后身得安焉。圣贤者,时人之耳目也[45];时人者,圣贤之身也。且阳子之不贤,则将役于贤以奉其上矣[46];若果贤,则固畏天命而闵人穷也。恶得以自暇逸乎哉[47]?

或曰:吾闻君子不欲加诸人[48],而恶讦以为直者[49]。若吾子之论,直则直矣,无乃伤于德而费于辞乎?好尽言以招人过[50],国武子之所以见杀于齐也[51],吾子其亦闻乎?愈曰:君子居其位,则思死其官[52]。未得位,则思修其辞以明其道。我将以明道也,非以为直而加人也。且国武子不能得善人,而好尽言于乱国,是以见杀。《传》曰:"惟善人能受尽言[53]。"谓其闻而能改之也。子告我曰:"阳子可以为有道之士也。"今虽不能及已,阳子将不得为善人乎哉[54]!

——马其昶《韩昌黎文集校注》第二卷

[1] 谏议大夫:官名,执掌议论政事的官,唐代隶属门下省。阳城(736—805):字亢宗,定州北平(今河北顺平县东南)人,原隐居中条山(今山西南部),贞元四年(788),唐德宗召为谏议大夫。

[2] 行古人之道:指隐居山林。

[3] 晋之鄙:阳城隐居的中条山,春秋时属晋国管辖。鄙,偏远的地方。

〔4〕熏:熏陶,影响。几:几乎,将近。

〔5〕大臣:指李泌。贞元三年(787),李泌为相,次年举阳城为谏议大夫。

〔6〕人皆以为华:人们都认为很荣耀。

〔7〕阳子:指阳城。不色喜:不见喜色。

〔8〕"恒其"二句:见《易·恒》卦,原文为"恒其德贞。妇人吉,夫子凶"。意思是说,坚守其德,常守贞节,妇人这样做是好的,男子这样做则不好。

〔9〕恶(wū污):表疑问之语,相对于相当于如何、安能、怎么。

〔10〕《蛊》:与下文的《蹇》都是卦名。上九:《易》每卦有六爻,每爻有爻题和爻辞。"上九"为爻题,表示自下而上的第六爻为阳爻。下文"不事王侯,高尚其事"是这一爻的爻辞。

〔11〕《蹇(jiǎn简)》之六二:《蹇》卦自下而上的第二爻,为阴爻,这一爻的爻辞是"王臣蹇蹇,匪躬之故",说做臣子的不避艰难,辅助国君,不顾自身。蹇蹇:直谏不已。匪:通"非"。躬:自身。

〔12〕"夫亦"二句:言上引《蛊》卦与《蹇》卦所说的两种处世之道,是由于人所处之时势不同,所践行之德也不同。蹈,践履,实行。

〔13〕"若《蛊》"六句:处在《蛊》上九那样的位置,而按《蹇》六二那样行事,就有冒进之患;处在《蹇》六二那样的职位却按《蛊》上九那样行事,人们会批评你失职。

〔14〕冒进:贪图官位。旷官:荒废职守。

〔15〕"志不"二句:这样的志向不能效法,如此做总会有过失。则,效法。尤,过失。

〔16〕加:厚待,重用。

〔17〕"若越"二句:像是越国的人看秦国人胖瘦,与己无关,漠不关心。

〔18〕下大夫:周时的职级名,列国的国卿。唐制,谏议大夫为正五品,年俸二百石,秩品相当于周代的下大夫。

〔19〕"有官"四句:出自《孟子·公孙丑下》。

〔20〕"仕不"十一句:出自《孟子·万章下》。抱关,守门。击柝(tuò拓),打更。委吏,管粮仓的小官。乘田,主管畜牧的小吏。会计,财务及出

纳。遂,成功,引申为长成。这是说孔子为小官时,尚且忠于职守。

［21］章章:犹彰彰,显著,明显。

［22］恶:憎恶。讪上:诽谤上级。

［23］"恶为"句:厌恶身为人臣而靠揭明君主过错换取自己的名声。招(qiāo 桥),举,揭示。

［24］"尔有"五句:你有好的设想和计划,就进宫去告诉你的君王,而你在外面要附和、顺从,说:这个设想、这个计划,都是我们君王的德政啊。见《尚书·周书·君陈》。嘉,善。谟,计策。猷,谋略。后,君主。

［25］"滋所"句:那就更是令人不解了。滋,更,益。惑,糊涂,令人不解。

［26］布衣:平民。蓬蒿之下:隐居山林。

［27］嘉:赞扬。行谊:品行和道义。

［28］擢(zhuó 灼):提拔。

［29］骨鲠:耿直不阿。

［30］僭赏:过分的赏赐。

［31］庶:希望。岩穴之士:隐居之士。

［32］束带结发:束系衣带,挽起发髻。指出仕。

［33］阙下:宫阙之下,借指朝廷。

［34］鸿号:伟大的名称。

［35］"且阳"二句:阳子的用心,是要使君主讨厌臣下指出其过错吗?这是诱导君主讨厌批评啊。君人者,为人君主者。

［36］过之深:责备人太过分。

［37］闵:通"悯",忧虑。

［38］乂(yì 义):安定。

［39］孜孜矻矻:勤勉不懈的样子。

［40］禹过家门不入:相传大禹治水时,三过家门而不入。

［41］孔席不暇暖:孔子连席子还没有来得及坐热就又起来了。孔,孔子。

［42］墨突不得黔:墨子东奔西走,烟囱尚未熏黑(指来不及煮饭),又到别处去了。形容其勤勉。墨,墨子。突,烟囱。

［43］二圣一贤：儒家尊大禹和孔子为圣人，墨子为贤人。

［44］佚：通"逸"，安逸。

［45］时人：同时之人，即凡人，普通人。

［46］"且阳"二句：如果阳子不是贤人，他就应该让贤人役使来侍奉皇上。役于贤，被贤人役使。

［47］暇逸：偷闲逸乐。

［48］加：凌驾。

［49］讦（jié 洁）以为直：攻击他人以为正直。

［50］尽言：说话没有顾忌。招（qiáo 桥）：举发。

［51］国武子：名佐，春秋时齐国国卿，因直斥齐灵公之母与人私通，被杀。

［52］死其官：尽忠职守，以生命维护其职守。

［53］"《传》曰"句：引自《国语·周语下》。

［54］"今虽"句：阳子虽不及有道之士，难道连善人也做不了吗？意思是他应该能够接受我的善言。

张中丞传后叙

韩 愈

〔**解题**〕本篇是李翰《张巡中丞传》的后叙。后叙,是著作、诗文或图册的后记。安史之乱时,张巡、许远坚守睢阳,粮尽城陷,张巡遇难。后来有人议论二人守城为愚,至大历年间,张巡子又责备许远独生,请追夺其官爵。元和二年(807),韩愈针对这一情况作了这篇文章,反驳这些观点,表达了对张巡、许远英勇事迹的敬仰之情。

元和二年四月十三日夜,愈与吴郡张籍阅家中旧书[1],得李翰所为《张巡传》[2]。翰以文章自名[3],为此传颇详密。然尚恨有阙者:不为许远立传[4],又不载雷万春事首尾[5]。

远虽材若不及巡者,开门纳巡,位本在巡上,授之柄而处其下,无所疑忌,竟与巡俱守死,成功名[6]。城陷而虏,与巡死先后异耳[7]。两家子弟材智下,不能通知二父志,以为巡死而远就虏,疑畏死而辞服于贼[8]。远诚畏死[9],何苦守尺寸之地,食其所爱之肉[10],以与贼抗而不降乎?当其围守时,外无蚍蜉蚁子之援[11],所欲忠者,国与主耳。而贼语以国亡主灭。远见救援不至,而贼来益众,必以其言为信。外无待而犹死守[12],人相食且尽,虽愚人亦能数日而知死所矣。

远之不畏死亦明矣。乌有城坏其徒俱死,独蒙愧耻求活?虽至愚者不忍为。呜呼!而谓远之贤而为之邪!

说者又谓远与巡分城而守,城之陷,自远所分始[13]。以此诟远,此又与儿童之见无异。人之将死,其藏腑必有先受其病者;引绳而绝之[14],其绝必有处[15]。观者见其然,从而尤之[16],其亦不达于理矣!小人之好议论,不乐成人之美,如是哉!如巡、远之所成就,如此卓卓,犹不得免,其他则又何说!

当二公之初守也,宁能知人之卒不救[17],弃城而逆遁[18]?苟此不能守,虽避之他处何益?及其无救而且穷也,将其创残饿羸之馀[19],虽欲去,必不达。二公之贤,其讲之精矣[20]!守一城,捍天下,以千百就尽之卒,战百万日滋之师,蔽遮江淮,沮遏其势,天下之不亡,其谁之功也!当是时,弃城而图存者,不可一二数;擅强兵坐而观者[21],相环也。不追议此,而责二公以死守,亦见其自比于逆乱[22],设淫辞而助之攻也[23]。

愈尝从事于汴、徐二府,屡道于两府间,亲祭于其所谓双庙者[24]。其老人往往说巡、远时事,云:南霁云之乞救于贺兰也[25],贺兰嫉巡、远之声威功绩出己上,不肯出师救。爱霁云之勇且壮,不听其语,强留之,具食与乐,延霁云坐。霁云慷慨语曰:"云来时,睢阳之人,不食月馀日矣!云虽欲独食,义不忍;虽食,且不下咽!"因拔所佩刀,断一指,血淋漓,以示贺兰。一座大惊,皆感激为云泣下。云知贺兰终无为云出师意,即驰去;将出城,抽矢射佛寺浮图,矢着其上砖半箭,曰:"吾归破贼,必灭贺兰!此矢所以志也。"愈贞元中过泗州,船上人犹指以相语。城陷,贼以刃胁降巡,巡不屈,即牵去,将斩之;又降霁云,云未应。巡呼云曰:"南八[26],男儿死耳,不可为不义屈!"云笑曰:"欲将以有为也[27];公有言,云敢不死!"即不屈。

张籍曰:有于嵩者,少依于巡;及巡起事,嵩常在围中[28]。籍大历中于和州乌江县见嵩[29],嵩时年六十馀矣。以巡初尝得临涣县尉,好学无所不读[30]。籍时尚小,粗问巡、远事,不能细也。云:巡长七尺馀,须髯若神。尝见嵩读《汉书》,谓嵩曰:"何为久读此?"嵩曰:"未熟也。"巡曰:"吾于书读不过三遍,终身不忘也。"因诵嵩所读书,尽卷不错一字。嵩惊,以为巡偶熟此卷,因乱抽他帙以试[31],无不尽然。嵩又取架上诸书试以问巡,巡应口诵无疑。嵩从巡久,亦不见巡常读书也。为文章,操纸笔立书,未尝起草。初守睢阳时,士卒仅万人,城中居人户,亦且数万,巡因一见问姓名,其后无不识者。巡怒,须髯辄张。及城陷,贼缚巡等数十人坐,且将戮。巡起旋[32],其众见巡起,或起或泣。巡曰:"汝勿怖!死,命也。"众泣不能仰视。巡就戮时,颜色不乱[33],阳阳如平常[34]。远宽厚长者,貌如其心;与巡同年生,月日后于巡,呼巡为兄,死时年四十九。嵩贞元初死于亳、宋间[35]。或传嵩有田在亳、宋间,武人夺而有之,嵩将诣州讼理[36],为所杀。嵩无子,张籍云。

——马其昶《韩昌黎文集校注》第二卷

[1] 张籍:字文昌,吴郡(今江苏苏州)人,唐代著名诗人,韩愈的学生。

[2] 李翰:字子羽,赵州赞皇(今河北省元氏县)人,客居睢阳,曾亲见张巡战守事迹。张巡死后,有人诬其降贼,因撰《张巡传》。

[3] 自名:自许。

[4] 许远:字令威,杭州盐官(今浙江海宁)人。安史乱时,任睢阳太守,与张巡合守孤城。城陷,许远被掳往洛阳,至河南偃师被处死。

[5] 雷万春:张巡部下偏将。

[6] "开门"六句:肃宗至德二载(757)正月,叛军安庆绪部将尹子奇带兵十三万围睢阳,许远向张巡求救,张巡自宁陵率军入睢阳城。当时许远的官位高于张巡,而把军事权柄交给了张巡。

[7] 先后异耳:只不过是时间先后的差别。

[8] "两家"四句:指张巡与许远的后人。据《新唐书·许远传》载,安史乱平定后,大历年间,张巡之子张去疾轻信小人挑拨,上书代宗,谓城破后张巡等被害,惟许远独存,是屈降叛军,请追夺许远官爵。诏令去疾与许远之子许岘及百官议此事。两家子弟即指张去疾、许岘。

[9] 诚:果真。

[10] 食其所爱之肉:睢阳久困绝粮,张巡杀妾,许远杀奴仆以充军粮。

[11] 蚍蜉蚁子之援:比喻连极微弱的援军都没有。

[12] 外无待:外无援兵。

[13] "说者"三句:张巡和许远分兵守城,张守东北,许守西南。城破时叛军先从许远守卫的西南面攻入,故有此说。

[14] 引:拉。绝:断。

[15] 有处:一定的地方。

[16] 尤:怪罪。

[17] 宁:岂能。卒:终于。

[18] 逆遁:预先撤退。

[19] 将:率领。羸:瘦弱。

[20] 讲:谋划,思虑。精:精密。

[21] 擅:拥有。当时睢阳附近守将都按兵不动。

[22] 自比:自附。

[23] 淫辞:谰言。

[24] "愈尝"三句:韩愈曾先后在汴州(治所在今河南开封)、徐州(治所在今江苏徐州)任推官,亲自祭祀过张巡和许远。双庙,张巡、许远死后,后人在睢阳立庙祭祀,称为双庙。

[25] 南霁云:张巡部将。贺兰:贺兰进明。时任河南节度使,驻军临淮一带。

［26］南八:南霁云排行第八,故称。

［27］欲将以有为:希望有所作为,指灭贺兰报仇事。

［28］常:通"尝",曾经。

［29］大历:唐代宗年号。和州乌江县:在今安徽和县东北。

［30］"以巡"二句:张巡死后,朝廷封赏他的亲戚、部下,于嵩因此得官。临涣,故城在今安徽宿县西南。

［31］帙(zhì 志):书套,这里代指书。

［32］旋:解手,一说环形。

［33］不乱:不变。

［34］阳阳:镇定自若的样子。

［35］亳:亳州,今属安徽。宋:宋州,今河南商丘。

［36］诣:到。讼理:诉讼。

唐狄梁公碑

范仲淹

〔解题〕范仲淹,生平见前《渔家傲》。本文是一篇碑文,作于北宋宝元元年(1038),范仲淹由鄱阳移官丹徒,路过江西彭泽拜谒狄公祠之时。狄梁公,即唐代狄仁杰。碑文记述狄仁杰生平事迹,褒扬其刚正不阿,爱民怀仁,不畏权势。全文从具体事迹入手,一事一论,生动细致地塑造了一位国家重臣的形象。

天地闭,孰将辟焉?日月蚀,孰将廓焉[1]?大厦仆[2],孰将起焉?神器坠[3],孰将举焉?岩岩乎克当其任者[4],惟梁公之伟欤!公讳仁杰,字怀英,太原人也。祖宗高烈,本传在矣。

公为子极于孝,为臣极于忠。忠孝之外揭如日月者[5],敢歌于庙中[6]。公尝赴并州掾[7],过太行山,反瞻河阳,见白云孤飞,曰:"吾亲在其下。"久而不能去,左右为之感动。《诗》有陟岵陟屺[8],伤君子于役,弗忘其亲,此公之谓欤!于嗟乎!孝之至也,忠之所繇生乎[9]!

公尝以同府掾当使绝域[10],其母老疾,公谓之曰:"奈何重太夫人万里之忧?"诣长史府请代行。时长史、司马方睚眦不协[11],感公之义,欢如平生。于嗟乎!与人交而先其忧,况君臣之际乎?

公为大理寺丞,决诸道滞狱万七千人[12],天下服其平。武卫将军权善才坐伐昭陵柏[13],高宗命戮之,公抗奏不却[14]。上怒曰:"彼致我不孝。"左右筑公令出[15]。公前曰:"陛下以一树而杀一将军,张释之所谓假有盗长陵一抔土[16],则将何法以加之?臣岂敢奉诏,陷陛下于不道?"帝意解,善才得恕死。于嗟乎!执法之官,患在少恩,公独爱君以仁,何所存之远乎?

高宗幸汾阳,宫道出妒女祠下。彼俗谓盛服过者,必有风雷之灾。并州发数万人别开御道。公为知顿使,曰:"天子之行,风伯清尘,雨师洒道,彼何害哉?"遽命罢其役。又公为江南巡抚使,奏毁淫祠千七百所[17],所存惟夏禹、太伯、季子、伍员四庙。曰:"安使无功血食[18],以乱明哲之祠乎?"于嗟乎!神犹正之,而况于人乎?

公为宁州刺史,能抚戎夏[19],郡人纪之碑。及迁豫州,会越王乱后[20],缘坐者七百人[21],籍没者五千口[22]。有使促行刑,公缓之,密表以闻曰:"臣言似理逆人[23],不言则辜陛下好生之意。表成复毁,意不能定。彼咸非本心,唯陛下矜焉。"敕贷之[24],流于九原郡。道出宁州旧治[25],父老迎而劳之,曰:"我狄使君活汝辈耶!"相携哭于碑下,斋三日而去。于嗟乎!古谓民之父母,如公则过焉。斯人也,死而生之,岂父母之能乎?

时宰相张光辅率师平越王之乱,将士贪暴,公拒之不应[26]。光辅怒曰:"州将忽元帅耶?"对曰:"公以三十万众除一乱臣,彼胁从辈闻王师来,乘城而降者万计。公纵暴兵杀降以为功,使无辜之人肝脑涂地。如得尚方斩马剑加于君颈,虽死无恨。"光辅不能屈,奏公不逊,左迁复州刺史。于嗟乎!孟轲有言,威武不能屈,是为大丈夫,其公之谓乎!

269

为地官侍郎、同凤阁鸾台平章事,为来俊臣诬构下狱[27]。公曰:"大周革命[28],万物惟新。唐朝旧臣,甘从诛戮。"因家臣告变[29],得免死,贬彭泽令。狱吏尝抑公诬引杨执柔[30],公曰:"天乎!吾何能为?"以首触柱,流血被面,彼惧而谢焉。于嗟乎!陷阱之中,不义不为,况庙堂之上乎?

契丹陷冀州,起公为魏州刺史以御焉。时河朔震动,咸驱民保郛郭[31]。公至,下令曰:"百姓复尔业,寇来吾自当之。"狄闻风而退[32],魏人为之立碑。未几入相,请罢戍疏勒等四镇[33],以肥中国[34]。又请罢安东[35],以息江南之馈输[36]。识者韪之[37]。北狄再寇赵、定间[38],出公为河北道元帅。狄退,就命公为安抚大使。前为突厥所胁从者,咸逃散山谷。公请曲赦河北诸州[39],以安反侧[40],朝廷从之。于嗟乎!四方之事,知无不为,岂虚尚清谈而已乎!

公在相日,中宗幽房陵[41],则天欲立武三思为储嗣。一日问群臣可否,众皆称贺。公退而不答。则天曰:"无乃有异议乎?"对曰:"有之。一昨陛下命三思募武士,岁时之间数百人。及命庐陵王代之,数日之间应者十倍。臣知人心未厌唐德。"则天怒,令策出[42]。又一日,则天谓公曰:"我梦双陆不胜者何[43]?"对曰:"双陆不胜,宫中无子也。"复命策出。又一日,则天有疾,公入问阁中。则天曰:"我梦鹦鹉双翅折者何?"对曰:"武者,陛下之姓,相王、庐陵王则陛下之羽翼也[44],是可折乎?"时三思在侧,怒发赤色。则天以公屡言不夺[45],一旦感悟,遣中使密召庐陵王矫衣而入[46],人无知者。乃召公坐于帘外而问曰:"我欲立三思,群臣无不可者,惟俟公一言。从之则与卿长保富贵,不从则无复得与卿相见矣。"公从容对曰:"太子天下之本,本一摇而天下动。陛下以一心之欲,轻天下之动哉?太宗百战取天下,授之子孙,三思何与焉？昔高宗寝疾，令陛下权亲军国。陛下奄有神器数十年[47]，又将以三思为后，如天下何？且姑与母孰亲？子与侄孰近？立庐陵王，则陛下万岁后享唐之血食；立三思则宗庙无祔姑之礼[48]。臣不敢爱死以奉制[49]，陛下其图焉[50]。"则天感泣，命褰帘，使庐陵王拜公。曰："今日国老与汝天子。"公哭于地，则天命左右起之，拊公背曰："岂朕之臣？社稷之臣耶！"已而奏曰："还宫无仪，孰为太子？"于是复置庐陵王于龙门，备礼以迎，中外大悦。于嗟乎！定天下之业，断天下之疑，其至诚如神，雷霆之威，不得而变乎！

则天尝命公择人，公曰："欲何为？"曰："可将相者。"公曰："如求文章，则今宰相李峤、苏味道足矣。岂文士龌龊[51]，思得奇才以成天下之务乎？荆州长史张柬之[52]，真宰相才，诚老矣，一朝用之，尚能竭其心。"乃召拜洛州司马。他日又问人于公，对曰："臣前言张柬之，虽迁洛州，犹未用焉。"改秋官侍郎。及召为相，果能诛张易之辈[53]，返正中宗，复则天为皇太后。于嗟乎！薄文华、重才实，其知人之深乎！又尝引拔桓彦范、敬晖、姚元崇等至公卿者数十人。

公之勋德，不可殚言[54]。有论议数十万言，李邕载之别传。论者谓松柏不夭，金石不柔，受于天焉。公为大理丞，抗天子而不屈。在豫州日，拒元帅而不下。及居相位，而能复废主，以正天下之本。岂非刚正之气出乎诚性，见于事业？当时优游荐绅之中，颠而不扶，危而不持者，亦何以哉[55]？

某贬守鄱阳，移丹徒郡，道过彭泽，谒公之祠而述焉。又系之云：

商有三仁[56]，弗救其灭。汉有四皓[57]，正于未夺[58]。呜呼！武暴如火，李寒如灰。何心不随？何力可回？我公哀伤，拯天之亡。逆长风而孤骞[59]，诉大川以独航。金可革，公不可革,孰为乎刚?地可动,公不可动,孰为乎方?一朝感通,群阴披攘。天子既臣而皇,天下既周而唐。七世发灵[60],万年垂光。噫!非天下之至诚,其孰能当?

——《范文正集》卷十一

[1] 廓:清除。除去覆盖日月的阴影。

[2] 仆:倒塌。

[3] 神器:本指国家政权的象征物,如玉玺、宝鼎之类,这里指帝位、政权。

[4] 岩岩:高耸的样子。

[5] 揭:高举,高悬。

[6] 敢歌于庙中:敢在庙中对着神灵歌颂,表示其言绝对真实无一点虚假。

[7] 并州:今太原。掾(yuàn院):官府中佐助官吏的通称。

[8] 陟(zhì 志)岵(hù 护)陟屺(qǐ 起):《诗经·魏风·陟岵》:"陟彼岵兮,瞻望父兮。""陟彼屺兮,瞻望母兮。"后以此为思念父母之典。

[9] 繇(yóu 由):通"由"。

[10] 同府掾:在同一府中做僚属者。使:出使。绝域:偏远荒凉之地。

[11] 睚眦:小嫌隙。

[12] 诸道:各地。滞狱:积压的案件。

[13] 昭陵:唐太宗墓。

[14] 抗奏:呈上奏章。不却:不退。

[15] 筑:击打。

[16] 张释之:西汉南阳人,曾任廷尉。长陵:汉高祖墓。一抔土:一捧土。

[17] 淫祠:滥祭之祠。

[18] 血食:祭品。

[19] 抚:安抚。戎夏:戎狄与华夏。

[20] 越王乱:越王李贞叛乱,兵败被杀。

[21] 缘坐:连坐。

[22] 籍没:登记所有财产并没收。

[23] 逆:迎合。

[24] 敕:君王的诏令。贷:宽恕。

[25] 道出:经过。旧治:从前管辖的地方。

[26] 不应:不予响应。

[27] 来俊臣:雍州人,以告密获武则天信任。大兴刑狱,好用酷刑。是著名酷吏。

[28] 大周革命:指武则天自立为帝,改国号周。

[29] 家臣告变:按当时来俊臣以谋反罪下狄仁杰狱。不承认谋反,可能死于酷刑。承认谋反,可以缓死。狄仁杰承认"反是实",大约当时让家臣来告发。

[30] 抑:强迫。

[31] 郛(fú 浮)郭:城市。

[32] 狄:泛指北方少数民族。

[33] 疏勒:唐军镇名,故地在今新疆喀什市。四镇:即疏勒与龟兹、于阗、碎叶,同为安西都护府及安西节度使所统,也称安西四镇。

[34] 肥:充实。

[35] 安东:在今辽宁东南部。

[36] 江南之馈输:指江南向北方输送粮食。

[37] 韪(wěi 伟):赞扬,肯定。

[38] 赵、定:州名,分别在今河北定县、河北满城一带。

[39] 曲赦:特设,有法外施恩之意。

[40] 反侧:惶恐的情绪。

[41] 中宗:唐高宗第七子李显,被武则天废为庐陵王,迁居房陵。后复位。房陵:今湖北房县。

[42] 策:用鞭或棍棒驱赶。

[43] 双陆:古代一种博戏,需要用到专门的棋子。

[44] 相王:唐高宗第八子李旦。

[45] 夺:改变心意。

[46] 矫衣:变换服装,即做了伪装。

273

［47］奄有：全部占有。

［48］祔（fù 复）：配享，附祭。

［49］爱死：惜死。奉制：接受皇帝的命令。

［50］图：考虑。

［51］齷齪：局促狭小。

［52］张柬之（625—706）：唐襄州人，字孟将。武周后期任宰相。神龙元年（705），武则天病，他与桓彦范、敬晖等乘机发动政变，恢复中宗帝位。

［53］张易之：唐定州人。晓音乐，由弟宗昌引荐入侍武则天。历官控鹤监、奉宸令、麟台令，封恒国公。武则天晚年，与其弟宗昌专朝政。

［54］殚（dān 丹）言：尽言。

［55］"当时"四句：当时优游于高官之位，见社稷颠而不扶、危而不持的人，为什么呢？荐绅，高官的装束，喻高官。

［56］三仁：微子、箕子、比干。

［57］四皓：指商山四皓。

［58］正于未夺：在朝政没有移易时加以匡正。指汉高祖欲废立太子事，因四皓而终止。

［59］孤骞（xiān 先）：独自高飞。

［60］七世发灵：历代祖先显灵。

与高司谏书

欧阳修

〔解题〕欧阳修(1007—1072),字永叔,号醉翁,晚号六一居士,吉州永丰(今属于江西)人。北宋著名政治家、文学家。本文作于景祐三年(1036)。时宰相吕夷简久居相位,弊政丛生。范仲淹因论时政,受到吕夷简攻击,并不准百官"越职言事",范仲淹被贬饶州知州,余靖、尹洙上书论救,皆被贬谪。高若讷作为谏官,本有主持公道的义务,但他非但没有替范仲淹辩诬,反而落井下石,诋毁范仲淹的为人。欧阳修义愤填膺,写下此书,直斥高若讷人品卑劣。全文义正词严,气概凛然,发言朗畅,格调不坠。

　　修顿首再拜白司谏足下[1]。某年十七时,家随州[2],见天圣二年进士及第榜[3],始识足下姓名。是时予年少,未与人接,又居远方,但闻今宋舍人兄弟[4],与叶道卿、郑天休数人者[5],以文学大有名,号称得人。而足下厕其间[6],独无卓卓可道说者[7],予固疑足下不知何如人也。

　　其后更十一年[8],予再至京师。足下已为御史里行[9],然犹未暇一识足下之面。但时时于予友尹师鲁问足下之贤否[10]。而师鲁说足下正直有学问,君子人也,予犹疑之。夫正直者,不可屈曲[11];有学问者,必能辨是非。以不可屈之节,有能辨是非之明,又为言事之官,而俯仰默默[12],无异众人,是果贤者耶? 此不得使予之不疑也。

自足下为谏官来,始得相识。侃然正色[13],论前世事,历历可听,褒贬是非,无一谬说。噫! 持此辩以示人,孰不爱之[14]? 虽予亦疑足下真君子也。

是予自闻足下之名及相识,凡十有四年,而三疑之。今者,推其实迹而较之[15],然后决知足下非君子也[16]。前日范希文贬官后[17],与足下相见于安道家[18]。足下诋诮希文为人。予始闻之,疑是戏言;及见师鲁,亦说足下深非希文所为,然后其疑遂决[19]。希文平生刚正,好学通古今,其立朝有本末,天下所共知。今又以言事触宰相得罪。足下既不能为辨其非辜,又畏有识者之责己,遂随而诋之,以为当黜,是可怪也!

夫人之性,刚果懦软禀之于天,不可勉强,虽圣人亦不以不能责人之必能[20]。今足下家有老母,身惜官位,惧饥寒而顾利禄,不敢一忤宰相以近刑祸,此乃庸人之常情,不过作一不才谏官尔。虽朝廷君子,亦将闵足下之不能[21],而不责以必能也。今乃不然,反昂然自得,了无愧畏,便毁其贤以为当黜[22],庶乎饰己不言之过。夫力所不敢为,乃愚者之不逮[23];以智文其过[24],此君子之贼也[25]。

且希文果不贤邪? 自三四年来,从大理寺丞至前行员外郎[26],作待制日[27],日备顾问,今班行中无与比者[28]。是天子骤用不贤之人[29]? 夫使天子待不贤以为贤,是聪明有所未尽[30]? 足下身为司谏,乃耳目之官,当其骤用时,何不一为天子辨其不贤? 反默默无一语;待其自败,然后随而非之。若果贤邪? 则今日天子与宰相以忤意逐贤人,足下不得不言。是则足下以希文为贤,亦不免责;以为不贤,亦不免责,大抵罪在默默尔。

昔汉杀萧望之与王章[31]，计其当时之议[32]，必不肯明言杀贤者也。必以石显、王凤为忠臣，望之与章为不贤而被罪也。今足下视石显、王凤果忠邪？望之与章果不贤邪？当时亦有谏臣，必不肯自言畏祸而不谏，亦必曰当诛而不足谏也。今足下视之，果当诛邪？是直可欺当时之人，而不可欺后世也。今足下又欲欺今人，而不惧后世之不可欺邪？况今之人未可欺也。

伏以今皇帝即位已来[33]，进用谏臣，容纳言论。如曹修古、刘越虽殁[34]，犹被褒称。今希文与孔道辅皆自谏诤擢用[35]。足下幸生此时，遇纳谏之圣主如此，犹不敢一言，何也？前日又闻御史台榜朝堂[36]，戒百官不得越职言事，是可言者惟谏臣尔。若足下又遂不言，是天下无得言者也。足下在其位而不言，便当去之，无妨他人之堪其任者也。

昨日安道贬官，师鲁待罪[37]，足下犹能以面目见士大夫，出入朝中称谏官，是足下不复知人间有羞耻事尔！所可惜者，圣朝有事，谏官不言而使他人言之，书在史册，他日为朝廷羞者，足下也。

《春秋》之法，责贤者备[38]。今某区区犹望足下之能一言者[39]，不忍便绝足下而不以贤者责也。若犹以谓希文不贤而当逐，则予今所言如此，乃是朋邪之人尔[40]。愿足下直携此书于朝，使正予罪而诛之[41]，使天下皆释然知希文之当逐，亦谏臣之一效也[42]。

前日足下在安道家，召予往论希文之事。时坐有他客，不能尽所怀。故辄布区区[43]。伏惟幸察，不宣[44]。修再拜。

——四部丛刊本《欧阳文忠公文集》

[1] 足下：同辈相称的敬辞。

〔2〕随州:今湖北随州,欧阳修年幼时定居于随。

〔3〕天圣二年:公元1024年。

〔4〕宋舍人兄弟:指宋庠、宋祁兄弟,北宋著名文学家。舍人,官名。

〔5〕叶道卿:叶清臣,字道卿,曾官翰林学士。郑天休:郑戬,字天休,曾官吏部侍郎、枢密副使。这些都是和高若讷同榜考取进士的著名人物。

〔6〕厕其间:列名其中。

〔7〕卓卓:突出。

〔8〕更:又,经过。

〔9〕御史里行:御史是掌管监察的官员。宋代以寄禄官阶低者御史时,称为里行。

〔10〕尹师鲁:尹洙。贤否:贤与不贤,即有关其人品的评价。

〔11〕屈曲:委屈自己曲从他人,曲意迁就。

〔12〕俯仰:指随波逐流。

〔13〕侃然正色:严肃正直的样子。

〔14〕孰:谁。

〔15〕推:推究。较:对照。

〔16〕决:断然。

〔17〕范希文:范仲淹,字希文。

〔18〕安道:余靖,字安道。

〔19〕其疑遂决:疑问得到了解决。

〔20〕"夫人"四句:这是说,人的性格或软弱或刚强都是天生的,就算是圣人也无法强求他人违背自己的性格行事。

〔21〕闵:同"悯",同情。

〔22〕便毁:随意诋毁。

〔23〕不逮:不及。

〔24〕文:掩饰。

〔25〕贼:败类。

〔26〕大理寺丞:掌管刑狱的官署,丞是其副职。前行员外郎:范仲淹曾任吏部员外郎。前行,唐宋时六部分前行、中行、后行,吏部属前行。

〔27〕待制:官名。范仲淹曾任天章阁待制。

[28] 班行:同僚。

[29] 骤用:迅速提升。

[30] 聪明有所未尽:皇帝有失察之处。

[31] 萧望之:汉宣帝时候任太子太傅,受宣帝遗诏辅佐幼主元帝。他上书请勿重用宦官,被宦官陷害,废为庶人。后又遭陷害下狱,自杀。王章:字仲卿,汉成帝时为京兆尹。因论帝舅大将军王凤专权,被诬陷死于狱中。

[32] 计:料想,推测。

[33] 今皇帝:指宋仁宗。

[34] 曹修古、刘越:章献太后垂帘听政时,二人皆曾上书请太后还政。仁宗亲政时二人已死,念其忠直,均加追赠。

[35] "今希"句:范仲淹和孔道辅均曾因谏阻皇帝而被贬,后又提升。

[36] 榜:张榜以晓谕公众。

[37] 师鲁:尹洙字。

[38] "《春秋》"二句:孔子作《春秋》,要求贤者品德完备。

[39] 区区:衷心,表示诚恳。

[40] 朋邪:朋比奸邪。

[41] 诛:处分。

[42] 效:功劳。

[43] 故辄布区区:所以说出我的浅见。

[44] 不宣:不尽述,书信末尾的套语。

待漏院记

王禹偁

〔解题〕王禹偁,生平见前《对雪》解题。本文作于太宗淳化(990—994)初年王禹偁兼任大理寺判官之时。全文运用对比手法,说明为官者应当勤政爱民,不可尸位素餐、中饱私囊。文风简淡,议论合宜,清新自然,骈散相间,是一篇得体优雅的官箴。待漏院,百官等待朝见皇帝的地方。

天道不言[1],而品物亨、岁功成者[2],何谓也?四时之吏[3],五行之佐[4],宣其气矣。圣人不言,而百姓亲、万邦宁者,何谓也?三公论道[5],六卿分职[6],张其教矣[7]。是知君逸于上,臣劳于下,法乎天也[8]。古之善相天下者,自皋、夔至房、魏[9],可数也,是不独有其德,亦皆务于勤耳,况夙兴夜寐[10],以事一人[11]。卿大夫犹然[12],况宰相乎?朝廷自国初[13],因旧制[14],设宰臣待漏院于丹凤门之右[15],示勤政也。至若北阙向曙,东方未明,相君启行[16],煌煌火城[17]。相君至止,哕哕銮声[18]。金门未辟[19],玉漏犹滴[20],彻盖下车[21],于焉以息[22]。待漏之际,相君其有思乎?

其或兆民未安[23],思所泰之[24];四夷未附[25],思所来之[26]。兵革未息[27],何以弭之[28];田畴多芜[29],何以辟之[30]。贤人在野,我将进之;佞臣立朝[31],我将斥之[32]。六气不和[33],灾眚荐至[34],愿避位以禳之[35];五刑未措[36],欺诈日生,请修德以厘之[37]。忧心忡忡,待旦而入[38]。九门既启[39],四聪甚迩[40]。相君言焉,时君纳焉。皇风于是乎清夷[41],苍生以之而富庶。若然,总百官[42],食万钱[43],非幸也,宜也。

其或私仇未复,思所逐之;旧恩未报,思所荣之。子女玉帛[44],何以致之;车马器玩,何以取之。奸人附势,我将陟之[45];直士抗言,我将黜之[46]。三时告灾[47],上有忧色,构巧词以悦之[48];群吏弄法[49],君闻怨言,进谄容以媚之[50]。私心慆慆[51],假寐而坐[52]。九门既开,重瞳屡回[53]。相君言焉,时君惑焉。政柄于是乎隳哉[54],帝位以之而危矣。若然,则下死狱[55],投远方[56],非不幸也,亦宜也。

是知一国之政,万人之命,悬于宰相,可不慎欤?复有无毁无誉,旅进旅退[57],窃位而苟禄[58],备员而全身者[59],亦无所取焉。

棘寺小吏王某为文[60],请志院壁[61],用规于执政者[62]。

——《小畜集》卷一六

[1] 天道:上天运行之道。

[2] 品物:万物。亨:通达顺利。岁功成:一年内农业丰收。

[3] 四时之吏:司掌四季的神。

[4] 五行之佐:掌管五行的神。五行指金、木、水、火、土。

[5] 三公:历代三公有别,这里泛指高官。

[6] 六卿:泛指各部官员。

［7］张:张大,发扬。教:教化。

［8］法乎天:效法上天之运行。

［9］皋:皋陶。夔:后夔。舜时名臣。房:房玄龄。魏:魏征。唐代名相。

［10］夙兴夜寐:早起晚睡。

［11］一人:指皇帝。

［12］卿大夫:高级官吏。

［13］国初:建国之初,指北宋初年。

［14］因旧制:沿唐之旧制。

［15］丹凤门:汴京内皇城的南门。

［16］相君:宰相。

［17］煌煌火城:百官上朝,灯笼众多,灯火辉煌的样子。

［18］哕（huì 会）哕銮声:徐缓的车铃声。哕哕,有节奏的铃声。銮,装于轭首或车衡上的铃。

［19］辟:开。

［20］玉漏犹滴:漏壶的水还没有滴完,指上朝时间未到。

［21］彻盖:撤去车盖。

［22］于焉以息:在此休息。

［23］兆民:万民。

［24］泰之:使之安定。

［25］四夷未附:四方的边民还没有归顺朝廷。

［26］来:招徕。

［27］兵革未息:指战争。

［28］弭:消除。

［29］田畴多芜:农田多荒芜。

［30］辟:开垦。

［31］佞臣:奸邪谄上之臣。

［32］斥之:斥黜之,使之远离君上。

［33］六气不和:天气失常。六气,指阴、阳、风、雨、晦、明。

［34］灾眚（shěng 省）:灾害。荐至:不断发生。

［35］避位:让位于贤才。禳:祈福消灾。

［36］五刑:五种刑罚,历代有变,唐宋时为死、流、徒、杖、笞。此泛指各种刑罚。措:废止。

［37］厘之:釐正之,整顿改正之。

［38］待旦而入:等天亮之后入朝。

［39］九门:古代宫殿有九门,此指宫门。

［40］四聪:能远闻四方的听觉,指皇帝圣明之听。《尚书·舜典》有"明四目,达四聪"的话。四聪甚迩,说离皇帝很近,可以向皇帝进言。

［41］皇风:朝廷之风。清夷:清平。

［42］总百官:统领百官。

［43］食万钱:指厚禄。

［44］子女玉帛:原指人民与财富,后指美女与财物。

［45］陟之:提拔。

［46］黜:罢黜,降职。

［47］三时:春夏秋三季,为农忙之时。

［48］构:编造。

［49］弄法:贪赃枉法。

［50］谄(chǎn铲)容:谄媚的样子。

［51］慆慆:纷乱繁多。

［52］假寐:闭目养神。

［53］重瞳:相传舜为重瞳,这里指皇帝的眼睛。屡回:多次顾盼。

［54］隳(huī灰):毁坏,废弃。

［55］下死狱:死在狱中。

［56］投远方:流放到边远之地。

［57］旅进旅退:随人进退,随波逐流。

［58］苟禄:无功受禄。

［59］备员:充数。全身:保全自身。

［60］棘寺小吏:作者自称。棘寺,大理寺的别称。

［61］志:记载。

［62］规:规劝。

《近思录》选录

〔解题〕《近思录》是南宋朱熹和吕祖谦编订的理学入门书和概论性著作,选取北宋理学家的语录分类编辑而成,在中国旧时代的文人中影响极大。所谓"近思",是取孔子《论语·宪问》中"切问而近思"的意思,意思是就眼前的问题思考,由近及远,下学上达,循序渐进。

董仲舒谓[1]:"正其义,不谋其利;明其道,不计其功。"孙思邈曰[2]:"胆欲大而心欲小;智欲圆而行欲方。"可以为法矣。

——《二程遗书》卷九

为天地立心,为生民立道,为去圣继绝学[3],为万世开太平。

——张载《横渠语录》卷中

君子当穷困之时,既尽其防虑之道而不得免,则命也。当推致其命以遂其志[4]。知命之当然也。则穷塞祸患不以动其心[5],行吾义而已。苟不知命,则恐惧于险难,陨获于穷厄[6],所守亡矣,安能遂其为善之志乎?

——《程氏易传·困传》

贤者惟知行义而已,命在其中。中人以下,乃以命处义[7]。如言"求之有道,得之有命。是求无益于得"。知命之不可求,故自处以不求。若贤者则求之以道,得之以义,不必言命。

——《二程遗书》卷一

天下事大患只是畏人非笑。不养车马,食粗衣恶,居贫,皆恐人非笑。不知当生则生,当死则死,今日万钟[8],明日弃之;今日富贵,明日饥饿,亦不恤[9],惟义所在。

——张载《经学理窟·自道》

感慨杀身者易,从容就义者难。

——《二程遗书》卷十一

仲尼,元气也[10];颜子,春生也[11];孟子并秋杀尽见[12]。仲尼无所不包,颜子示"不违,如愚"之学于后世,有自然之和气,不言而化者也。孟子则露其才,盖亦时焉而已[13]。仲尼,天地也;颜子,和风庆云也;孟子,泰山岩岩之气象也[14]。观其言皆可见之矣。仲尼无迹,颜子微有迹,孟子其迹著[15]。孔子尽是明快人,颜子尽岂弟[16],孟子尽雄辩。

——《二程遗书》卷五

[1] 董仲舒:西汉今文经学大师。引文见《汉书·董仲舒传》。
[2] 孙思邈:唐代著名道士,医药学家,其说见《新唐书·孙思邈传》。
[3] 去圣:以前的圣人。宋代理学家认为孟子既没,儒家道统不传。

直至宋儒兴起,才倡明了千载不传之学。

[4] 致命遂志:意思是善处困境的君子,在困窘之时,也应该推究天命,以实现其志愿。

[5] 穷塞:困顿不达。

[6] 陨获:丧失志气。厄:险要,受困。

[7] 以命处义:以命定的态度来对待义。

[8] 万钟:优厚的俸禄。

[9] 恤:忧虑。

[10] 元气:一元之气。

[11] 春生:春风发润万物之意。

[12] 秋杀:秋天萧飒之气。

[13] 时:时势,时势使之如此。

[14] 泰山岩岩:壁立万仞,高大挺拔之威严气势。

[15] 著:明显。

[16] 岂弟:通"恺悌",和乐平易。

指南录后序

文天祥

〔**解题**〕 文天祥,生平见前《沁园春·题潮阳张许二公庙》解题。《指南录》是文天祥的诗集名。宋恭帝德祐二年(1276),元兵进逼临安,文天祥赴元营谈判,被元兵扣押,后趁机逃回福州。集中所收,是他出使、被扣和逃归途中所作的诗集。因诗集已经有一篇自序,故此篇称后序。文章突出表现了文天祥在内忧外患的艰苦环境之下不动摇信念的崇高精神,情真意切,正气凛然。

德祐二年二月十九日[1],予除右丞相兼枢密使[2],都督诸路军马[3]。时北兵已迫修门外[4],战、守、迁皆不及施。缙绅、大夫、士萃于左丞相府[5],莫知计所出。会使辙交驰[6],北邀当国者相见[7],众谓予一行为可以纾祸[8]。国事至此,予不得爱身;意北亦尚可以口舌动也。初,奉使往来,无留北者,予更欲一觇北[9],归而求救国之策;于是辞相印不拜[10]。翌日,以资政殿学士行[11]。

初至北营,抗辞慷慨,上下颇惊动,北亦未敢遽轻吾国。不幸吕师孟构恶于前[12],贾余庆献谄于后[13],予羁縻不得还[14],国事遂不可收拾。予自度不得脱[15],则直前诟虏帅失信[16],数吕师孟叔侄为逆,但欲求死,不复顾利害。北虽貌敬,实则愤怒,二贵酋名曰"馆伴"[17],夜则以兵围所寓舍,而予不得归矣。

未几,贾余庆等以祈请使诣北[18]。北驱予并往,而不在使者之目[19]。予分当引决[20],然而隐忍以行[21],昔人云"将以有为也"[22]。至京口[23],得间奔真州[24],即具以北虚实告东西二阃[25],约以连兵大举。中兴机会,庶几在此。留二日,维扬帅下逐客之令[26]。不得已,变姓名[27],诡踪迹[28],草行露宿,日与北骑相出没于长淮间[29],穷饿无聊[30],追购又急[31],天高地迥,号呼靡及。已而得舟,避渚洲[32],出北海[33],然后渡扬子江,入苏州洋[34],展转四明、天台[35],以至于永嘉[36]。

呜呼!予之及于死者,不知其几矣。诋大酋当死[37];骂逆贼当死[38];与贵酋处二十日,争曲直[39],屡当死;去京口,挟匕首以备不测,几自刭死[40];经北舰十馀里[41],为巡船所物色[42],几从鱼腹死[43];真州逐之城门外,几彷徨死;如扬州,过瓜洲扬子桥[44],竟使遇哨[45],无不死;扬州城下,进退不由[46],殆例送死[47];坐桂公塘土围中[48],骑数千过其门,几落贼手死;贾家庄几为巡徼所陵迫死[49];夜趋高邮[50],迷失道,几陷死;质明[51],避哨竹林中,逻者数十骑[52],几无所逃死;至高邮,制府檄下[53],几以捕系死[54];行城子河[55],出入乱尸中,舟与哨相后先[56],几邂逅死[57];至海陵[58],如高沙[59],常恐无辜死;道海安、如皋[60],凡三百里,北与寇往来其间,无日而非可死;至通州[61],几以不纳死[62];以小舟涉鲸波出[63],无可奈何,而死固付之度外矣。呜呼,死生昼夜事也。死而死矣,而境界危恶,层见错出,非人世所堪。痛定思痛,痛何如哉!

予在患难中,间以诗记所遭,今存其本不忍废。道中手自抄录。使北营,留北关外[64],为一卷;发北关外,历吴门、毗陵[65],渡瓜洲,复还京口,为一卷;脱京口,趋真州、扬州、高邮、泰州、通州,为一卷;自海道至永嘉、来三山[66],为一卷。将藏之于家,使来者读之,悲予志焉。

呜呼!予之生也幸,而幸生也何为[67]?所求乎为臣,主辱臣死,有余僇[68];所求乎为子,以父母之遗体[69],行殆而死[70],有余责。将请罪于君,君不许;请罪于母,母不许;请罪于先人之墓,生无以救国难,死犹为厉鬼以击贼,义也。赖天之灵,宗庙之福,修我戈矛,从王于师[71],以为前驱,雪九庙之耻[72],复高祖之业[73]。所谓誓不与贼俱生,所谓"鞠躬尽力,死而后已"[74],亦义也。嗟夫!若予者,将无往而不得死所矣。向也使予委骨于草莽[75],予虽浩然无所愧怍,然微以自文于君亲[76],君亲其谓予何!诚不自意返吾衣冠[77],重见日月,使旦夕得正丘首[78],复何憾哉!复何憾哉!

是年夏五,改元景炎[79],庐陵文天祥自序其诗,名曰《指南录》。

——《文山先生全集》卷十三

[1] 德祐二年:公元1276年。德祐,宋恭帝的年号。

[2] 除:除官,被任命为。枢密使:宋朝所置掌管军事的最高长官。

[3] 都督:统领监督。路:宋代的行政区名。

[4] 修门:《楚辞·招魂》:"魂兮归来,入修门些。"本指楚国郢都城门,这里代指南宋都城临安的城门。

[5] 缙绅:做官的人。萃:聚集。左丞相:当时的左丞相吴坚。

[6] 使辙交驰:使节来往频繁。使辙,指使臣车辆。

[7] 北:指元人。当国者:指执政的人。

[8] 纾(shū叔):解除。

[9] 觇(chān搀):侦察,窥视。

［10］不拜:不接收官职。

［11］资政殿学士:宋朝的荣誉官衔。

［12］吕师孟:本为宋兵部尚书,叛将吕文焕之侄,文天祥曾上书要求斩他。他曾在德祐元年(1275)出使元军求和,愿向元称侄纳币。此次文天祥在元营中谈判,相持不下时,吕师孟却带来降表。构恶:做坏事。

［13］贾余庆:本是宋朝的同签书枢密院事、知临安府。与文天祥一起出使元营,暗与元军统帅伯颜商定宋朝投降之事,并唆使元军扣留文天祥。献谄:讨好。

［14］羁縻:扣押,被扣押。

［15］度:猜想。

［16］诟:责骂。失信:指元军扣押使臣。

［17］二贵酋(qiú 求):指元军高级将领,具体人为忙古歹和唆都。馆伴:接待使臣的陪同官员。

［18］祈请使:奉表请降的使者。按此名原为宋祈请金放还徽、钦二帝的使者之称,此处沿用旧名。

［19］不在使者之目:不在使者之列,即视为俘虏。

［20］分当:本当。引决:自杀。

［21］隐忍:忍辱而活。

［22］将以有为也:这里引用韩愈《张中丞传后叙》的话,意谓自己暂时隐忍,保全性命,以图有所作为。

［23］京口:今江苏镇江。

［24］真州:今江苏仪征。

［25］东西二阃(kǔn 捆):指宋淮东制置使李庭芝和淮西制置使夏贵。阃,指在外统兵的将帅。

［26］维扬帅:指淮东制置使李庭芝。维扬,扬州,当时为淮东制置使所驻之地。下逐客之令:文天祥到真州后,与真州安抚使苗再成计议,约李庭芝共破元军。李庭芝因听信谗言,怀疑文天祥通敌,令苗再成将其杀死,苗再成不忍,放文天祥脱逃。

［27］变姓名:隐姓埋名。文天祥此时曾改名刘洙。

［28］诡踪迹:行踪隐秘。

[29] 长淮:淮河流域。

[30] 无聊:无聊赖,即无依无靠。

[31] 追购:悬赏缉拿。

[32] 渚州:长江中的沙州。

[33] 北海:指淮海。

[34] 苏州洋:长江口外偏南的海面。

[35] 四明:今浙江宁波。天台:今浙江天台。

[36] 永嘉:今浙江温州。

[37] 诟:辱骂。大酋:指元军统帅伯颜。

[38] 逆贼:指吕文焕、吕师孟叔侄。

[39] 曲直:是非。

[40] 自刭(jǐng井):刎颈自杀。

[41] 北舰:指元军舰队。

[42] 物色:按形貌搜寻。

[43] 从鱼腹死:指投水而死。

[44] 瓜洲:在扬州南长江中。扬子桥:在扬州南。

[45] 竟使:倘使。

[46] 不由:不能自主。

[47] 殆:几乎,差不多。例:等于。

[48] 坐桂公塘土围中:桂公塘,地名,在扬州城外。按《指南录》记此遭遇:"予不得已,去扬州城下,随卖柴人趋其家,而天色渐明,行不能进。至十五里头,半山有土围一所,旧是民居,毁荡之余,无椽瓦。其间马粪堆积,时惟恐敌有望高者。见一队人行,即来追逐,只得入此土围中暂避。为谋拙甚,听死生于天矣……忽闻人声喧啾甚,自壁窥之,乃敌骑数千,自东而西。……时大风忽起,黑云暴兴,数点微雨下,山色昏冥,若有神功来救助也……数千骑随山而行,正从土围后过。一行人无复人色,傍壁深坐,恐门外得见。若一骑入来,即无噍类矣。时门前马足与箭筒之声,历落在耳,只隔一壁。幸而风雨大作,骑兵径去。"

[49] 贾家庄:地名,在扬州城北。巡徼:指巡逻兵。陵迫:欺侮。

[50] 高邮:今江苏高邮。

291

[51] 质明:黎明。

[52] 逻者:巡逻的兵丁。

[53] 制府檄:指李庭芝追捕文天祥的文书。

[54] 捕系:捉拿。

[55] 城子河:在高邮市境内。

[56] 哨:巡哨。

[57] 邂逅:遭遇。

[58] 海陵:今江苏泰州市。

[59] 高沙:在高邮西南。

[60] 海安、如皋:县名,今均属江苏。

[61] 通州:今江苏南通。

[62] 不纳:不准入内。

[63] 涉鲸波:指出海。

[64] 北关外:指临安城北门外,文天祥出使元营于此。

[65] 吴门:今江苏苏州。毗陵:今江苏常州。

[66] 三山:即今福建福州,因城中有闽山、越王山、九仙山,故名"三山"。

[67] "予之"二句:这两句是说,我能活下来是幸运的,但侥幸生存是为了做什么呢?

[68] 戮:罪。

[69] 父母之遗体:父母授予自己的身体。

[70] 殆:危险。

[71] 从王于师:跟随国君出征。

[72] 九庙:皇帝祭祀祖先共有九庙,指代国家。

[73] 高祖:指宋太祖赵匡胤。

[74] "鞠躬尽力,死而后已":诸葛亮《后出师表》语,言当尽心竭力,以死报君。

[75] 向:以前。

[76] 微以:无以。自文:自我掩饰。

[77] 返吾衣冠:回到我的衣冠之乡,即回到南宋。

［78］"使旦"句:传说狐狸死时,头必朝向出生时的山丘,这里表明不忘故国的情怀。

［79］改元景炎:宋恭帝为元兵掳去,德祐二年五月,文天祥等人在福州立赵昰为帝,是为端宗,改元景炎。

退观堂记

姚燧

〔**解题**〕姚燧（1238—1313），字端甫，号牧庵，洛西（今河南洛阳）人。元代著名文章家。《退观堂记》紧扣"退观"二字立论，变幻出深情远思。作者从退观堂远望所见写起，由空间上的"退观"引出时间上的"退观"，进而阐发这一主题的深层含义，最后以一个寓言式的情节结束全文。全文有深意，有妙趣，立论端正，而议论出人意表。

长安城西二途：西北通咸阳，王公之开府于此，与西、北、南三陲之使[1]，冠盖之去来[2]，樽俎之候饯者所出[3]，行旅之伙，不列也[4]；西南入鄠[5]，抵山，无所适贽，乃令承馀，则田夫、樵妇，与城居有墅于郊者所出，斯固已可为倦游而休仕者所托庐矣[6]。二途同出，其相远无几何，而喧寂异然，亦可见利势之在与所无也。

鄠途之北，距城不数里，则宣慰张公之别业[7]。规园其中，筑台为堂，崇袤寻丈[8]，纵广十辙[9]。清风之朝，长日之夕，四方胜概[10]，极目千里。凡秦、汉、隋、唐之陵庙池籞[11]，由人力以废兴，可吊而游，可登而览者，在所不取。其高上如华阳、终南、太白、嵯峨、吴岳、岐梁之奇峰绝巘[12]，为三辅之镇[13]，穷古而有者，皆环列乎轩户之外，而卧对之几席之上。

余曰："遐乎观哉！古人堂者多矣，其壮有加于此乎！使诚有耶？虽风摧雨剥于千载之上，亦宜略存陁然之迹[14]，可寻于今。今则束板以载之，负畚以兴之[15]，以是知无因于前，而独始于公也。今我与公属觞乎此[16]，夫岂苟然哉？百年之身，其有几何？是及赏其成而不及忧其败也，及乐其完而不及悲其毁也。后之时或风摧雨剥于千载之下，有登吾陁然之迹者，曰：'嘻，斯何世何人之为？'公名不既寿矣乎！"公笑曰："吾何尝期如是之久哉？第择君言与吾堂称者，即名曰遐观，盍记诸？"

余曰："公通介贵臣也[17]，请与之言臣可乎？古之人，惟见危授命者，故得守节仗义、杀身成仁之名乎？可以无死而死，犹为徒死而伤勇。然则出处之际，死生之所关；死生之所关，善恶之攸归者，莫大于为人臣。使不遇存亡危急之会，亦未尝不以明哲保身为贤，斯揆道归义之臣所能也。尝闻之望诸君[18]：'善作者不必善成，善始者不必善终。'九原可作[19]，将无谓秦无人也。今之仕者，吾不知孰为道义之臣，能志功名者亦鲜矣[20]。志富贵私身以毒世，卒离尤而蹈祸者[21]，骈首接踵也[22]。是于计功谋利之间，且有不能，况揆道而归义乎哉？究公平生，尝吏民矣，又尝治兵矣，亦尝持宪矣[23]。忠炳日星而难不辞于汤火，气吞湖海而信不移于丘山，视竹帛之书、鼎钟之勒[24]，恒有晚古人，薄前世，不足为之心。以故在庭之百辟[25]，山东数州、秦蜀九路之氓[26]，泸嶲荷旃[27]，方三千里之獠，孰不闻其名而奇其才，沐其爱而怛其威[28]？年五十二，竟以许国尽瘁而归，鼓舞僮奴千指而食其力，甘自侪于匹夫[29]，读书以教子，饮酒以乐宾，将终其身。非熟烂世故，遐观一代之表者，能是乎哉？盖天下之事,观遐则先识,先识则几矣[30]。雉兔之不能搏人[31],谁不知之?突起道左,或失声辟易,而丧其常守,以其卒然遇之也[32]。使前见于数百步之外,无曰雉兔,虽虎兕之暴[33],人得以为备,将不患矣。斯不亦吾堂言外之微意乎?未易以语他人,将惟公可。"

公名庭瑞,字天表,至元癸未,以太中大夫、诸蛮夷部宣慰使致事云。又四年丁亥六月下澣日[34],姚燧记。

——查洪德编校《姚燧集》

[1] 陲:边。

[2] 冠盖:车马。

[3] 樽俎:盛放酒肉的器皿,指宴席。

[4] 不列:不作陈述。

[5] 鄠(hù 户):地名,故治在今陕西西安市鄠邑区。

[6] 托庐:建造房屋。

[7] 宣慰张公:张庭瑞,字天表,曾任诸蛮夷部宣慰使。遐观堂的主人。

[8] 崇袤(mào 茂):言其高度。寻丈:大约指八尺到一丈之间的长度。

[9] 纵广十辙:长和宽都大约相当于十辆车。

[10] 胜概:美景或美好的境界。

[11] 籞(yù 玉):帝王的禁苑。

[12] 华阳、终南、太白、嵯峨、吴岳、岐梁:登遐观堂所见之诸山。巘(yǎn 眼):山峰。

[13] 三辅:这里指汉唐京城长安附近地区,《三辅黄图》:"武帝太初元年改内史为京兆尹,以渭城以西属右扶风,长安以东属京兆尹,长陵以北属左冯翊,以辅京师,谓之三辅。"镇:古代称一地区内最大最重要的名山主山为镇。

[14] 阤(yǐ 以)然之迹:指楼台倾倒废弃后的遗迹。

[15] 负畚(běn 本):以畚箕负土。

［16］属觞:举杯饮酒。

［17］通介:既通晓明达又耿介有守。

［18］望诸君:战国乐毅,赵国封乐毅于观津,号曰望诸君。所引见《史记·乐毅列传》。

［19］九原可作:谓死者复生。

［20］志功名:志在求功名。鲜:少。

［21］离尤:遭遇祸患。

［22］骈首接踵:比喻人数众多。

［23］持宪:主持风宪,执掌法令,负责纠察之官员。

［24］竹帛之书、鼎钟之勒:意为记载于史书,流传于后世。

［25］百辟:百官。

［26］氓:与下文的"獠"皆谓边民。

［27］泸嶲(xí习)荷旃(zhān毡):泸,古地名,在今四川泸州。古地名在今四川西昌,也指居住在这一带的嶲人。旃,同"氈",荷旃,即荷旃被毳之边鄙落后部落。

［28］怛:惧。

［29］自侪(chái柴)于匹夫:与匹夫为伍,等同于匹夫。

［30］先识则几:能够先见远识,就能认识预兆,把握几微。几,几微,犹预兆,隐微。

［31］雉兔:野鸡野兔。

［32］卒然:突然。

［33］虎兕(sì四):比喻凶猛的野兽。

［34］下澣:农历每月下旬。

胡浩轩正声集

徐明善

〔解题〕徐明善(1250—?),字志友,号芳古,元德兴(今属江西)人。曾出使安南,官至江西儒学提举。《胡浩轩正声集》以平、和、大的气象论人,认为人之"平"乃正气充实,君子应当善于制怒。如果疾恶太甚,也是养气不完的表现。

浩然之气,人皆有之,孟子善养尔[1]。今人知天地之气乃吾气者鲜[2],故善养者尤鲜[3]。胡君以浩扁其轩[4],可尚也[5]。然予闻善养者,特完而无害尔[6]。若鼓而作之,务于盖世陵物,则非所谓盛大流行,与天地相似者也。君语及世人贪鄙淫邪,即眦裂发竖[7],固知君浩然者形见不自制如此。然天下之不仁方不胜疾,圣人戒夫疾之已甚者[8]。已甚,则吾气先失其平也,况彼将应之以乱邪[9]?不可不察也。夫自反而缩[10],道义充然,圣贤各足其浩然之气而已。穷而在下,友朋如彼,必有内作而止[11],斯我化之也,故无迹[12]。达而在上官曹如彼,岂无望风而逝?斯我正之也,故不劳。浩然之功用大矣!君老益壮,斯善养之验,方有当世志,予钦迟未已也[13]。因君示以大雅正声,辄书其后。

——《芳谷集》卷下

［1］"浩然"三句：意谓人皆有浩然之气,孟子善养之,原文出自《孟子·公孙丑上》。

［2］天地之气乃吾气：天地之气即我一身之气,人禀天地之气而生,天地之气与我一身之气通为一。鲜：少。

［3］尤：更。

［4］扁其轩：为其轩题写匾额,作为轩名。

［5］可尚：值得推尊肯定。

［6］完：不缺,完满。无害：不要损伤它。《孟子》言："以直养而无害,则塞于天地之间。"

［7］眦（zì 自）裂发竖：言极为愤怒。眦,眼睛。

［8］疾：痛恨。《论语·泰伯》记孔子之言："人而不仁,疾之已甚,乱也。"孔安国注："疾恶大甚,亦使其为乱也。"

［9］应之以乱：以作乱为回应。

［10］自反而缩：自省、约束克制自己之气不使过甚。

［11］内怍（zuò 作）：惭愧。

［12］无迹：言化之而不露痕迹。

［13］钦迟：敬仰。

忠义篇序

宋　濂

〔解题〕 宋濂（1310—1381），字景濂，号潜溪，祖籍金华潜溪，迁居浦江。明初受到征召，初授江南儒学提举，洪武二年，授命《元史》总裁官。本篇是宋濂所撰《浦阳人物记》中忠义篇的序言。宋濂是浦江人，浦江在唐代称浦阳，是书即记其家乡人物，分忠义、孝友、政事、文学、贞节五篇，各篇均有序言。本文即为忠义篇的序言，指出坚定的信念是忠义的根本。

濂尝读《隋书》，见史臣所载张季珣事[1]，谓季珣家素忠烈，兄弟俱死国难，未尝不窃叹其难也。盖自古忠臣，能杀身以徇义者[2]，何代无之？求其一门而再见者，曷其少哉！将父兄子弟之所志有不同耶？抑一死为不易，非大勇者不能全其节也？当宋宣和初，睦州方腊反[3]，攻破六州五十二县，弃官守，委城邑[4]，望风而遁者，往往皆是。梅溶以单州助教[5]，摄松阳丞[6]，乃能挺身捍御，就死弗悔。靖康末，金人大举入侵，京城失守。辅翼大臣反面事仇[7]，至有拔剑杀攀辂之人，而逼上如青城者[8]。溶之从子执礼不胜其愤[9]，复团结军民十余万，谋夺万胜门，夜捣敌营以二帝归，谋泄被害。自宣和至靖康七年之间，而梅氏一门杀身徇义者凡二人，岂非难哉？岂非难哉！较之季珣家，其忠烈未必少减之也。夫生者,人之所甚乐,而有家之私,又人之不能遽忘,彼岂甘于颈血溅地而自以为得计哉?第以君上决不可背,名教决不可负,纲常决不可亏。忠义一激,虽泰山之高不见其形,雷霆之鸣不闻其声,刀锯在前不觉其利,鼎镬在后不知其酷,必欲得死然后为安也。今去之虽数百载,忠刚之气充塞乎天地之间,凛然如生。非烈丈夫能如是乎?使当时纵能屈膝受辱以保其首领,受人唾骂,受人贱恶,虽生百年,又何益也。贾谊有言曰:"守圉捍敌之臣,诚死城郭封疆。"梅溶以之;"法度之臣,诚死社稷",执礼以之。濂生也后,慕其气节,欲为之执鞭而不可得,备书其事,可以劝不忠者。作忠义篇第一。

——《浦阳人物记》卷上

[1] 张季珣:隋代官吏,少慷慨有节,被李密军队俘虏而死。其弟张仲琰、张琮亦全部死于国难。

[2] 徇义:为义而死。

[3] 方腊(?—1121):北宋末农民军首领。宋徽宗宣和二年(1120)方腊起兵,队伍发展到数十万人,控制了浙江、安徽和苏南的大部分地区。

[4] 弃官守,委城邑:委弃官守和城邑,言地方官弃官弃城逃跑。弃、委为互文。

[5] 梅溶:方腊起兵时为松阳丞,为方腊所杀。助教:古代学官名。

[6] 摄:代理。松阳:今属浙江。

[7] 辅翼大臣:宰辅之类重臣。辅翼,辅佐。

[8] 辂(lù 路):用来挽车的横木。金兵围汴京,有大臣强钦宗皇帝车驾出至金营请降,并砍杀攀住车驾阻拦的人。青城:在宋都汴京南,刘祁《归潜志》:"大梁城南五里号青城,乃金国初粘罕驻军受宋二帝降处。当时后妃皇族皆诣焉,因尽俘而北。"

[9] 从子:侄子。执礼:梅执礼,婺州浦江(今属浙江)人,字和胜。崇

宁进士。钦宗时为翰林学士,改户部尚书。金军南下,请钦宗亲征。次年,京城失陷,与诸将谋夜袭金营,迎回二帝,谋泄不果。金人命搜括金银,以数不足被杀。

永嘉袁君芳洲记

唐顺之

〔**解题**〕唐顺之(1507—1560),字应德,又字义修,号荆川,明武进(今江苏常州)人。明代心学的重要学者,唐宋派的代表人物。文章主张"直据胸臆,信手写出",所作往往清新自然。本文是唐顺之为友人的橘园所作题记。文章指出橘树的独立品格,过渡到友人与作者本人的人品,叙议结合,结构巧妙。袁芳洲,袁宗乔,号芳洲,御医,唐顺之在京任职时认识的朋友。

介乎永嘉左右者[1],若天台、雁宕之怪巧瑰丽甲天下[2],其间嘉卉美木蓊然杂植[3],虽博物者亦半不识其名品。故自古好游之士,辄以永嘉山水物产为第一。

宗乔以为是非吾好之所存也。吾独好橘,于是种橘数十本于洲上[4],游而乐焉,因以为号曰"橘洲主人",又曰"芳洲主人"。视其意,盖极世间名山水,自以莫如吾洲;一切嘉卉美木,自以莫如吾橘也。而间请记于余[5]。余始亦讶其迂且僻而笑之,既而叹曰:"宗乔可谓自足其乐,而不羡乎外者矣。"夫趣有所适,则不必其地之所胜;意有所钟,则不必其土之所珍。尝试观于草木之生,虽其奇花异卉,至不易生之物,或绝远生在海外,苟以人力移之而树艺,拥灌之如其法,则东西南北惟所徙焉。既久,而炎冷燥湿之性亦随变矣。而橘也确然独异乎是。盖昔骚人为之颂曰[6]:"受命不迁,生此南国。"是草木中之专一耿介者也。夫骚人汇萃天下之香草美木,以况其幽馨窈窕之思,然皆未有特为之颂者。其于橘也特为之颂,岂偶然感物而假物以发兴也哉?取其臭味之深有合焉耳[7]。

宗乔少业儒,而以医自进,其志行耿介,又雅慕王乔、羡门子之道[8],翩然有迫隘斯世轻举远游之思[9],窥其貌,盖未尝以肉食之故而变其山泽之臞也[10]。其自寄于橘也殆亦有骚人之意乎?余愧无橘之德,亦颇以迂憨不通于俗[11]。余家故邻太湖,太湖橘薮也。余将买山种橘于洞庭之上而老焉[12]。清秋霜落,搔首而歌楚颂,欲以招宗乔,宗乔其许我乎否也?

——《荆川集》卷八

[1] 永嘉:地名,在今浙江温州市北部。

[2] 天台、雁宕:山名,雁宕即雁荡,在浙江省南部。

[3] 翁(wěng 滃)然:草木茂盛的样子。

[4] 本:株。

[5] 请记于余:请我为之作记。

[6] 骚人为之颂:指屈原曾作《橘颂》。

[7] 臭味:气味,意味,意趣。

[8] 王乔、羡门子:俱为传说中的仙人。王乔,或以为即古仙人王子乔。羡门子,即秦汉时所传仙人羡门高。

[9] 迫隘斯世:认为人世间太狭小。

[10] 以肉食之故而变其山泽之臞(qú 渠):不因身处富贵而改变其山居野处之人清瘦的风貌。臞,清瘦。

[11] 迂憨:迂腐憨直。

[12] 洞庭:此处为太湖的别名。

陶 庵 记

归有光

[解题] 归有光(1506—1571),字熙甫,明昆山(今属江苏)人。学者称震川先生。归有光是唐宋派的代表作家,文章感情真挚,描写生动,语言自然。陶庵是作者在安亭的书室。嘉靖二十年(1541),作者卜居安亭,本文即作于此时,主要记述了书室之名的由来。归有光推举陶渊明"平淡冲和,潇洒脱落"的风格,以为士君子应能善处穷困,安命乐天。如此才显君子大节。

余少好读司马子长书[1],见其感慨激烈、愤郁不平之气,勃勃不能自抑[2]。以为君子之处世,轻重之衡[3],常在于我,决不当以地时之所遭,而身与之迁徙上下[4]。设不幸而处其穷[5],则所以平其心志、怡其性情者[6],亦必有其道。何至如闾巷小夫[7],一不快志,悲怨憔悴之意,动于眉眦之间哉[8]?盖孔子亟美颜渊[9],而责子路之愠[10],见古之难其人久矣[11]。

已而观陶子之集[12],则其平淡冲和,潇洒脱落[13],悠然势分之外[14],非独不困于穷,而直以穷为娱。百世之下,讽咏其词,融融然尘查俗垢与之俱化[15]。信乎古之善处穷者也。推陶子之道[16],可以进于孔氏之门。而世之论者,徒以元熙易代之间[17],谓为大节,而不究其安命乐天之实。夫穷苦迫于外,饥寒憯于肤[18],而性情不挠[19]。则于晋、宋间,真如蚍蜉聚散耳[20]。

昔虞伯生慕陶[21],而并诸邵子之间[22]。予不敢望于邵,而独喜陶也,予又今之穷者,扁其室曰陶庵云[23]。

——《震川先生集》卷十七

[1] 司马子长:司马迁。

[2] 勃勃:兴盛貌。

[3] 轻重之衡:权衡如何处世的尺度。

[4] 迁徙:变化,改易。

[5] 设:假设。处其穷:陷入困境。

[6] 怡:和悦。

[7] 闾巷小夫:指平民。

[8] 眦:眼角。

[9] 亟(qì气):屡次。美:称赞。颜渊:颜回,孔子的学生,孔子常称赞其品行。

[10] 子路:仲由,孔子的学生,为人好勇急躁。愠(yùn 韵):发怒。按《论语·卫灵公》载:"在陈绝粮,从者病,莫能兴。子路愠见,曰:'君子亦有穷乎?'子曰:'君子固穷,小人穷斯滥矣。'"

[11] 见古之难其人:可见古代这样的人也少有。

[12] 陶子:陶渊明。

[13] 脱落:洒脱。

[14] 势分:权势,地位。

[15] 融融然:和乐的样子。尘查俗垢:尘土污垢,尘俗的意思。

[16] 推:推广,发扬。

[17] 元熙易代:即陶渊明所处的晋、宋易代之际。元熙,晋恭帝的年号。

[18] 憯(cǎn 惨):残暴,侵害。

[19] 挠:屈服,改变。

[20]"则于"二句:意为晋、宋易代在陶渊明看来只是微不足道的小事。蚍蜉:小虫。

[21]虞伯生:元代虞集,字伯生。慕:仰慕。

[22]并诸:相提并论。邵子:宋代著名理学家邵雍。虞集早年与其弟虞槃建两个书室,一取名陶庵,表示对陶渊明的倾慕;一取名邵庵,表示对邵雍的敬仰。

[23]扁:动词,即题匾。

报刘一丈书

宗 臣

〔解题〕宗臣(1525—1560),字子相,号方城山人,明兴化(今属江苏)人。嘉靖二十九年(1550)进士。性格耿介,不事权贵。与李攀龙、王世贞等号"后七子"。《报刘一丈书》是一封给刘玠的回信。刘一丈,名玠,字国珍。"一"表排行居长,"丈"是对男性长辈的尊称。作者在这封信中揭露权贵的贪贿,钻营者的卑鄙,社会评判的失准,直斥各个阶层的卑鄙无耻之风,描摹生动,痛快淋漓。

数千里外,得长者时赐一书[1],以慰长想,即亦甚幸矣。何至更辱馈遗[2],则不才益将何以报焉[3]!书中情意甚殷,即长者之不忘老父[4],知老父之念长者深也。

至以"上下相孚,才德称位"语不才[5],则不才有深感焉。夫才德不称,固自知之矣;至於不孚之病,则尤不才为甚。

且今之所谓孚者何哉?日夕策马[6],候权者之门。门者故不入[7],则甘言媚词[8],作妇人状,袖金以私之[9]。即门者持刺入[10],而主人又不即出见,立厩中仆马之间[11],恶气袭衣袖,即饥寒毒热不可忍,不去也。抵暮,则前所受赠金者,出报客曰:"相公倦,谢客矣,客请明日来。"即明日,又不敢不来。夜披衣坐,闻鸡鸣,即起盥栉[12],走马抵门[13]。

门者怒曰:"为谁?"则曰:"昨日之客来。"则又怒曰:"何客之勤也?岂有相公此时出见客乎?"客心耻之,强忍而与言曰:"亡奈何矣[14],姑容我入!"门者又得所赠金,则起而入之,又立向所立厩中[15]。幸主者出,南面召见[16],则惊走匍匐阶下。主者曰:"进!"则再拜,故迟不起;起则上所上寿金[17]。主者故不受,则固请。主者故固不受,则又固请,然后命吏纳之。则又再拜,又故迟不起;起则五六揖始出。

出揖门者曰:"官人幸顾我[18],他日来,幸无阻我也!"门者答揖。大喜奔出,马上遇所交识,即扬鞭语曰:"适自相公家来,相公厚我,厚我!"且虚言状。即所交识,亦心畏相公厚之矣。相公又稍稍语人曰:"某也贤!某也贤!"闻者亦心许交赞之。

此世所谓上下相孚也,长者谓仆能之乎?前所谓权门者,自岁时伏腊[19],一刺之外,即经年不往也。间道经其门[20],则亦掩耳闭目,跃马疾走过之,若有所追逐者。斯则仆之褊衷[21],以此长不见怡于长吏,仆则愈益不顾也。每大言曰:"人生有命,吾惟守分而已[22]。"长者闻之,得无厌其为迂乎[23]?

乡园多故[24],不能不动客子之愁[25]。至于长者之抱才而困[26],则又令我怆然有感。天之与先生者甚厚,亡论长者不欲轻弃之[27],即天意亦不欲长者之轻弃之也,幸宁心哉[28]!

——《宗子相先生集》卷七

[1] 长者:对刘一丈的尊称。
[2] 辱:谦辞,承蒙之意。馈遗:赠送礼物。
[3] 不才:自称的谦辞。

309

[4] 老父:作者的父亲。刘一丈是作者父亲的朋友。

[5] 相孚:互相信任。称位:与职位相称。

[6] 策马:打马。

[7] 门者:守门的人。

[8] 甘言媚词:甜言蜜语。

[9] 袖金以私之:偷偷塞钱。

[10] 刺:名帖。

[11] 厩:马棚。

[12] 盥栉(zhì 志):梳头洗脸。

[13] 走马:跑马,乘马疾走。

[14] 亡奈何:没有办法。

[15] 向:上次。

[16] 南面:坐北向南。

[17] 上所上寿金:献上赠送的礼物钱财。

[18] 官人:对门人的尊称。幸:希望。顾:看顾,照顾。

[19] 岁时伏腊:一年四季的伏日和腊日,泛指重要的节日。

[20] 间:偶尔。

[21] 褊(biǎn 扁):狭小。

[22] 守分:谨守本分。

[23] 迂:迂腐,固执。

[24] 故:事故。

[25] 客子:游子。

[26] 抱才而困:有才能却陷入困境。

[27] 亡论:且不说。

[28] 宁心:耐心。

五人墓碑记

张 溥

〔**解题**〕张溥(1602—1641),字天如,号西铭,太仓(今江苏太仓)人。明代天启年间,宦官魏忠贤专权,派人到苏州抓捕东林党人周顺昌,激起苏州市民的义愤,爆发抗争。本文是为这次抗争中死难的五人所作的碑文。文章热烈赞扬了五人的英雄气概,感情充沛,感染力强。

五人者,盖当蓼洲周公之被逮[1],激于义而死焉者也。至于今,郡之贤士大夫请于当道[2],即除魏阉废祠之址以葬之[3];且立石于其墓之门,以旌其所为[4]。呜呼,亦盛矣哉!

夫五人之死,去今之墓而葬焉[5],其为时止十有一月耳。夫十有一月之中,凡富贵之子,慷慨得志之徒,其疾病而死,死而湮没不足道者[6],亦已众矣,况草野之无闻者欤[7]?独五人之皦皦[8],何也?

予犹记周公之被逮,在丁卯三月之望[9]。吾社之行为士先者[10],为之声义[11],敛赀财以送其行[12],哭声震动天地。缇骑按剑而前[13],问:"谁为哀者?"众不能堪[14],抶而仆之[15]。是时以大中丞抚吴者,为魏之私人,周公之逮,所由使也[16]。吴之民方痛心焉,于是乘其厉声以呵[17],则噪而相逐[18],中丞匿于溷藩以免[19]。既而以吴民之乱请于朝，按诛五人[20]，曰：颜佩韦、杨念如、马杰、沈扬、周文元[21]，即今之傫然在墓者也[22]。然五人之当刑也，意气阳阳，呼中丞之名而詈之[23]，谈笑以死。断头置城上，颜色不少变。有贤士大夫发五十金，买五人之脰而函之[24]，卒与尸合。故今之墓中，全乎为五人也。

嗟夫！大阉之乱[25]，缙绅而能不易其志者[26]，四海之大，有几人欤？而五人生于编伍之间[27]，素不闻诗书之训，激昂大义，蹈死不顾[28]，亦曷故哉[29]？且矫诏纷出[30]，钩党之捕[31]，遍于天下，卒以吾郡之发愤一击，不敢复有株治[32]。大阉亦逡巡畏义[33]，非常之谋，难于猝发[34]。待圣人之出[35]，而投缳道路[36]，不可谓非五人之力也。

由是观之，则今之高爵显位，一旦抵罪[37]，或脱身以逃，不能容于远近，而又有剪发杜门，佯狂不知所之者[38]，其辱人贱行[39]，视五人之死，轻重固何如哉？是以蓼洲周公，忠义暴于朝廷[40]，赠谥美显[41]，荣于身后；而五人亦得以加其土封[42]，列其姓名于大堤之上，凡四方之士，无不有过而拜且泣者，斯固百世之遇也[43]。不然，令五人者保其首领，以老于户牖之下[44]，则尽其天年，人皆得以隶使之[45]，安能屈豪杰之流，扼腕墓道[46]，发其志士之悲哉？故余与同社诸君子，哀斯墓之徒有其石也，而为之记，亦以明死生之大[47]，匹夫之有重于社稷也[48]。

贤士大夫者，冏卿因之吴公[49]，太史文起文公[50]、孟长姚公也[51]。

——《七录斋诗文合集》

[1] 蓼(liǎo 了)洲周公：周顺昌，字景文，号蓼洲，吴县（今江苏苏州）人。万历年间进士，曾官福州推官。因得罪魏忠贤而被捕遇害。

[2] 郡:指吴郡,即今江苏苏州。当道:当政者。

[3] 除魏阉废祠之址:谓清除魏忠贤生祠的旧址。除,修治,修整。魏阉,对魏忠贤的贬称。魏忠贤专权时,其党羽在各地为他建立生祠。事败后,这些祠堂均被废弃。

[4] 旌(jīng 经):表彰。

[5] 去:距离。墓:用作动词,即修墓。

[6] 湮(yān 烟)没:淹没。

[7] 草野:谓平民。

[8] 皦(jiǎo 角)皦:明亮,显耀,为世人所知并赞扬。

[9] 丁卯三月之望:天启七年(1627)农历三月十五日。按《明书·周顺昌传》,实应为天启六年(1626),此系作者误书。

[10] 吾社:这里当指应社,为天启四年(1624)由张溥等人在苏州所创,崇祯二年(1629)以后并入复社。或说指复社。行为士先:德行可以作为读书人的表率。

[11] 声义:伸张正义。

[12] 敛赀财:筹集钱财。

[13] 缇骑(tí jì 提记):明代锦衣卫校尉,指捕役。

[14] 堪:忍受。

[15] 抶(chì 赤)而仆之:打倒在地。抶,击。仆,使仆倒。

[16] "是时"四句:以大中丞职衔做江苏巡抚的人,指毛一鹭,是魏忠贤的党羽。大中丞,官职名。抚吴,为吴地巡抚。魏之私人,魏忠贤的党徒。所由使,是他指使的。

[17] 其:指毛一鹭。呵:呵斥。

[18] 噪而相逐:吵嚷追逐。

[19] 匿于溷(hùn 混)藩:藏在厕所。

[20] 按诛:判定死罪。按,审查。

[21] 颜佩韦:商人子。杨念如:估衣铺商人。马杰:市民。沈扬:牙侩,即经纪人。周文元:周顺昌的轿夫。

[22] 傫(lěi 磊)然:堆积的样子。

[23] 詈(lì 力):骂。

313

[24] 脰(dòu豆):颈项,指代头颅。函之:用棺材收殓。

[25] 大阉:指魏忠贤。

[26] 缙绅:指士大夫。

[27] 编伍:指平民。古代户籍制度以五家为一"伍"。

[28] 蹈死:冒着生命危险。

[29] 曷:同"何"。

[30] 矫诏:假托君命颁发的诏令。

[31] 钩党之捕:这里指搜捕东林党人。钩党,指为有牵连的同党。

[32] 株治:株连治罪。

[33] 逡(qūn囷)巡:犹豫不决的样子。

[34] 非常之谋:指篡夺帝位的阴谋。难于猝(cù醋)发:难以轻易发动。猝,突然。

[35] 圣人:指崇祯皇帝朱由检。

[36] 投缳(huán环)道路:魏忠贤放逐途中自缢身亡。缳,绳索,用绳索勒死。

[37] 抵罪:因犯罪而受相应的惩罚。

[38] "而又"二句:还有剃发为僧,闭门不出,假装疯癫而不知下落的。

[39] 辱人贱行:可耻的人,卑贱的行为。

[40] 暴(pù铺):显扬。

[41] 赠谥美显:指崇祯赐周顺昌"忠介"谥号。

[42] 加其土封:重修坟墓。

[43] 百世之遇:百代的幸遇。

[44] 户牖(yǒu友):指家里。户,门。牖,窗。

[45] 隶使之:当作仆隶一样使唤。

[46] 扼腕:用手握腕,表示振奋或惋惜。

[47] 明死生之大:表明死生的重大意义。

[48] "匹夫"句:指平民对国家有着重要的作用。

[49] 冏(jiǒng窘)卿:太仆寺卿,官职名。因之吴公:吴默,字因之。

[50] 太史:指翰林院修撰。文起文公:文震孟,字文起。

[51] 孟长姚公:姚希孟,字孟长。

314

狱中上母书

夏完淳

〔解题〕 夏完淳,生平见前《别云间》解题。《狱中上母书》是夏完淳起兵抗清失败被捕后,临刑前在南京狱中写给生母和嫡母的诀别信。信中既有对家中琐事的嘱托,也有对个人壮志的剖析,表达国难家仇未报的遗憾和死不瞑目的决心,体现了作者视死如归的气概。

不孝完淳今日死矣!以身殉父,不得以身报母矣!

痛自严君见背[1],两易春秋[2],冤酷日深[3],艰辛历尽。本图复见天日[4],以报大仇,恤死荣生[5],告成黄土[6];奈天不佑我,钟虐先朝[7],一旅才兴,便成齑粉[8]。去年之举[9],淳已自分必死[10],谁知不死,死于今日也。斤斤延此二年之命[11],菽水之养无一日焉[12]。致慈君托迹于空门[13],生母寄生于别姓[14]。一门漂泊,生不得相依,死不得相问。淳今日又溘然先从九京[15]。不孝之罪,上通于天。呜呼!双慈在堂[16],下有妹女。门祚衰薄[17],终鲜兄弟[18]。淳一死不足惜,哀哀八口,何以为生?虽然,已矣!淳之身,父之所遗;淳之身,君之所用。为父为君,死亦何负于双慈!但慈君推干就湿[19],教礼习诗,十五年如一日。嫡母慈惠,千古所难,大恩未酬,令人痛绝。

慈君托之义融女兄[20],生母托之昭南女弟[21]。淳死之后,新妇遗腹得雄[22],便以为家门之幸。如其不然,万勿置后[23]!会稽大望[24],至今而零极矣!节义文章,如我父子者几人哉?立一不肖后如西铭先生[25],为人所诟笑,何如不立之为愈耶!呜呼!大造茫茫[26],总归无后。有一日中兴再造,则庙食千秋[27],岂止麦饭豚蹄,不为馁鬼而已哉[28]!若有妄言立后者,淳且与先文忠在冥冥诛殛顽嚚[29],决不肯舍!

兵戈天地,淳死后,乱且未有定期。双慈善保玉体,无以淳为念。二十年后,淳且与先文忠为北塞之举矣[30]!勿悲勿悲!相托之言,慎勿相负!武功甥将来大器[31],家事尽以委之。寒食盂兰[32],一杯清酒,一盏寒灯,不至作若敖之鬼[33],则吾愿毕矣!新妇结褵二年[34],贤孝素著。武功甥好为我善待之,亦武功渭阳情也[35]。

语无伦次,将死言善,痛哉痛哉!人生孰无死?贵得死所耳!父得为忠臣,子得为孝子。含笑归太虚[36],了我分内事。大道本无生[37],视身若敝屣[38]。但为气所激,缘悟天人理。恶梦十七年,报仇在来世。神游天地间,可以无愧矣。

——《夏完淳集》卷八

[1] 严君:对父亲的敬称。见背:亲人去世。
[2] 两易春秋:即过了两年。作者父亲夏允彝在两年前(1645)自杀殉国。
[3] 酷:惨痛。
[4] 复见天日:指恢复明朝。
[5] 恤死荣生:使死者(指其父)得到抚恤,活着的人(指其母)荣获封增。
[6] 告成黄土:把复国成功的事向祖先祭告。黄土,指其父之坟墓。

[7] 钟:聚集。虐:灾难。先朝:指明朝。

[8] 齑(jī基)粉:碎粉末。比喻粉碎。

[9] 去年之举:指顺治三年(1646)起兵抗清失败。

[10] 自分:自料。

[11] 斤斤:仅仅。

[12] 菽水之养:代指对母亲的供养。

[13] 慈君:作者的嫡母盛氏。托迹:藏身。空门:佛门。

[14] 生母:作者的生母陆氏。寄生:寄居。

[15] 溘(kè客)然:忽然。从:追随。九京:地下。

[16] 双慈:嫡母与生母。

[17] 门祚:家运。

[18] 终鲜兄弟:指没有兄弟。

[19] 推干就湿:把床上干处让给幼儿,自己睡在湿处,形容母亲抚育子女的辛劳。

[20] 义融女兄:作者的姐姐夏淑吉,号义融。

[21] 昭南女弟:作者的妹妹夏惠吉,号昭南。

[22] 新妇:作者的妻子。雄:男孩。

[23] 置后:抱养别人的孩子立嗣。

[24] 会稽:今浙江绍兴。大望:大族,望族,指会稽夏氏。夏完淳家乡松江,当时属会稽郡,而会稽是传说中夏禹大会诸侯之处,故会稽夏氏自称夏禹之后。故这里夏完淳自称其家族为会稽大望。

[25] 西铭先生:张溥,别号西铭,明末复社的领袖。张溥无后,由钱谦益等代为立嗣,钱谦益后来降清,故作者认为有损张溥的名节。

[26] 大造:指天。

[27] 庙食:在祠庙里享受祭祀。

[28] 馁鬼:饿鬼。

[29] 文忠:作者的父亲死后的赐谥。顽嚚(yín银):顽固不化。

[30] "二十"二句:意为如有轮回,那么二十年后,还要与父亲起兵反清。

[31] 武功甥:作者外甥侯檠,字武功。大器:大材。

[32]寒食:寒食节。盂兰:旧俗的农历七月十五日,燃灯祭祀,超度亡魂,称盂兰盆会。

[33]若敖之鬼:断绝子嗣而无人祭祀的饿鬼。若敖,楚国公族。若敖氏之楚国令尹子文,担心侄子越椒叛乱而致若敖氏灭宗,死前哭道:"鬼犹求食,若敖氏之鬼,不其馁而!"后若敖氏终因越椒叛楚而被灭族。事见《左传·宣公四年》。

[34]结褵(lí离):结婚。

[35]渭阳情:指甥舅之间的情谊。

[36]太虚:天。

[37]大道本无生:本于《庄子·至乐》:"然察其始而本无生。非徒无生也,而本无形;非徒无形也,而本无气。杂乎芒芴之间,变而有气,气变而有形,形变而有生,今又变而之死。是相与为春秋冬夏四时行也。"大道,天地间之常道。

[38]敝屣:破草鞋,言无须珍视。

原　臣

黄宗羲

〔解题〕黄宗羲，生平见前《山居杂咏六首》解题。这篇文章是黄宗羲对于君臣关系的本原意义的探讨。他认为，天下之所以有臣，不是为了君王一姓，而是为了天下百姓。所以判断天下治乱的标准，应该是万民的忧乐，而非一姓的兴亡。因此，君臣关系应当是平等的。这对传统中国以宗法血缘关系为纽带的传统政治观念形成了巨大的冲击。文章说理斩截，辞达理畅。

有人焉，视于无形，听于无声[1]，以事其君，可谓之臣乎？曰：否。杀其身以事其君[2]，可谓之臣乎？曰：否。夫视于无形，听于无声，资于事父也[3]；杀其身者，无私之极则也，而犹不足以当之，则臣道如何而后可？曰：缘夫天下之大，非一人之所能治，而分治之以群工[4]。故我之出而仕也，为天下，非为君也；为万民，非为一姓也。吾以天下万民起见，非其道[5]，即君以形声强我，未之敢从也，况于无形无声乎？非其道，即立身于其朝，未之敢许也，况于杀其身乎？不然，而以君之一身一姓起见，君有无形无声之嗜欲，吾从而视之听之，此宦官、宫妾之心也；君为己死而为己亡，吾从而死之亡之，此其私昵者之事也，是乃臣不臣之辨也[6]。

世之为臣者，昧于此义，以谓臣为君而设者也。君分吾以天下，而后治之，君授吾以人民，而后牧之，视天下人民为人君囊中之私物[7]。今以四方之劳扰，民生之憔悴，足以危吾君也，不得不讲治之牧之之术；苟无系于社稷之存亡，则四方之劳扰，民生之憔悴，虽有诚臣[8]，亦以为纤芥之疾也。夫古之为臣者，于此乎？于彼乎[9]？

盖天下之治乱，不在一姓之兴亡，而在万民之忧乐。是故桀纣之亡，乃所以为治也；秦政、蒙古之兴，乃所以为乱也；晋、宋、齐、梁之兴亡，无与于治乱者也。为臣者轻视斯民之水火[10]，即能辅君而兴，从君而亡，其于臣道固未尝不背也。夫治天下犹曳大木然，前者唱"邪"，后者唱"许"[11]，君与臣共曳木之人也。若手不执绋[12]，足不履地，曳木者唯娱笑于曳木者之前，从曳木者以为良，而曳木之职荒矣[13]。

嗟乎！后世骄君自恣，不以天下万民为事，其所求乎草野者[14]，不过欲得奔走服役之人；乃使草野之应于上者，亦不出夫奔走服役，一时免于寒饿，遂感在上之知遇，不复计其礼之备与不备，跻之仆妾之间[15]，而以为当然。万历初[16]，神宗之待张居正，其礼稍优，此于古之师傅未能百一，当时论者骇然居正之受无人臣礼。夫居正之罪，正坐不能以师傅自待[17]，听指使于仆妾，而责之反是，何也？是则耳目浸淫于流俗之所谓臣者以为鹄矣[18]，又岂知臣之与君，名异而实同耶。

或曰：臣不与子并称乎？曰：非也。父子一气，子分父之身而为身。故孝子虽异身，而能日近其气，久之无不通矣。不孝之子，分身而后，日远日疏，久之而气不相似矣。君臣之名，从天下而有之者也。吾无天下之责，则吾在君为路人；出而仕于君也，不以天下为事，则君之仆妾也；以天下为事，则君之师友也。夫然，谓之臣。其名累变，夫父子固不可变者也[19]。

——《明夷待访录》

[1]"视于"二句:出自《礼记》,意思是对方还没有说出来,就已经了解他要说什么;对方还没有形于脸色,已经了解了他的心意。

[2]"杀其"句:为君主献出自己的生命。

[3]资于事父:是用以侍奉父亲的态度。

[4]群工:指百官。

[5]非其道:不合为君之道,这里指不合为天下之道。

[6]"此其"二句:为天下,为万民,还是为一人,为君主,这是"臣"与"不臣"(私昵者)的区别。私昵者,个人宠幸昵爱的人。

[7]橐(tuó 驼):口袋。

[8]诚臣:忠臣。

[9]"夫古"二句:言臣之所以为臣,在于什么。是在于此(君主社稷之存亡)呢?还是在于彼(四方之劳苦烦扰,民生之憔悴苦难)?此,指百姓。彼,指君王。

[10]水火:比喻患难。

[11]邪、许:呼号的声音。

[12]执绋(fú 扶):拉绳子。

[13]"从曳"二句:纵然拉木头的人认为这样很好,但拉木头的职事还是荒废了。曳木者,拽木头的人。从,通"纵",即使。

[14]草野:不在朝廷为官的人。

[15]跻:跻身,踏进……行列。

[16]万历:明神宗年号(1573—1620)。万历初,神宗年幼,张居正为首辅,神宗待以师礼。

[17]坐:因为。

[18]浸淫:逐渐习染。以为鹄(gǔ 古):作为目标,追求的境界。鹄,鹄子,箭靶,目标。

[19]"其名"二句:君臣之间的名分有多种变化(或为路人,或为仆妾,或为师友),父子之间的名分是不可以变化的。

读通鉴论·叙论一

王夫之

〔解题〕王夫之(1619—1692),字而农,号姜斋,学者称船山先生,湖南衡阳人。曾在衡山起兵抗清,失败后隐姓埋名,避居山野。筑土室于衡阳之石船山,杜门著书四十馀年,著述甚丰,尤精经史文学。本篇选自《读通鉴论》卷末。王夫之认为"天下非一姓之私",因而并没有什么"正统"。

论之不及正统者[1],何也?曰:正统之说,不知其所自昉也[2]。自汉之亡,曹氏、司马氏乘之以窃天下,而为之名曰禅[3]。于是为之说曰:"必有所承以为统,而后可以为天子。"义不相授受,而强相缀系以掕篡夺之迹;抑假邹衍五德之邪说与刘歆历家之绪论[4],文其诐辞[5];要岂事理之实然哉?

统之为言,合而并之之谓也,因而续之之谓也。而天下之不合与不续也多矣!盖尝上推数千年中国之治乱以迄于今,凡三变矣。当其未变,固不知后之变也奚若[6],虽圣人弗能知也。商、周以上,有不可考者。而据三代以言之,其时万国各有其君,而天子特为之长,王畿之外[7],刑赏不听命,赋税不上供,天下虽合而固未合也。王者以义正名而合之。此一变也。而汤之代夏[8],武之代殷[9],未尝一日无共主焉[10]。及乎春秋之世,齐、晋、秦、楚各据所属之从诸侯以分裂天下;至战国而强秦、六国交相为从衡,赧王朝秦[11],而天下并无共主之号,岂复有所谓统哉?此一合一离之始也。汉亡,而蜀汉、魏、吴三分;晋东渡,而十六国与拓跋、高氏、宇文裂土以自帝;唐亡,而汴、晋、江南、吴越、蜀、粤、楚、闽、荆南、河东各帝制以自崇。土其土,民其民,或迹示臣属而终不相维系也,无所统也。六国离,而秦苟合以及汉;三国离,而晋乍合之,非固合也。五胡起,南北离,而隋苟合之以及唐;五代离,而宋乃合之。此一合离之局一变也。至于宋亡以迄于今,则当其治也,则中国有共主;当其乱也,中国并无一隅分据之主。盖所谓统者绝而不续,此又一变也。夫统者,合而不离、续而不绝之谓也。离矣,而恶乎统之?绝矣,而固不相承以为统。崛起以一中夏者,奚用承彼不连之系乎?

天下之生,一治一乱。当其治,无不正者以相干,而何有于正?当其乱,既不正矣,而又孰为正?有离,有绝,固无统也,而又何正不正邪?以天下论者,必循天下之公,天下非夷狄盗逆之所可尸[12],而抑非一姓之私也。惟为其臣子者,必私其君父,则宗社已亡,而必不忍戴异姓异族以为君。若夫立乎百世以后,持百世以上大公之论,则五帝、三王之大德,天命已改,不能强系之以存。故杞不足以延夏[13],宋不足以延商[14]。夫岂忘禹、汤之大泽哉?非五子不能为夏而歌洛汭[15],非箕子不能为商而吟麦秀也[16]。故昭烈亦自君其国于蜀[17],可为汉之馀裔;而拟诸光武[18],为九州兆姓之大君,不亦诬乎[19]?充其义类,将欲使汉至今存而后快,则又何以处三王之明德,降苗裔于编氓邪[20]?

蜀汉正矣,已亡而统在晋。晋自篡魏,岂承汉而兴者?唐承隋,而隋抑何承?承之陈,则隋不因灭陈而始为君;承之宇文氏,则天下之大防已乱,何统之足云乎[21]?无所承,无所统,正不正存乎其人而已矣。正不正,人也;一治一乱,天也;犹日之有昼夜,月之有朔、弦、望、晦也。非其臣子以德之顺逆定天命之去留;而詹詹然为已亡无道之国延消谢之运[22],何为者邪?宋亡而天下无统,又奚说焉?

近世有李槃者[23],以宇文氏所臣属之萧詧[24],为篡弑之萧衍延苟全之祀[25],而使之统陈。沙陀夷族之朱邪存勖[26],不知所出之徐知诰[27],冒李唐之宗,而使之统分据之天下。父子君臣之伦大紊[28],而自矜为义,有识者一哂而已[29]。若邹衍五德之说,尤妖妄而不经,君子辟之,断断如也[30]。

——《读通鉴论》

[1] 正统:历代皇权传承之统绪。古人以为得天命之正者为正统,否则为僭窃,为偏安。

[2] 所自昉:从何时开始有,出现在何时。

[3] 禅(shàn 善):禅让,即将帝位让给别人。

[4] 邹衍:战国时阴阳家的代表人物,提出"五德始终"说,以五行相生相克附会王朝的命运,以朝代更迭为五行之德的循环。刘歆:字子骏,西汉末古文经学学者,有《三统历谱》,所谓三统,指夏、商、周三代的正朔。夏正建寅为人统,商正建丑为地统,周正建子为天统。亦谓之三正。《汉书·刘向传》:"王者必通三统,明天命所授者博,非独一姓也。"绪论:残馀之论。

[5] 文:文饰,粉饰。诐(bì 碧)辞:偏颇不正的言辞。

[6] 悉若:如何。

[7] 王畿:国都和国都附近的地方。

[8] 汤:商汤,商的开国国君。

[9] 武:周武王姬发。

[10] 共主:共同崇奉的宗主,指天子、帝王。

[11] 赧(nǎn)王：东周最后一个君王。公元前256年，秦攻周，赧王朝秦，尽献其邑，周灭。

[12] 尸：古代祭祀时，代替死者受祭、象征神灵的人称"尸"，这里是主导、主持的意思。

[13] 杞：古国名。周武王封夏禹后人于杞。

[14] 宋：古国名。周武王封商纣之子武庚于旧都（今河南商丘）。后武庚叛乱被杀，又以其地封纣之庶兄，号宋公，为宋国。

[15] "非五"句：五子，夏启之子，太康兄弟五人。《尚书·序》："太康失邦，昆弟五人，须于洛汭，作五子之歌。"原文久已失传，东晋时梅赜献伪古文《尚书》，其中有《五子之歌》一篇，由于作伪者误以为《序》文中之"歌"是唱歌，便伪造了五首歌词，说是夏启的五个儿子追述夏禹的训诫，得到误传，唐白居易《与元九书》："闻五子洛汭之歌，则知夏政荒矣。"王夫之在此亦沿信误传。

[16] 箕子：据《史记》载，箕子路过殷墟，感慨宫室毁坏，因而作《麦秀》之歌。

[17] 昭烈：三国时刘备，建立蜀汉，谥号昭烈皇帝。

[18] 光武：刘秀，建立东汉王朝，谥号光武。

[19] 诬：不实欺人之说。

[20] "充其"四句：如果希望汉一直延续下来，那么汉之前三王不更应该延续吗？汉朝廷又如何对待三王的子孙呢？怎么能把三王的后代降为编户平民呢？三王，一般指夏禹、商汤、周文武。苗裔，后代子孙。编氓，编入户籍的平民。

[21] "唐承"六句：唐承隋之统，那隋呢？如果说承陈，隋灭北周开国在灭陈之前（公元581年北周隋国公杨坚废除静帝自立，隋开国），不是灭了陈才建国为君（开国8年后，589年灭陈）。那么隋灭北周立国，算承北周吗？可北周是鲜卑宇文氏，是夷狄，那等于承认隋之前正统在北周，那是乱了自古以来夷夏之大防。

[22] 詹詹：喋喋不休的样子。

[23] 李槃(pán盘)：明人，生平不详，著有《纲鉴世史类编》四十五卷，见《千顷堂书目》。

325

[24] 萧岿(542—585):字仁远,是南北朝时期西梁的第二位君主。西梁是南梁的一个分裂王朝,相当于宇文氏西魏的附属国。萧岿的父亲萧察与梁元帝萧绎不和,萧绎继梁帝位后,萧察就投靠西魏,被西魏皇帝封为梁王,在他的统治地区内他自称皇帝,但没有真正的主权,西魏在西梁都城江陵设江陵总管,监督后梁的君主,另一方面这些总管拥有兵权来保护后梁不被南朝攻击。萧察死后他的儿子萧岿于562年以太子继帝位。故言萧岿为宇文臣属。

[25] 萧衍(464—549):梁武帝,南朝梁的开国皇帝。原来是南齐的官员,南齐中兴二年(502),逼齐和帝萧宝融"禅位"。萧衍即位后,封萧宝融为巴陵王,不久,派人将萧宝融杀害。苟全之祀:苟全,苟且保全。祀,祭祀。

[26] 朱邪存勖:即李存勖(885—926),朱邪为其本姓,其祖父有功于唐赐姓李。其父李克用长期割据河东,与占据汴州的朱温对峙。朱温代唐称帝,国号梁,李克用仍用唐"天佑"年号,以复兴唐朝为名与梁争雄。公元923年李存勖称帝,国号唐,史称后唐。同年十二月灭后梁。

[27] 徐知诰:即南唐的建立者李昪(888—943),徐州(今属江苏)人,小名彭奴,父亲李荣则在战乱中不知所踪,乱中为吴国的建立者杨行密所收养,后为吴国丞相徐温的养子,改名徐知诰。徐温死后,得专吴政。吴天祚三年(937)即帝位,国号大齐,后改国号为唐,史称南唐。不知无出:言不知宗族来历。两者都非李姓而冒唐国姓李。

[28] 大紊(wěn 稳):大乱。

[29] 呋(xuè 噱):如口吹物发出的小声。这是对李槃乱排正统的批评。

[30] 断断:决然的样子。

梅花岭记

全祖望

〔解题〕全祖望(1705—1755),字绍衣,号谢山,鄞县(今属浙江)人。乾隆元年(1736)进士。一生致力经史,为清代著名史学家、文学家,浙东学派的代表人物。梅花岭,在扬州广储门外,为明末将领史可法衣冠冢所在。本文记述了史可法在清兵围困扬州时坚持守城的情形和城破之后慷慨赴死的壮举,是一篇忠烈颂,同时也是对屈节求生者的讽刺。

顺治二年乙酉四月,江都围急[1]。督相史忠烈公知势不可为[2],集诸将而语之曰:"吾誓与城为殉[3],然仓皇中不可落于敌人之手以死,谁为我临期成此大节者[4]?"副将军史德威慨然任之。忠烈喜曰:"吾尚未有子,汝当以同姓为吾后。吾上书太夫人,谱汝诸孙中。"

二十五日,城陷,忠烈拔刀自裁,诸将果争前抱持之。忠烈大呼德威,德威流涕,不能执刃,遂为诸将所拥而行。至小东门,大兵如林而至,马副使鸣騄、任太守民育及诸将刘都督肇基等皆死。忠烈乃瞠目曰:"我史阁部也。"被执至南门。和硕豫亲王以先生呼之[5],劝之降。忠烈大骂而死。初,忠烈遗言:"我死当葬梅花岭上。"至是,德威求公之骨不可得,乃以衣冠葬之。

或曰:"城之破也,有亲见忠烈青衣乌帽,乘白马,出天宁门投江死者,未尝殒于城中也。"自有是言,大江南北遂谓忠烈未死。已而英、霍山师大起[6],皆托忠烈之名,仿佛陈涉之称项燕[7]。吴中孙公兆奎以起兵不克,执至白下[8]。经略洪承畴与之有旧,问曰:"先生在兵间,审知故扬州阁部史公果死耶,抑未死耶?"孙公答曰:"经略从北来,审知故松山殉难督师洪公果死耶抑未死耶?"承畴大恚[9],急呼麾下驱出斩之。

呜呼!神仙诡诞之说,谓颜太师以兵解[10],文少保亦以悟大光明法蝉脱[11],实未尝死。不知忠义者圣贤家法,其气浩然,常留天地之间,何必出世入世之面目!神仙之说,所谓为蛇画足。即如忠烈遗骸,不可问矣,百年而后,予登岭上,与客述忠烈遗言,无不泪下如雨,想见当日围城光景,此即忠烈之面目宛然可遇,是不必问其果解脱否也,而况冒其未死之名者哉?

墓旁有丹徒钱烈女之冢[12],亦以乙酉在扬,凡五死而得绝,特告其父母火之,无留骨秽地,扬人葬之于此。江右王猷定、关中黄遵严、粤东屈大均为作传、铭、哀词[13]。

顾尚有未尽表章者:予闻忠烈兄弟,自翰林可程下[14],尚有数人,其后皆来江都省墓。适英、霍山师败,捕得冒称忠烈者,大将发至江都,令史氏男女来认之。忠烈之第八弟已亡,其夫人年少有色,守节,亦出视之。大将艳其色,欲强娶之,夫人自裁而死。时以其出于大将之所逼也,莫敢为之表章者。呜呼!忠烈尝恨可程在北,当易姓之间,不能仗节,出疏纠之[15]。岂知身后乃有弟妇,以女子而踵兄公之馀烈乎[16]?梅花如雪,芳香不染。异日有作忠烈祠者,副使诸公,谅在从祀之列,当另为别室以祀夫人,附以烈女一辈也。

——《鲒埼亭集·外编》卷二十

[1] 顺治二年:1645年,南明弘光二年。江都:即今扬州。

[2] 史忠烈公:史可法(1602—1645),字宪之,一字道邻,祥符(今河南开封)人。时任兵部尚书,督师扬州。扬州城破,史可法被杀。

[3] 与城为殉:和扬州城共存亡。

[4] 临期成此大节:谓城破之时协助自己殉国。

[5] 和硕豫亲王:多铎,清太祖第十五子。

[6] 英、霍山:英山在今湖北,霍山在今安徽,当时俱有人以史可法的名义号召起义抗清。

[7] 项燕:陈涉、吴广起义时,以楚将项燕的名义号召民众。

[8] 白下:指南京。

[9] 恚(huì汇):愤怒。

[10] 颜太师:颜真卿。兵解:学道者死于兵刃为"兵解",意谓借兵刃解脱得道而成仙。

[11] 文少保:文天祥,南宋景炎三年(1278),加封文天祥少保、信国公。蝉蜕:说人遗留形骸而仙去,如蝉蜕皮。

[12] 丹徒:今江苏镇江。钱烈女:名淑贤,清兵破扬州,她自杀五次才如愿而死。

[13] 王猷定:字于一,南昌人,曾入史可法幕,明亡不仕。黄遵严:清初诗人。屈大均:字翁山,番禺人,清初著名文学家。

[14] 可程:史可法的弟弟。

[15] 纠:弹劾。

[16] 踵:追随。

臣事论

梅曾亮

〔**解题**〕 梅曾亮(1786—1856),字伯言,江苏上元(今南京)人。清代文章家、诗人。师从姚鼐。道光二年(1822)进士,曾官户部郎中。这是一篇论吏治的文章。作者认为,天下之大患在于居官者只知汲汲于升迁,不知尽忠职守,指出这种风气形成的原因是贵贱不公,上级推卸责任,下级竞求高位,并提出了"法之加必自贵者始"的主张。

天下之患,非事势之盘根错节之为患也,非法令不素具之为患也[1],非财不足之为患也。居官者有不事事之心[2],而以其位为寄[3],汲汲然去之[4],是为大患。

今夫四民之中[5],士之贵于农工商贾也,较然明矣[6]。使农工商贾,皆汲汲有为士之心,则方其为农也,田莱必不能辟[7];其为工也,艺事必不能精;其为商贾也,有无必不能迁[8]。然天下之民,有自乐其农工商贾之业,而以士为畏途者。彼士也,有考试场屋之苦[9],有文字声病之学[10];违其程度[11],则又有褫夺扑责之刑以随其后[12]。凡士之所深忧以为大辱者,民皆脱然而无患[13]。彼民者,度其身而苦其事[14],有万不可以尝试者。故甘心绝意,乐其业而不迁[15]。

今之为仕者则不然,无愚知贤不肖也[16],而皆有为公卿大夫之心。夫吏之迁除[17],或以年计,或以十数年计,非可朝拜官而夕迁擢也[18]。然其身縻于此[19],而其心去此职而上者,不可以层累计[20]。人有仕宦十年而不迁调者,则乡里笑之,而亲友为之减色[21],忘分苟得[22],相师成风。夫爵禄者,廉耻之药石也[23],善用之则起,不善用之则废。廉耻者,聪明之堤防也,固其防则盈,而溃其防则竭。聪明竭矣,虽勉强为作,施令布政[24],与吾民相酬对者,特具文焉而已[25]。故曰:有不事事之心,而以其位为寄,汲汲然去之,是之谓大患。

虽然,是患也,不成于贱而成于贵;不成于贵贱之悬殊,而成于治贵贱之不公。大臣者,将帅也;属吏者,士卒也。大军之沮败,非为将者之独奔,而法之加,必自将者始[26]。今夫大吏[27],其日造请问起居者[28],属吏也;供刍薪米炭者[29],属吏也;加声色颐指者[30],属吏也;听参核迁调者[31],又属吏也。有罪,则曰:是属吏所承办也,承审也[32],大臣者不知。同有罪,则曰:是大臣也,不可与小臣同科[33]。科其罪矣,而或降级,或罚俸,不旋踵而复其故[34]。其罪同,而位卑者,则一蹶不可复振。用法如此,固贱者之不能心服也。心不服而隐忍以为之,此其身有不能安,而其职有不能进者矣。则宜其以位为寄,而汲汲然去之也。

然则如之何而可也?曰:善为治者,所慎重而专任之者[35],大臣而已。使小臣之事,统责之大臣[36];而大臣之罪,不可分之于小吏。其大小之罪均,法之加必自贵者始。盖任重而责之者厚,厚不为刻也[37];任轻而责之者薄,薄不为私也。夫如是,贵者难其事[38],而不敢有以位为乐之心;贱者量其力,而无皇皇于冒进之意[39]。乐其职,故其心安,安其心,故其事成。传不云乎:"厚味实腊毒,高位实疾颠[40]。"古之人自一命以上[41],其忧患递相增也,以至于卿相,惟庶人则无忧。

悲夫!自三代而下[42],士之畏富贵而不居者,何少也!使士也无考核场屋之苦,文字声病之学,褫夺扑责之刑,而又无农工商贾之瘁[43],以获高位之名,则天下有一不为士者,其心必不服,人主尚安得四民而用之哉[44]?或曰:如此则非所以贵贤贱不肖之心,且无以磨厉人于功名之途者也。曰:今之贵贱,非如古之世。其贵贱也,以为不贤乎,则固有时而为公卿大夫矣;以为贤乎,则公卿大夫皆自小臣始矣。且夫人弃贱就贵之心,如水之就下,如丸之走阪[45],虽贲、育之勇[46],不能抑之。圣人不得已而分利害之数与贵贱参之[47],而听人能不能者之自处之。政之失也,则专其利于所贵[48],而专其害于所贱。夫避贱而趋贵,罪之可也,然使卑贱之忧患甚于富贵,人孰不避忧而趋乐?是人臣之利,非国家之利也。然有公忠体国之大臣[49],则亦不利乎此矣[50]。

——《柏枧山房文集》卷一

[1] 素:一向。具:完备。
[2] 不事事:不做事。
[3] 寄:暂居之所。
[4] 汲汲然去之:急切地盼望脱离现职,得到升迁。
[5] 四民:士农工商。
[6] 较然:明显的样子。
[7] 田莱:田地荒芜。
[8] 有无必不能迁:有无不能交换,即贸易不能进行。
[9] 场屋:考场。
[10] 文字声病之学:指文字声律之学。声病,即"四声八病",四声指

平、上、去、入四声,八病指语言运用中平头、上尾、蜂腰、鹤膝、大韵、小韵、旁纽、正纽等八种作诗应避免的声律毛病。古时科举,诗歌占重要地位,故要钻研文字声律。

[11] 程度:程式法度。

[12] 褫(chǐ尺)夺:剥夺衣冠,除去功名。

[13] 脱然:轻快的样子。无患:不需要忧虑、担心。

[14] 度(duó夺):估量。

[15] 不迁:不改变,指不改其业。

[16] 无:无论。

[17] 迁除:升迁授职。除,拜官。

[18] 迁擢:提升。

[19] 縻(mí迷):束缚。

[20] 不可以层累计:言其身处之位,与其心所期望之位,其相去难以计算。层累,重叠,层层叠叠。

[21] 减色:轻慢。

[22] 忘分苟得:忘记自己的名分与本分,攫取不应得到的东西。不当得而得谓之苟得。

[23] 药石:治病的药物和砭石。

[24] 施令布政:施行和颁布政令。

[25] 特具文焉而已:徒具空文罢了,只剩下空的条文了。

[26] "大军"四句:大军溃败,并不是因为将军自己跑了,但要惩罚,必然先惩罚将军。沮败,失败。沮,败坏。独奔,自己逃跑。

[27] 大吏:高官。

[28] 日造:每天拜访。

[29] 刍薪:柴草。

[30] 加声色:给脸色看。颐指:用下巴的动作示意指挥别人,形容傲慢。

[31] 听参核迁调:由他审查考核并决定升迁调转。

[32] 审:审理。

[33] 同科:同罪。科,法令条文。

[34] 不旋踵:不久。旋踵,转动脚跟,即转身之间,形容时间短。踵,脚跟。

[35] 专任:完全委任。

[36] 责:责罚。

[37] 刻:严苛。

[38] 难(nuó挪):恐惧,敬畏。

[39] 皇皇:同"遑遑",匆忙,急切。

[40] "厚味"二句:出自《国语·周语下》。厚味,浓酒。腊毒,中毒快。疾颠,很快垮台。颠,颠覆。

[41] 一命:最低一级的官员。周朝官吏等级有一命至九命之别,一命最低。

[42] 三代:指夏、商、周三个朝代。

[43] 瘁(cuì淬):劳累。

[44] 人主:指皇帝。

[45] 阪(bǎn板):山坡。

[46] 贲(bēn奔)、育:战国时代的勇士孟贲和夏育,后泛称勇士为贲、育。

[47] 数:分量,程度。参:斟酌。

[48] 专其利于所贵:专有利于地位高的人。

[49] 公忠体国:忠心为国。

[50] 不利乎此:不以此为利。

明 良 论 二

龚自珍

[解题] 龚自珍，生平见前《己亥杂诗》解题。《明良论》作于嘉庆十九年(1814)，共四篇，这里选其中第二篇，主旨论君臣关系、用人之道。此篇强调君王应该礼贤下士，臣下应当知耻守节，对尸位素餐只知媚主求荣的官员进行了辛辣的讽刺和抨击，同时又指出这种情况的出现是和君王对待臣下的态度密切相关的。文章气势磅礴，精神抖擞，反映出对士人独立人格的张扬和追求。

士皆知有耻，则国家永无耻矣；士不知耻，为国之大耻。历览近代之士，自其敷奏之日[1]，始进之年[2]，而耻已存者寡矣！官益久，则气愈偷[3]；望愈崇，则诏愈固[4]；地益近[5]，则媚亦益工。至身为三公[6]，为六卿[7]，非不崇高也，而其于古者大臣巍然岸然师傅自处之风[8]，匪但目未睹，耳未闻，梦寐亦未之及。臣节之盛，扫地尽矣。非由他，由于无以作朝廷之气故也[9]。

何以作之气？曰：以教之耻为先。《礼记·中庸》篇曰："敬大臣则不眩[10]。"郭隗说燕王曰[11]："帝者与师处，王者与友处，伯者与臣处[12]，亡者与役处。凭几其杖[13]，顾盼指使，则徒隶之人至[14]。恣睢奋击[15]，呴籍叱咄[16]，则厮役之人至[17]。"贾谊谏汉文帝曰："主上之遇大臣如遇犬马，彼将犬马自为也[18]；如遇官徒,彼将官徒自为也[19]。"凡兹三训,炳若日星,皆圣哲之危言[20],古今之至诫也！

尝见明初逸史,明太祖训臣之语曰："汝曹辄称尧、舜主,主苟非圣,何敢谀为圣？主已圣矣,臣愿已遂矣,当加之以吁咈[21],自居皋、契之义[22]。朝见而尧舜之,夕见而尧舜之,为尧舜者,岂不亦厌于听闻乎？"又曰："幸而朕非尧舜耳。朕为尧舜,乌有汝曹之皋、夔、稷、契哉[23]？其不为共工、驩兜,为尧、舜之所流放者几希[24]！"此真英主之言也。坐而论道,谓之三公[25]。唐、宋盛时,大臣讲官,不辍赐坐、赐茶之举,从容乎便殿之下,因得讲论古道,儒硕兴起。及据季也[26],朝见长跪、夕见长跪之馀,无此事矣。不知此制何为而辍,而殿陛之仪[27],渐相悬以相绝也？

农工之人、肩荷背负之子则无耻[28],则辱其身而已；富而无耻者,辱其家而已；士无耻,则名之曰辱国；卿大夫无耻,名之曰辱社稷。由庶人贵而为士,由士贵而为小官,为大官,则由始辱其身家,以延及于辱社稷也,厥灾下达上[29],象似火[30]。大臣无耻,凡百士大夫法则之,以及士庶人法则之[31],则是有三数辱社稷者,而令合天下之人,举辱国以辱其家,辱其身,混混沄沄[32],而无所底[33],厥咎上达下,象似水。上若下胥水火之中也[34],则何以国？

窃窥今政要之官[35],知车马、服饰、言词捷给而已[36],外此非所知也；清暇之官[37],知作书法、赓诗而已[38],外此非所问也。堂陛之言[39],探喜怒以为之节[40],蒙色笑[41],获燕闲之赏[42],则扬扬然以喜,出夸其门生、妻子[43]；小不霁[44],则头抢地而出[45],别求夫可以受眷之法[46]。彼其心岂真敬畏哉？问以"大臣应如是乎？"则其可耻之言曰："我辈只能如是而已。"至其居心又可得而言。务车马[47]、捷给者,不甚读书,曰:"我早晚直公所[48],已贤矣,已劳矣。"作书、赋诗者,稍读书,莫知大义,以为苟安其位一日,则一日荣;疾病归田里,又以科名长其子孙[49],志愿毕矣,且愿其子孙世世以退缩为老成,国事我家何知焉[50]?嗟乎哉!如是而封疆万万之一有缓急[51],则纷纷鸠燕逝而已[52],伏栋下求俱压焉者鲜矣[53]。

昨者,上谕至,引卧薪尝胆事自况比[54],其闻之而肃然动于中欤[55]?抑弗敢知!其竟憪然无所动于中欤[56]?抑更弗敢知!然尝遍览人臣之家,有缓急之举,主人忧之,至戚忧之[57],仆妾之不可去者忧之[58];至其家求寄食焉之寓公[59],旅进而旅豢焉之仆从[60],伺主人喜怒之狎客[61],试召而诘之,则岂有为主人分一夕之愁苦者哉?

故曰:厉之以礼出乎上[62],报之以节出乎下。非礼无以劝节[63],非礼非节无以全耻[64]。古名世才起,不易吾言矣[65]。

——王佩诤校《龚自珍全集》

[1] 敷奏:在皇帝面前陈奏自己治国之见,指殿试对策时的陈奏。
[2] 始进:最初进用。
[3] 气:气节。偷:薄。
[4] 望:名声。固:深固。
[5] 地益近:官位和皇帝越接近。
[6] 三公:明清沿袭周制,以太师、太傅、太保为三公。
[7] 六卿:清代的六部尚书。
[8] 岸然:端庄严肃的样子。师傅:太师、太傅。
[9] 作朝廷之气:鼓舞、振作朝廷官员应有的气节。
[10] 眩:执迷。
[11] 郭隗(wěi 伟):战国时燕人。燕昭王欲招贤士,使国家强盛,以报

337

齐仇,询之郭隗,郭隗如是作答,意思是不同人对待贤人的方法不同。

[12] 伯者:霸者。

[13] 凭几其杖:凭着几,拄着杖,倨傲不下,如此对人,态度傲慢。其,当为"据"。几,几案。

[14] 徒隶:囚徒服役之人。

[15] 恣睢(suī 虽):任意妄为。

[16] 叱咄:大声呵斥。

[17] 厮役:奴仆服役之人。

[18] 犬马自为:自认为犬马。

[19] 官徒:为官家服役的人。

[20] 危言:正言。

[21] 吁咈(xū fú 虚浮):表否定。

[22] 皋、契:皋陶和契,传说中舜时的贤臣。

[23] 夔(kuí 葵):舜时的乐官。稷:后稷。舜时的农官。均为贤臣。

[24] 共工、驩(huān 欢)兜:皆为尧臣,与三苗、鲧并称四凶,被舜流放。几希:很少,没有几个。

[25] "坐而"二句:指专门陪侍皇帝议论政事的大臣。

[26] 及据季也:一本作"及其季也"。季,末世。

[27] 殿陛:君臣之间的礼节。陛,殿的台阶。仪:礼仪。

[28] "农工"句:做工务农、肩担背负体力劳作的人,如果不知羞耻,无羞耻之心。则,假如。

[29] 厥灾:这种灾难。

[30] 象似火:形象如火,从下往上烧。

[31] 法则:模仿。

[32] 混混沄(yún 云)沄:水流汹涌貌。

[33] 无所底:无所止,没有休止之处。

[34] 若:与。胥:皆,都。

[35] 政要之官:执掌要政的官员。

[36] 言词捷给:言辞应对敏捷。

[37] 清暇之官:文学侍从一类的官员。

[38] 赓(gēng耕):赓和,续用他人原韵或题意唱和。

[39] 堂陛之言:在殿上与皇帝谈话。

[40] 探喜怒以为之节:试探皇帝的喜怒,为自己讲话的标准。

[41] 色笑:颜色和悦。

[42] 燕闲:休闲。

[43] 夸:向人夸耀。

[44] 不霁:脸色阴沉。

[45] 头抢地:以头触地。

[46] 眷:眷顾,宠爱。

[47] 务:致力于。

[48] 直:同"值"。公所:官府。

[49] 科名:科举功名,即取得科举功名。长:使尊贵。

[50] 老成:老练成熟,这里是贬义,意为保守无为。

[51] 封疆:国家的疆界。缓急:即危急。

[52] 鸠燕逝:鸟兽散。

[53] 伏栋下求俱压:甘于为倒塌的屋舍所压,意为和国家共存亡。

[54] 上谕:皇帝的指示。《清实录·仁宗实录》载嘉庆十八年(1813)九月二十四日诏书,中有"此正我君臣卧薪尝胆之日"等语。

[55] 肃然:此处为畏惧貌。

[56] 憺(dàn但)然:安然,言无动于衷。

[57] 至戚:关系最近的亲戚。

[58] 去:离开。

[59] 至:至于。寓公:寄居的人。

[60] 旅进:和众人同进。旅豢:一起豢养。

[61] 狎客:亲昵游宴之人。

[62] 厉:勉励,鼓励。

[63] 劝节:鼓励操守。

[64] 全耻:保全知耻之心。

[65] "古名"二句:即使古代名高于世之才重新出现,也不会改变我这些话。即完全同意我的意见。

正气谱

太史简

〔解题〕本文选自《左传·襄公二十五年》。本篇写齐国太史为坚持秉笔直书，不惜牺牲自己的性命，不畏强权，前仆后继，终于使当权者屈服。

（夏五月，齐崔杼弑其君庄公）[1]。太史书曰[2]："崔杼弑其君。"崔子杀之。其弟嗣书[3]，而死者二人。其弟又书，乃舍之。南史氏闻太史尽死[4]，执简以往[5]，闻既书矣，乃还。

——《左传·襄公二十五年》

[1] 括号中是编者对崔杼弑其君的概括，非《左传》原文。崔杼：齐大夫。弑(shì 是)：古代卑幼杀死尊长叫弑。多指臣子杀死君主，子女杀死父母。

[2] 太史：史官，春秋时为世袭。

[3] 嗣(sì 四)书：接着继续写。

[4] 南史氏：也是齐国史官。

[5] 简：书写用的简册。

董狐笔

〔解题〕本文选自《左传·宣公二年》。晋卿赵盾为避晋灵公杀害而出走,其族人赵穿在桃园杀死了晋灵公。赵盾此时还未出国界,遂返回重登卿位。晋国史官董狐认为,晋灵公等于是被赵盾杀死,因而直接在史书上记录"赵盾弑其君",并公示于朝廷。董狐,晋国太史,也称史狐。

晋赵穿攻灵公于桃园[1],宣子未出山而复[2]。太史书曰:"赵盾弑其君",以示于朝。宣子曰:"不然。"对曰:"子为正卿[3],亡不越竟[4],反不讨贼[5],非子而谁?"宣子曰:"呜呼!《诗》曰:'我之怀矣,自诒伊戚。'其我之谓矣。"[6]孔子曰:"董狐,古之良史也,书法不隐[7]。赵宣子,古之良大夫也,为法受恶。惜也,越竟乃免[8]。"

——《左传·宣公二年》

[1] 赵穿:晋臣,赵盾堂弟(或说堂侄)。桃园:晋灵公之园囿。
[2] 宣子:赵盾,晋国大夫,谥号宣,时人尊称其赵孟,史多称赵宣子。未出山而复:灵公要杀赵盾,赵盾出逃,还没有走出晋国山界,听说灵公死就回来了。复,返回。
[3] 正卿:上卿,春秋时诸侯国的最高执政大臣,权力仅次于国君。
[4] 亡:逃亡。竟:通"境",边境。
[5] 反不讨贼:返回后又不讨伐弑君的罪人。
[6] "我之"二句:《诗经·邶风·雄雉》:"我之怀矣,自诒伊阻。"《诗

经·小雅·小明》:"心之忧矣,自诒伊戚。"意思是:由于我怀念国家,反而招来了苦恼。怀,怀恋,指怀恋国家。诒,本义为赠送,这里可解为招来。其我之谓:大概就是说的我。

[7] 隐:隐讳。

[8] 越竟:出离边境。这里的意思是,越过边境,就可免于这种责任和责备了。

介之推不言禄

〔**解题**〕本文选自《左传·僖公二十四年》。介之推曾跟着晋文公重耳在国外流亡,文公回国后赏赐随从的臣属,介之推不愿表功,隐居绵山而死。本篇篇幅简短,借由生动的对话刻画出介之推孤高清介的个性。

晋侯赏从亡者[1],介之推不言禄[2],禄亦弗及。

推曰:"献公之子九人,唯君在矣[3]。惠、怀无亲[4],外内弃之。天未绝晋,必将有主。主晋祀者[5],非君而谁?天实置之[6],而二三子以为己力,不亦诬乎[7]?窃人之财,犹谓之盗;况贪天之功以为己力乎?下义其罪[8],上赏其奸[9]。上下相蒙[10],难与处矣。"

其母曰:"盍亦求之[11]?以死,谁怼[12]?"

对曰:"尤而效之[13],罪又甚焉[14]。且出怨言,不食其食[15]。"

其母曰:"亦使知之,若何?"

对曰:"言,身之文也[16]。身将隐,焉用文之?是求显也。"

其母曰:"能如是乎?与汝偕隐。"遂隐而死。

晋侯求之,不获[17],以绵上地名为之田[18]。曰:"以志吾过,且旌善人[19]。"

——《左传·僖公二十四年》

〔1〕晋侯:晋文公重耳。从亡者:跟随重耳逃亡的人。

〔2〕介之推:也作介子推,介推。晋国贵族。不言禄:不说求禄的事。

〔3〕唯君在矣:只有君侯还在人世。

〔4〕惠:晋惠公,即夷吾。怀:晋惠公的儿子怀公。无亲:没有亲近的人。

〔5〕晋祀:晋国的祭祀。主持国家的祭祀,即作为君主之意。

〔6〕置之:立之。

〔7〕二三子:指随从晋文公流亡的人。诬:欺骗。

〔8〕义:以为正义。

〔9〕奸:奸邪。

〔10〕蒙:欺骗。

〔11〕盍:何不。求之:求取封赏。

〔12〕以:因为。谁怼:怨恨谁呢。

〔13〕尤而效之:指责他却又效法他的做法。

〔14〕甚:厉害。

〔15〕不食其食:不吃他的俸禄。

〔16〕文:装饰。

〔17〕获:得到。

〔18〕绵上:在今山西介休东南。为之田:作为他的封田。

〔19〕志:记录。过:过失。旌:旌表。

鲁仲连义不帝秦

〔**解题**〕 本篇选自《战国策·赵策三》。《战国策》是西汉末年刘向根据战国史书整理编辑的,共三十三篇,分东周、西周、秦、齐、楚、赵、魏、韩、燕、宋、卫、中山十二策,又称《国策》。公元前258年,秦国包围赵国的都城邯郸,赵王向魏国求救。魏国惧怕秦国,暗派使者游说赵王尊秦王为帝。适逢齐国高士鲁仲连游居于赵,力主抗秦,并和魏国说客辛垣衍展开激烈辩论,反复陈说,终于说服了魏国的使者。后来魏无忌援军到,成功保卫了邯郸。文章详细刻画了鲁仲连的远见卓识,以及他在功成之后不受封赏飘然远去的高尚节操和洒脱的人格魅力。

秦围赵之邯郸[1]。魏安釐王使将军晋鄙救赵[2]。畏秦,止于荡阴[3],不进。

魏王使客将军辛垣衍间入邯郸[4],因平原君谓赵王曰[5]:"秦所以急围赵者,前与齐闵王争强为帝,已而复归帝,以齐故[6];今齐闵王益弱[7],方今唯秦雄天下,此非必贪邯郸,其意欲求为帝。赵诚发使尊秦昭王为帝[8],秦必喜,罢兵去[9]。"平原君犹豫未有所决。

此时鲁仲连适游赵[10],会秦围赵,闻魏将欲令赵尊秦为帝,乃见平原君,曰:"事将奈何矣[11]?"平原君曰:"胜也何敢言事!百万之众折于外[12],今又内围邯郸而不去。魏王使客将军辛垣衍令赵帝秦,今其人在是。胜也何敢言事!"鲁连曰:"始吾以君为天下之贤公子也,吾乃今然后知君非天下之贤公子也。梁客辛垣衍安在[13]?吾请为君责而归之。"平原君曰:"胜请为召而见之于先生。"平原君遂见辛垣衍,曰:"东国有鲁连先生,其人在此,胜请为绍介,而见之于将军。"辛垣衍曰:"吾闻鲁连先生,齐国之高士也;衍,人臣也,使事有职,吾不愿见鲁连先生也。"平原曰:"胜已泄之矣[14]。"辛垣衍许诺。

鲁连见辛垣衍而无言。辛垣衍曰:"吾视居此围城之中者,皆有求于平原君者也。今吾视先生之玉貌[15],非有求于平原君者,曷为久居此围城之中而不去也[16]?"鲁连曰:"世以鲍焦无从容而死者,皆非也。今众人不知,则为一身[17]。彼秦者,弃礼义而上首功之国也[18],权使其士,虏使其民[19]。彼则肆然而为帝[20],过而遂正于天下[21],则连有赴东海而死矣,吾不忍为之民也!所为见将军者,欲以助赵也。"辛垣衍曰:"先生助之奈何?"鲁连曰:"吾将使梁及燕助之,齐楚固助之矣。"辛垣衍曰:"燕则吾请以从矣。若乃梁,则吾乃梁人也,先生恶能使梁助之耶[22]?"鲁连曰:"梁未睹秦称帝之害故也;使梁睹秦称帝之害,则必助赵矣。"辛垣衍曰:"秦称帝之害将奈何?"鲁仲连曰:"昔齐威王尝为仁义矣[23],率天下诸侯而朝周,周贫且微,诸侯莫朝,而齐独朝之。居岁余,周烈王崩[24],诸侯皆吊,齐后往。周怒,赴于齐曰[25]:'天崩地坼[26],天子下席[27];东藩之臣田婴齐后至[28],则斮之[29]!'威王勃然怒曰[30]:'叱嗟[31]!而母婢也[32]!'卒为天下笑。故生则朝周,死则叱之,诚不忍其求也[33]。彼天子固然,其无足怪!"

辛垣衍曰:"先生独未见夫仆乎[34]?十人而从一人者,宁力不胜、智不若邪?畏之也。"鲁仲连曰:"然梁之比于秦若

349

仆邪？"辛垣衍曰："然。"鲁仲连曰："然则吾将使秦王烹醢梁王[35]！"辛垣衍怏然不说曰[36]："嘻[37]！亦太甚矣,先生之言也！先生又恶能使秦王烹醢梁王？"鲁仲连曰："固也,待吾言之。昔者鬼侯、鄂侯、文王[38],纣之三公也。鬼侯有子而好[39],故入之于纣[40],纣以为恶[41],醢鬼侯。鄂侯争之急,辨之疾[42],故脯鄂侯[43]。文王闻之,喟然而叹[44],故拘之于牖里之库百日[45],而欲令之死。曷为与人俱称帝王,卒就脯醢之地也？齐闵王将之鲁[46],夷维子执策而从[47],谓鲁人曰：'子将何以待吾君？'鲁人曰：'吾将以十太牢待子之君[48]。'夷维子曰：'子安取礼而来待吾君？彼吾君者,天子也。天子巡狩[49],诸侯辟舍[50],纳于管键[51],摄衽抱几[52],视膳于堂下[53]。天子已食[54],而听退朝也[55]。'鲁人投其钥[56],不果纳。不得入于鲁。将之薛[57],假涂于邹[58]。当是时,邹君死,闵王欲入吊[59],夷维子谓邹之孤曰[60]：'天子吊,主人必将倍殡柩[61],设北面于南方；然后天子南面吊也。'邹之群臣曰：'必若此,吾将伏剑而死[62]。'故不敢入于邹。邹鲁之臣,生则不得事养[63],死则不得饭含[64]。然且欲行天子之礼于邹、鲁之臣,不果纳。今秦万乘之国,梁亦万乘之国,俱据万乘之国,交有称王之名。睹其一战而胜,欲从而帝之,是使三晋之大臣[65],不如邹、鲁之仆妾也。且秦无已而帝,则且变易诸侯之大臣。彼将夺其所谓不肖,而予其所谓贤；夺其所憎,而予其所爱。彼又将使其子女谗妾,为诸侯妃姬,处梁之宫,梁王安得晏然而已乎[66]？而将军又何以得故宠乎？"

于是辛垣衍起,再拜谢曰："始以先生为庸人,吾乃今日而知先生为天下之士也！吾请去,不敢复言帝秦。"

秦将闻之,为却军五十里[67]。适会公子无忌夺晋鄙军以救赵击秦[68],秦军引而去[69]。

于是平原君欲封鲁仲连,鲁仲连辞让者三,终不肯受。平原君乃置酒,酒酣,起,前,以千金为鲁连寿。鲁连笑曰:"所贵于天下之士者,为人排患释难、解纷乱而无所取也。即有所取者,是商贾之人也,仲连不忍为也。"遂辞平原君而去,终身不复见。

——《战国策·赵策三》

[1] 邯郸:赵国都城,在今河北邯郸西南。

[2] 魏安釐(xī西)王:魏国国君(前276至前243在位)。晋鄙:魏国的大将。

[3] 荡阴:当时赵、魏两国交界的地方,在今河南汤阴。

[4] 客将军:别国人在此国做将军,称为客将军。辛垣衍:姓辛垣,名衍。间入:趁围困不紧时偷偷地进入。

[5] 因:经由,通过。平原君:赵氏,名胜,封平原君。他是赵孝成王的叔父,时任赵相。赵王:指赵孝成王(前265至前245在位)。

[6] "前与"三句:前288年,齐闵王(前300至前284在位)称东帝,秦昭王称西帝。后来苏代说服齐闵王废除帝号,秦国也随着取消帝号。已而,不久。归帝,归还帝号。指秦取消帝号。

[7] "今齐"句:前284年,燕将乐毅同五国伐齐,齐国大败,齐闵王死去。到了秦围邯郸时,齐闵王已死了二十余年。一说,这句话可以解释为"今天的齐国比起闵王时已更加衰弱"。

[8] 诚:真。秦昭王:秦王嬴则(前306至前251在位)。

[9] 去:离去,指离开邯郸。

[10] 适:正巧。

[11] 奈何:怎么办。

[12] "百万"句:赵孝成王六年(前260),秦将白起大破赵军于长平(今山西高平市西北),阬杀赵降卒四十万。"百万"是夸大的说法。

[13] 梁:即魏国。魏迁都大梁(今河南开封)后,又称为梁。安在:在

351

哪里。

[14]泄:泄露,告诉。鲍彪注:"泄,言已白之。"之:指辛垣衍到赵国这件事。

[15]玉貌:对别人相貌的尊称。

[16]曷为:为什么。

[17]"世以"四句:世上凡认为鲍焦缺乏广阔的心胸而死的人,都错了。鲍焦,周时隐士,相传他不愿为诸侯帝王效忠,以采樵及拾橡实为生,后抱木饿死。从容,指心胸宽阔。人们不理解他,认为他只是为了自己一人打算。鲁仲连借此表明自己并非为个人打算的。

[18]上首功:崇尚战功。上,同"尚",崇尚,注重。首功,斩首之功。

[19]权使其士:以权诈之术使士人为其所用。士,有知识的人。虏使其民:像奴隶一样驱使其民众。古人把俘虏作为奴隶,故此处虏作奴隶解。

[20]肆然:放肆地,无所忌惮地。

[21]正:同"政",用政治力量控制。

[22]恶:怎么。

[23]齐威王:齐国国君,姓田,名婴齐,桓公的儿子。前356年至前320年在位。

[24]居岁馀:过了一年多的时间。周烈王:名喜,前375年至前369年在位。崩:帝王死。

[25]赴:同"讣",报丧。

[26]天崩地坼(chè彻):比喻天子死。坼,裂开。

[27]天子:指继承烈王的新君显王(名扁)。下席:离开宫室,寝于草席之上守孝。

[28]东藩:位于东方的藩国。指齐国。田婴齐:齐威王的姓名。

[29]斫(zhuó灼):砍,斩。

[30]勃然:因生气而变脸色的样子。

[31]叱嗟(chì jiē 吃街):怒斥声。

[32]而母婢也:你的母亲不过是一个婢女。是侮辱周王的话。而,汝,你。婢,侍婢。

[33]生:指周烈王活着的时候。朝:朝拜。死:指周烈王死了以后。

叱:骂。忍:忍受。求:苛求。

[34] 独:用于反问,表示语气。仆:奴仆。

[35] 然则:既然这样,那么。烹醢(hǎi 海):古代的酷刑。烹,煮。醢,剁肉成酱。

[36] 怏(yàng 样)然:郁郁不欢的样子。说:同"悦"。

[37] 嘻:惊叹声。

[38] 鬼侯、鄂侯、文王:传说是纣王封的三公。

[39] 子:女儿。好:貌美。

[40] 入:进献,献纳。

[41] 恶(è 厄):丑。

[42] 辨:通"辩"。疾:剧烈。

[43] 脯(fǔ 斧):酷刑,将人杀死制成肉干。

[44] 喟(kuì 愧)然:叹气的样子。

[45] 牖(yǒu 有)里:一作"羑里",古地名,在今河南汤阴北。库:监狱。

[46] "齐闵"句:齐闵王逃到卫国,因态度傲慢没有被接纳,于是离开卫国要到鲁国去。

[47] 夷维子:齐人,以邑为姓。夷维,地名,今山东潍县。子,男子的美称。策:马鞭。

[48] 十太牢:牛羊猪各十只。太牢,牛羊猪各一称太牢。

[49] 巡狩(shòu 寿):天子到各诸侯国视察。

[50] 诸侯辟舍:天子到诸侯国中巡狩时,诸侯要离开自己的正殿不居。辟,同"避",回避,离开。舍,指正房。

[51] 纳:交纳。管键:钥匙。

[52] 摄:持,提起。衽(rèn 认):衣襟。抱:捧。几:矮或小的桌子。

[53] 视膳:伺候别人吃饭。

[54] 已:完毕。

[55] 而听退朝:当作"退而听朝"。

[56] "鲁人"句:鲁人闭关下锁,不接纳齐王入境。以上一段言前284年,燕乐毅率五国之师攻齐,齐闵王出奔,也即逃难。齐闵王当时称东帝(秦称西帝),逃难途中还以"帝"的姿态,意气骄人,要人按"帝"对待他,结果这

353

些国家都拒绝他入境。

〔57〕薛：古国名，在今山东滕州市南。

〔58〕假涂：借路。涂，通"途"。这里说，齐闵王要到薛国去，从邹经过。邹：小国名。在今山东邹县。

〔59〕吊：吊唁。

〔60〕孤：父亲死了，儿女叫孤。这里指邹国的新君。

〔61〕倍殡柩：把灵柩移到相反的方向，就是移到南面。古代以坐北向南为正位，灵柩本朝南，因为天子必须面南坐，因此要把灵柩掉过头来。倍，背。

〔62〕伏剑而死：用剑自刎而死。

〔63〕事养：侍奉，供养。

〔64〕饭含：把米放在死人口中叫饭，把玉放在死人口中叫含。这里的意思是，邹、鲁国势已很微弱，国君生时，臣子们不能侍奉供养；国君死后，也不能行饭含之礼。

〔65〕三晋：韩、魏、赵三国是由晋国分裂而成的诸侯国，故称韩、赵、魏为三晋。这里主要指赵、魏。

〔66〕"且秦"十句：秦如果膨胀不止终于称帝，那就会更换诸侯的大臣，将剥夺他认为不贤能者的职位，安排给他认为贤能的人。剥夺他不喜欢的人，给予他喜欢的人。他又会让那些惯于谗毁他人的妾妇，做诸侯的嫔妃，这样的人住在梁王的宫中，梁王怎么能安然度日呢？子女，这里偏指女。谗妾，善进谗言的妾妇。

〔67〕却军：退兵。

〔68〕公子无忌：即信陵君，魏昭王的少子，魏安釐王的异母弟。他托魏王的爱妾如姬盗出兵符，假传魏王的命令，杀了晋鄙，夺得晋鄙的军队，击退秦军，救了赵国。

〔69〕引：撤退。

唐雎不辱使命

〔解题〕本文选自《战国策·魏策四》。公元前230至235年,秦灭韩、魏两国。安陵是魏国的附庸小国,秦王想假借交换土地的名义吞并安陵,安陵君派遣唐雎为使臣与秦进行交涉。唐雎面对强秦时机智英勇、不畏强暴,最终使得秦王恐惧认罪。展示了大义如何征服强权。

秦王使人谓安陵君曰[1]:"寡人欲以五百里之地易安陵,安陵君其许寡人[2]。"安陵君曰:"大王加惠[3],以大易小,甚善。虽然[4],受地于先王,愿终守之[5],弗敢易。"秦王不说[6]。安陵君因使唐雎使于秦[7]。

秦王谓唐雎曰:"寡人以五百里之地易安陵,安陵君不听寡人,何也?且秦灭韩亡魏[8],而君以五十里之地存者,以君为长者[9],故不错意也[10]。今吾以十倍之地请广于君[11],而君逆寡人者[12],轻寡人与[13]?"唐雎对曰:"否,非若是也。安陵君受地于先王而守之,虽千里不敢易也,岂直五百里哉[14]?"

秦王怫然怒[15],谓唐雎曰:"公亦尝闻天子之怒乎?"唐雎对曰:"臣未尝闻也。"秦王曰:"天子之怒,伏尸百万,流血千里。"唐雎曰:"大王尝闻布衣之怒乎[16]?"秦王曰:"布衣之怒,亦免冠徒跣[17],以头抢地尔[18]。"唐雎曰:"此庸夫之怒也,非士之怒也。夫专诸之刺王僚也[19],彗星袭月[20];

聂政之刺韩傀也[21],白虹贯日[22];要离之刺庆忌也[23],仓鹰击于殿上[24]。此三子者,皆布衣之士也,怀怒未发,休祲降于天[25],与臣而将四矣。若士必怒,伏尸二人,流血五步,天下缟素[26],今日是也。"挺剑而起。

秦王色挠[27],长跪而谢之曰[28]:"先生坐,何至于此!寡人谕矣[29]。夫韩、魏灭亡,而安陵以五十里之地存者,徒以有先生也[30]。"

——《战国策·魏策四》

[1] 秦王:秦始皇嬴政,当时还未称皇帝。使:派遣。安陵君:安陵国的国君。安陵是魏的附庸国,地在今河南鄢陵西北。

[2] 其:副词,表命令语气。

[3] 加惠:给予恩惠。

[4] 虽然:即便如此。

[5] 终:始终,永远。

[6] 说:高兴。

[7] 唐雎:魏国人。使:前一"使"意为派遣,后一"使"意为出使。

[8] 灭韩亡魏:秦王政十七年(前230)灭韩国,二十二年(前225)灭魏国。

[9] 长者:厚道人。

[10] 错意:措意,在意。

[11] 请广于君:让安陵君扩大领土。广,扩充。

[12] 逆:违逆,拒绝。

[13] 轻寡人与:看不起寡人我吗?与,语气助词。

[14] 岂直:岂止。

[15] 怫(fú 福)然:盛怒的样子。

[16] 布衣:平民。

[17] 亦:也就是,也不过。徒跣(xiǎn 显):光着脚。

[18] 抢(qiāng 枪):撞。

［19］专诸之刺王僚:公元前514年,吴国公子光派勇士专诸刺杀吴王僚。

［20］彗星袭月:彗星的尾巴扫过月亮。古人往往将天相和重大事件联系起来。

［21］聂政之刺韩傀(guī归):韩国的大夫严仲子同韩傀有仇,使聂政刺杀韩傀。

［22］白虹贯日:一道白光直冲太阳。

［23］要离之刺庆忌:庆忌是吴王僚的儿子。公子光杀死吴王僚以后,僚的儿子庆忌逃到卫国。公子光派要离将其刺杀。

［24］仓:通"苍",深青色。

［25］休祲(jìn进):吉凶的征兆。休为吉祥,祲为不祥。

［26］缟(gǎo搞)素:白色的丝织品,这里指穿丧服。天下服丧,暗指自己要刺杀秦王。

［27］色挠:变了脸色。挠,屈服。

［28］长跪:古人席地而坐,坐时两膝着地,臀部压在脚跟上。跪时上身挺直,所以叫长跪。谢:道歉。

［29］谕:明白。

［30］徒以:只因为。

廉颇蔺相如列传(节选)

司马迁

〔解题〕 本篇选自《史记》。司马迁(前145？—？)，字子长，夏阳(今陕西韩城)人。青年时游历山川，元封三年(前108)继父职为太史令。天汉二年(前99)因替李陵辩解，触怒武帝，被处以官刑。被刑后，他忍辱负重，发愤著书，约在征和年间(前92—前89)完成《史记》。《史记》原称《太史公书》。列传是《史记》"五体"之一，以记载各类人物为主，有单传、合传、类传等。本篇是一篇合传，记述了蔺相如的智勇，两度以大义服虎狼之秦。而又宽容大度，顾全大局，感动廉颇。廉颇则知耻改过，与蔺相如共扶赵室。

廉颇者，赵之良将也。赵惠文王十六年[1]，廉颇为赵将，伐齐，大破之，取阳晋[2]，拜为上卿[3]，以勇气闻于诸侯。

蔺相如者，赵人也。为赵宦者令缪贤舍人[4]。

赵惠文王时，得楚和氏璧[5]。秦昭王闻之[6]，使人遗赵王书[7]，愿以十五城请易璧。赵王与大将军廉颇诸大臣谋：欲予秦，秦城恐不可得，徒见欺[8]；欲勿予，即患秦兵之来。计未定，求人可使报秦者，未得。

宦者令缪贤曰："臣舍人蔺相如可使。"王问："何以知之？"对曰："臣尝有罪，窃计欲亡走燕[9]。臣舍人相如止臣曰：'君何以知燕王？'臣语曰：'臣尝从大王与燕王会境上，燕王私握臣手[10]，曰"愿结友"，以此知之，故欲往。'相如谓臣曰：'夫赵强而燕弱，而君幸于赵王[11]，故燕王欲结于君。今君乃亡赵走燕，燕畏赵，其势必不敢留君，而束君归赵矣[12]。君不如肉袒伏斧质请罪[13]，则幸得脱矣。'臣从其计，大王亦幸赦臣。臣窃以为其人勇士，有智谋，宜可使。"

于是王召见，问蔺相如曰："秦王以十五城请易寡人之璧，可予不[14]？"相如曰："秦强而赵弱，不可不许。"王曰："取吾璧，不予我城，奈何？"相如曰："秦以城求璧而赵不许，曲在赵[15]；赵予璧而秦不予赵城，曲在秦。均之二策[16]，宁许以负秦曲[17]。"王曰："谁可使者？"相如曰："王必无人，臣愿奉璧往使。城入赵而璧留秦；城不入，臣请完璧归赵。"赵王于是遂遣相如奉璧西入秦。

秦王坐章台见相如[18]。相如奉璧奏秦王[19]。秦王大喜，传以示美人及左右[20]，左右皆呼万岁。相如视秦王无意偿赵城，乃前曰："璧有瑕[21]，请指示王。"王授璧。相如因持璧却立[22]，倚柱，怒发上冲冠[23]，谓秦王曰："大王欲得璧，使人发书至赵王，赵王悉召群臣议[24]，皆曰：'秦贪，负其强[25]，以空言求璧，偿城恐不可得。'议不欲予秦璧。臣以为布衣之交尚不相欺[26]，况大国乎？且以一璧之故逆强秦之欢[27]，不可。于是赵王乃斋戒五日，使臣奉璧，拜送书于庭[28]。何者？严大国之威以修敬也[29]。今臣至，大王见臣列观[30]，礼节甚倨[31]，得璧，传之美人，以戏弄臣。臣观大王无意偿赵王城邑，故臣复取璧。大王必欲急臣[32]，臣头今与璧俱碎于柱矣！"

相如持其璧睨柱[33]，欲以击柱。秦王恐其破璧，乃辞谢固请[34]，召有司案图[35]，指从此以往十五都予赵[36]。相如度秦王特以诈详为予赵城[37],实不可得,乃谓秦王曰:"和氏璧,天下所共传宝也[38]。赵王恐,不敢不献。赵王送璧时,斋戒五日。今大王亦宜斋戒五日,设九宾于廷[39],臣乃敢上璧。"秦王度之,终不可强夺,遂许斋五日,舍相如广成传[40]。

相如度秦王虽斋,决负约不偿城,乃使其从者衣褐[41],怀其璧,从径道亡[42],归璧于赵。

秦王斋五日后,乃设九宾礼于廷,引赵使者蔺相如。相如至,谓秦王曰:"秦自缪公以来二十馀君[43],未尝有坚明约束者也[44]。臣诚恐见欺于王而负赵,故令人持璧归,间至赵矣[45]。且秦强而赵弱,大王遣一介之使至赵,赵立奉璧来。今以秦之强而先割十五都予赵,赵岂敢留璧而得罪于大王乎?臣知欺大王之罪当诛,臣请就汤镬[46],唯大王与群臣孰计议之[47]。"秦王与群臣相视而嘻[48]。左右或欲引相如去,秦王因曰:"今杀相如,终不能得璧也,而绝秦赵之欢。不如因而厚遇之[49],使归赵。赵王岂以一璧之故欺秦邪!"卒廷见相如[50],毕礼而归之。

相如既归,赵王以为贤大夫,使不辱于诸侯,拜相如为上大夫[51]。秦亦不以城予赵,赵亦终不予秦璧。

其后秦伐赵,拔石城[52]。明年复攻赵,杀二万人。秦王使使者告赵王,欲与王为好,会于西河外渑池[53]。赵王畏秦,欲毋行。廉颇蔺相如计曰:"王不行,示赵弱且怯也。"赵王遂行。相如从。廉颇送至境,与王决曰:"王行,度道里会遇之礼毕[54],还,不过三十日。三十日不还,则请立太子为王,以绝秦望[55]。"王许之。遂与秦王会渑池。

秦王饮酒酣,曰:"寡人窃闻赵王好音,请奏瑟[56]。"赵王鼓瑟。秦御史前书曰[57]:"某年月日,秦王与赵王会饮,令赵王鼓瑟。"蔺相如前曰："赵王窃闻秦王善为秦声[58]，请奉盆缻秦王[59]，以相娱乐。"秦王怒，不许。于是相如前进缻，因跪请秦王。秦王不肯击缻。相如曰："五步之内，相如请得以颈血溅大王矣!"左右欲刃相如，相如张目叱之，左右皆靡[60]。于是秦王不怿[61]，为一击缻。相如顾召赵御史书曰："某年月日，秦王为赵王击缻。"秦之群臣曰："请以赵十五城为秦王寿[62]。"蔺相如亦曰："请以秦之咸阳为赵王寿[63]。"秦王竟酒[64]，终不能加胜于赵。赵亦盛设兵以待秦，秦不敢动。既罢，归国，以相如功大，拜为上卿，位在廉颇之右[65]。

廉颇曰："我为赵将，有攻城野战之大功，而蔺相如徒以口舌为劳，而位居我上。且相如素贱人[66]，吾羞，不忍为之下。"宣言曰："我见相如，必辱之。"相如闻，不肯与会。相如每朝时，常称病，不欲与廉颇争列[67]。已而相如出，望见廉颇，相如引车避匿[68]。于是舍人相与谏曰："臣所以去亲戚而事君者，徒慕君之高义也。今君与廉颇同列，廉君宣恶言，而君畏匿之，恐惧殊甚[69]。且庸人尚羞之，况于将相乎!臣等不肖，请辞去。"蔺相如固止之，曰："公之视廉将军孰与秦王[70]?"曰："不若也。"相如曰："夫以秦王之威，而相如廷叱之，辱其群臣。相如虽驽[71]，独畏廉将军哉？顾吾念之，强秦之所以不敢加兵于赵者，徒以吾两人在也。今两虎共斗，其势不俱生。吾所以为此者，以先国家之急而后私仇也。"

廉颇闻之，肉袒负荆[72]，因宾客至蔺相如门谢罪[73]，曰："鄙贱之人，不知将军宽之至此也!"卒相与欢，为刎颈之交[74]。

——《史记·廉颇蔺相如列传》

［1］赵惠文王十六年：公元前283年。赵惠文王，赵国君主，名何。

［2］阳晋：齐国城邑，在今山东菏泽西北。

［3］上卿：官爵名，战国时期诸侯国大臣中最高的官位。

［4］宦者令：太监的首领。缪贤：人名。舍人：有职务的门客。

［5］和氏璧：战国时著名的玉璧，是楚人卞和发现的，故名。

［6］秦昭王：即秦昭襄王，名则。

［7］遗（wèi 为）：送。

［8］徒见欺：只是被欺骗。

［9］亡走燕：逃到燕国去。

［10］私：偷偷，私下。

［11］幸于赵王：被赵王宠爱，信任。

［12］束君归赵：把您捆绑起来送还赵国。

［13］肉袒伏斧质：解衣露体，伏在斧质上。袒，脱衣露体。质，同"锧"，承斧的砧板。

［14］不：同"否"。

［15］曲：理屈，理亏。

［16］均之二策：衡量这两个计策。均，衡量。

［17］"宁许"句：宁可答应，让秦国承担理亏的责任。

［18］章台：秦离宫中的台观名。

［19］奏：进献。

［20］美人：指秦王的姬妾。左右：秦王的近臣。

［21］瑕：玉上的小斑点。

［22］却立：倒退几步立定。

［23］怒发上冲冠：愤怒得头发直竖，顶起了帽子。

［24］悉召：全部召集。

［25］负：倚仗。

［26］布衣之交：平民间的交往。

［27］逆：拂逆，触犯。

［28］斋戒：古人祭祀之前，沐浴更衣，节制饮食，表示虔诚，叫作斋戒。庭：同"廷"，朝堂。

[29] 严:尊重,敬畏。修敬:致敬。

[30] 列观(guàn惯):一般的台观,指章台。不在朝堂接见,说明秦对赵使的不尊重。

[31] 倨:傲慢。

[32] 急:逼迫。

[33] 睨(nì腻):斜视。

[34] 辞谢:道歉。固请:坚决请求(相如不要把璧撞破)。

[35] 有司:职有专司的官吏。案图:查明地图。案,同"按"。

[36] 都:城。

[37] 度:估计。特:只,只是。详:同"佯",假装。

[38] 共传:公认。

[39] 设九宾:最隆重的外交仪式,有傧相九人依次传呼接引宾客上殿。宾,同"傧"。

[40] 舍:安置。广成传(zhuàn转):广成,城邑名。传,传舍,宾馆。

[41] 衣(yì义)褐:穿着粗麻布短衣,指化装成平民百姓。

[42] 径道:小路。

[43] 缪公:即秦穆公。缪,同"穆"。

[44] 坚明约束:坚决明确地遵守信约。约束,信约。

[45] 间(jiàn见):抄小路。

[46] 汤镬(huò霍):指烹刑。汤,沸水。镬,大锅。

[47] 孰:同"熟",仔细。

[48] 嘻:苦笑声。

[49] 因而厚遇之:趁此优厚地款待他。

[50] 卒廷见相如:终于在朝堂上接见蔺相如。

[51] 上大夫:战国时大夫中最高的一级。

[52] 拔石城:攻取石城。石城,故址在今河南林州西南。

[53] 为好:修好。西河:黄河西边。渑池:秦地,今河南渑池西。

[54] "度道"句:估算前往渑池的路程和会见完毕的时间。道里,路程。

[55] 绝秦望:断绝秦国要挟胁迫的念头。

363

［56］好音：喜欢音乐。瑟：古代乐器，形似琴而较长大。通常有二十五根弦。

［57］御史：战国时候的史官。前书：上前书写、记载。

［58］秦声：秦国的音乐。

［59］盆缻(fǒu否)：均为瓦器。缻，同"缶"。敲打盆缶，作为唱歌时的节拍。

［60］刃：刀锋。用作动词，即杀。叱：喝骂。靡：倒退。

［61］怿(yì义)：愉快。

［62］为秦王寿：祝秦王长寿，指向秦王献礼。

［63］咸阳：秦都。在今陕西咸阳东。

［64］竟酒：酒宴结束。

［65］上卿：尊贵的官位。右：古人以右为尊。

［66］素贱人：向来微贱。素，素来，向来。

［67］争列：争位次。

［68］引车避匿：将车子调转躲避。

［69］殊甚：太过分。

［70］孰与：与……相比。孰，哪个。

［71］驽：愚笨，拙劣。

［72］负荆：背着荆条，表示愿受鞭打为惩罚。

［73］因：通过。

［74］刎(wěn吻)颈之交：指能够共患难、同生死的朋友。刎颈，杀头。刎，割。

汲 黯 传（节选）

司马迁

〔解题〕本文节选自《史记·汲郑列传》。汲黯，字长孺，汉武帝时大臣。本篇详细记述了汲黯的生平事迹。汲黯倨傲严正，敢于直谏，连武帝对他也忌惮敬畏。文章通过种种细节，刻画出一位憨直耿介，不避祸福，不唯上，不唯权，不为强势所移的社稷之臣的形象，千载之下，亦令人景仰。

汲黯字长孺，濮阳人也[1]。其先有宠于古之卫君[2]。至黯七世，世为卿大夫。黯以父任，孝景时为太子洗马，以庄见惮[3]。孝景帝崩，太子即位，黯为谒者[4]。东越相攻，上使黯往视之。不至，至吴而还，报曰："越人相攻，固其俗然，不足以辱天子之使。"河内失火[5]，延烧千馀家，上使黯往视之。还报曰："家人失火[6]，屋比延烧[7]，不足忧也。臣过河南，河南贫人伤水旱万馀家，或父子相食，臣谨以便宜，持节发河南仓粟以振贫民[8]。臣请归节，伏矫制之罪[9]。"上贤而释之，迁为荥阳令[10]。黯耻为令，病归田里。上闻，乃召拜为中大夫[11]。以数切谏，不得久留内，迁为东海太守[12]。黯学黄老之言，治官理民，好清静，择丞史而任之。其治，责大指而已，不苛小。黯多病，卧闺阁内不出[13]。岁馀，东海大治。称之。上闻，召以为主爵都尉，列于九卿。治务在无为而已,弘大体,不拘文法。

黯为人性倨[14],少礼,面折[15],不能容人之过。合己者善待之,不合己者不能忍见,士亦以此不附焉。然好学,游侠,任气节,内行修洁,好直谏,数犯主之颜色[16],常慕傅柏、袁盎之为人也[17]。善灌夫、郑当时及宗正刘弃[18]。亦以数直谏,不得久居位。

当是时,太后弟武安侯蚡为丞相[19],中二千石来拜谒,蚡不为礼。然黯见蚡未尝拜,常揖之。天子方招文学儒者,上曰吾欲云云,黯对曰:"陛下内多欲而外施仁义,奈何欲效唐虞之治乎!"上默然,怒,变色而罢朝。公卿皆为黯惧。上退,谓左右曰:"甚矣,汲黯之戆也[20]!"群臣或数黯,黯曰:"天子置公卿辅弼之臣[21],宁令从谀承意[22],陷主于不义乎?且已在其位,纵爱身,奈辱朝廷何[23]!"

黯多病,病且满三月,上常赐告者数[24],终不愈。最后病,庄助为请告[25]。上曰:"汲黯何如人哉?"助曰:"使黯任职居官,无以逾人[26]。然至其辅少主,守城深坚[27],招之不来,麾之不去,虽自谓贲、育亦不能夺之矣[28]。"上曰:"然。古有社稷之臣[29],至如黯,近之矣。"

大将军青侍中[30],上踞厕而视之[31]。丞相弘燕见,上或时不冠[32]。至如黯见,上不冠不见也。上尝坐武帐中,黯前奏事,上不冠,望见黯,避帐中,使人可其奏。其见敬礼如此。

张汤方以更定律令为廷尉[33],黯数质责汤于上前,曰:"公为正卿,上不能褒先帝之功业,下不能抑天下之邪心,安国富民,使囹圄空虚[34],二者无一焉。非苦就行[35],放析就功[36],何乃取高皇帝约束纷更之为[37]?公以此无种矣[38]。"黯时与汤论议,汤辩常在文深小苛[39],黯伉厉守高[40],不能屈[41],忿发骂曰[42]:"天下谓刀笔吏不可以为公卿,果然。必汤也[43],令天下重足而立[44],侧目而视矣[45]!"

是时,汉方征匈奴,招怀四夷。黯务少事,乘上间[46],常言与胡和亲,无起兵。上方向儒术,尊公孙弘。及事益多,吏民巧弄[47]。上分别文法,汤等数奏决谳以幸[48]。而黯常毁儒,面触弘等徒怀诈饰智以阿人主取容[49],而刀笔吏专深文巧诋[50],陷人于罪,使不得反其真[51],以胜为功[52]。上愈益贵弘、汤,弘、汤深心疾黯[53],唯天子亦不说也[54],欲诛之以事[55]。弘为丞相,乃言上曰:"右内史界部中多贵人宗室[56],难治,非素重臣不能任,请徙黯为右内史。"为右内史数岁,官事不废。

大将军青既益尊,姊为皇后,然黯与亢礼[57]。人或说黯曰:"自天子欲群臣下大将军,大将军尊重益贵,君不可以不拜。"黯曰:"夫以大将军有揖客,反不重邪[58]?"大将军闻,愈贤黯,数请问国家朝廷所疑,遇黯过于平生。

淮南王谋反[59],惮黯,曰:"好直谏,守节死义,难惑以非[60]。至如说丞相弘,如发蒙振落耳[61]。"

天子既数征匈奴有功,黯之言益不用。始黯列为九卿,而公孙弘、张汤为小吏。及弘、汤稍益贵,与黯同位,黯又非毁弘、汤等。已而弘至丞相,封为侯;汤至御史大夫;故黯时丞相史皆与黯同列,或尊用过之。黯褊心,不能无少望,见上,前言曰:"陛下用群臣如积薪耳,后来者居上。"上默然。有间黯罢[62],上曰:"人果不可以无学,观黯之言也日益甚[63]。"

居无何,匈奴浑邪王率众来降,汉发车二万乘。县官无钱[64],从民贳马[65]。民或匿马,马不具。上怒,欲斩长安令。黯曰:"长安令无罪,独斩黯,民乃肯出马。且匈奴畔其主而降汉,汉徐以县次传之,何至令天下骚动,罢弊中国而以

367

事夷狄之人乎[66]！"上默然。及浑邪至，贾人与市者，坐当死者五百馀人[67]。黯请间，见高门[68]，曰："夫匈奴攻当路塞[69]，绝和亲，中国兴兵诛之，死伤者不可胜计，而费以巨万百数。臣愚以为陛下得胡人，皆以为奴婢以赐从军死事者家；所虏获，因予之，以谢天下之苦，塞百姓之心[70]。今纵不能，浑邪率数万之众来降，虚府库赏赐[71]，发良民侍养，譬若奉骄子。愚民安知市买长安中物而文吏绳以为阑出财物于边关乎[72]？陛下纵不能得匈奴之资以谢天下，又以微文杀无知者五百馀人[73]，是所谓'庇其叶而伤其枝'者也[74]，臣窃为陛下不取也。"上默然，不许，曰："吾久不闻汲黯之言，今又复妄发矣。"后数月，黯坐小法，会赦免官。于是黯隐于田园。

居数年，会更五铢钱[75]，民多盗铸钱[76]，楚地尤甚。上以为淮阳[77]，楚地之郊，乃召拜黯为淮阳太守。黯伏谢不受印，诏数强予，然后奉诏。诏召见黯，黯为上泣曰："臣自以为填沟壑[78]，不复见陛下，不意陛下复收用之。臣常有狗马病[79]，力不能任郡事，臣愿为中郎，出入禁闼[80]，补过拾遗[81]，臣之愿也。"上曰："君薄淮阳邪[82]？吾今召君矣[83]。顾淮阳吏民不相得，吾徒得君之重，卧而治之。"黯既辞行，过大行李息[84]，曰："黯弃居郡，不得与朝廷议也[85]。然御史大夫张汤智足以拒谏，诈足以饰非，务巧佞之语，辩数之辞，非肯正为天下言，专阿主意[86]。主意所不欲，因而毁之；主意所欲，因而誉之。好兴事，舞文法，内怀诈以御主心[87]，外挟贼吏以为威重。公列九卿，不早言之，公与之俱受其僇矣[88]。"息畏汤，终不敢言。黯居郡如故治，淮阳政清。后张汤果败，上闻黯与息言，抵息罪[89]。令黯以诸侯相秩居淮阳[90]。七岁而卒。

卒后，上以黯故，官其弟汲仁至九卿，子汲偃至诸侯相。

黯姑姊子司马安亦少与黯为太子洗马。安文深巧善宦[91]，官四至九卿，以河南太守卒。昆弟以安故，同时至二千石者十人。濮阳段宏始事盖侯信[92]，信任宏，宏亦再至九卿。然卫人仕者皆严惮汲黯，出其下。

——《史记·汲郑列传》

[1] 濮阳：县名，在今河南濮阳市。

[2] 其先：他的祖先。古之卫君：古代卫国的君主。

[3] "黯以"三句：汲黯以父荫任职，官太子洗（xiǎn显）马。汉制，二千石以上官员，任职满三年，可以保举自己的同胞兄弟或儿子一人为郎。任，保举。太子洗马，官名。庄，威严。见惮，被上下所敬畏。

[4] 谒者：官名，负责接待宾客。

[5] 河内：汉郡名，在今河南沁阳。

[6] 家人：平民之家。

[7] 屋比：房屋连在一起。

[8] "臣过"五句：我路过河南郡，河南郡的贫民被水灾旱灾所伤有万馀家，我没有请示朝廷就便宜行事，凭我所持的符节，打开河南粮仓中的粮食赈济灾民了。河南，郡名，今洛阳。便宜，方便不待命而行事。振，通"赈"，赈济。

[9] 伏矫制罪：接受假借君主名义发布命令罪过的处分。伏，服。

[10] 荥阳令：荥阳县令。荥阳，地名，今属河南郑州市。

[11] 中大夫：郎中令属官，掌议论。

[12] 东海太守：东海郡长官。东海，在今山东郯城北。

[13] 闺阁（gé阁）：内室。

[14] 倨：高傲。

[15] 面折：当面驳斥别人。

[16] "数（shuò硕）犯"句：多次冒犯汉武帝而进谏。

[17] 傅柏：梁人，曾为梁孝王将，以刚直敢言著称。袁盎：汉初时人，曾任吴王相。两人都因伉直出名。

[18] 灌夫:武帝时人,做过淮阳太守、太仆等,为人刚直,后被武安侯田蚡害死。郑当时:武帝时做过济南太守、右内史等官。宗正:九卿之一,掌管皇族事务。刘弃:汉宗室,曾任宗正。

[19] 蚡(fén 坟):即田蚡,景帝王皇后同母异父弟,封武安侯。

[20] 戆:憨厚刚直。

[21] 辅弼:辅佐。

[22] 从谀:怂恿,奉承。承意:迎合其意图。

[23] "奈辱"句:怎么能辱没朝廷呢?

[24] 赐告:皇帝准许休假。

[25] 庄助:武帝时吴人,曾为中大夫。请告:请假。

[26] "使黯"二句:让汲黯做官办事,没有过人之处。

[27] 守城:当作"守成"。

[28] 贲、育:战国时有勇士孟贲、夏育。这里泛指勇士。不能夺之:不能改变其志节。

[29] 社稷之臣:国之重臣。

[30] 青:卫青,武帝卫皇后同母弟,官大将军,位比三公。侍中:入侍宫中。

[31] 踞(jù 聚)厕而视之:踞,坐。厕,通侧,床(古代坐具,非卧具)侧。坐在床侧见卫青。古代天子见大臣,应起立相见。踞坐见客,是傲慢不尊重人。

[32] "丞相"二句:丞相公孙弘在武帝闲居时晋见,武帝有时候不戴帽子就召见了他。弘,即公孙弘,字季,菑川薛(今山东微山)人,武帝初以贤良为博士,他善于援引儒家经义议论政治,深得武帝信,曾为相。燕见,帝王退朝闲居时召见或接见臣子。或时,有时。冠,戴帽子。

[33] 张汤(?—前116):杜陵(今陕西西安东南)人,西汉时曾为廷尉、御史大夫等,用法严峻,常被视为"酷吏"。廷尉:九卿之一,执掌刑狱。

[34] 囹圄空虚:监狱内没有犯人,比喻政治清平。

[35] 非苦:苛酷。

[36] 放析:破坏。

[37] 约束纷更:约束纷乱的法度。

[38] 无种:断子绝孙。

[39] "汤辩"句:张汤辩论时总是引据条文,苛求小节。

[40] 伉厉守高:直爽严肃。

[41] 不能屈:不能使对方服气。

[42] 忿发:愤怒。

[43] 必汤也:一定要按张汤的苛法去做。

[44] 重足而立:后脚挨着前脚,不敢迈步。

[45] 侧目而视:不敢正眼观看,只敢斜眼视物。形容恐惧战栗。

[46] 乘上间:乘皇帝有空的时候。

[47] 吏民巧弄:官吏巧弄文法,百姓巧以避法。

[48] 奏决谳(yàn 艳):奏请皇帝裁决的案件。以幸:以取悦。

[49] 面触:当面斥责。徒怀诈饰智:只是内怀奸诈,外露聪明。取容:讨好。

[50] 深文巧诋:谓制定或援用法律条文苛细严峻,以不实之语进行诋毁,罗织罪名。

[51] 不得反其真:无法恢复真相。

[52] 以胜为功:定罪越多越有功。

[53] 疾:忌恨。

[54] 唯:意同虽。

[55] 欲诛之以事:想借故杀了他。

[56] 右内史:京兆尹。

[57] 亢礼:抗礼,行对等之礼,以平等的礼节相待。

[58] "夫以"二句:以大将军之尊而有只行长揖礼的人(只长揖而不拜),说明大将军礼贤下士,不是反而显得大将军更值得尊重了吗?

[59] 淮南王:刘安。刘安欲反叛朝廷,败露后自杀。

[60] 难惑以非:难以用不正当的理由诱惑。

[61] 说(shuì 睡):游说,说服别人听从自己。发蒙:揭开蒙在上边的东西。振落:摇落树叶。都比喻轻而易举。

[62] 有间(jiàn 见):过了一会儿。罢:退出。

[63] 无学:没有学问或学识。益甚:越发过分。按当时武帝尊儒,重用

371

儒生。汲黯毁儒且语言过苛,故有此言。

[64] 县官:古称天子所居之地为县,县官之皇帝,这里指朝廷。

[65] 贳(shì世)马:借马。

[66] "且匈"四句:匈奴(浑邪王)背叛了他的主子而来降汉,汉慢慢地一县一县依次传送他们来就是了,何至于骚扰中国来侍奉他们呢?畔,通"叛"。罢(pí皮),通"疲"。

[67] "贾人"二句:因为犯禁与匈奴做买卖而被判死刑的有五百多人。

[68] "黯请"二句:汲黯请得了接见的机会,在未央宫的高门殿拜见武帝。

[69] 匈奴攻当路塞:言匈奴进攻(入侵)我们重要的关塞。

[70] 塞百姓之心:满足百姓之心愿。

[71] 虚府库:竭尽国库所有。

[72] 绳:依法惩处。阑出财物于边关:犹言走私。

[73] 微文:繁密的条文。

[74] 庇其叶而伤其枝:谓本末轻重颠倒。

[75] 更五铢钱:汉武帝元狩五年(前118),改铸五铢钱。

[76] 盗铸:私铸。

[77] 淮阳:今河南淮阳。

[78] 填沟壑:死。

[79] 狗马病:自己有病的谦辞。

[80] 禁闼:宫廷。

[81] 补过拾遗:指向皇帝进谏。

[82] 薄:轻视,看不上。

[83] 吾今召君矣:我马上就会召你回来。今,此处意为即将、很快。

[84] 过:拜访。大行:九卿之一,负责接待宾客。李息:人名,时任大行。

[85] 与:参与。

[86] 阿:阿谀奉承。主:皇上。

[87] 御:迎合。

[88] 僇:同"戮"。

[89] 抵:判处。

［90］以诸侯相秩居淮阳:任淮阳太守而享有诸侯国相的俸禄。

［91］深巧善宦:善于钻营为官。

［92］盖侯信:武帝母王太后之兄王信。

苏 武 传（节选）

班 固

〔解题〕 本篇节选自《汉书·李广苏建传》。苏武（？—前60），苏建之子。武帝时，奉命出使匈奴，被扣留长达十九年。本篇成功地塑造了苏武的形象，苏武出使匈奴，不惧恫吓，不避危难，不因生活环境艰苦而屈服，传达了他坚定的气节和执着的信念。

武，字子卿。少以父任，兄弟并为郎[1]。稍迁至栘中厩监[2]。时汉连伐胡，数通使相窥观[3]。匈奴留汉使郭吉、路充国等[4]，前后十馀辈。匈奴使来，汉亦留之，以相当[5]。

天汉元年[6]，且鞮侯单于初立[7]，恐汉袭之，乃曰："汉天子，我丈人行也[8]。"尽归汉使路充国等。武帝嘉其义，乃遣武以中郎将使持节送匈奴使留在汉者[9]，因厚赂单于[10]，答其善意。武与副中郎将张胜及假吏常惠等[11]，募士斥候百馀人俱[12]。既至匈奴，置币遗单于[13]。单于益骄，非汉所望也。

方欲发使送武等，会缑王与长水虞常等谋反匈奴中[14]。

缑王者，昆邪王姊子也，与昆邪王俱降汉，后随浞野侯没胡中[15]。及卫律所将降者，阴相与谋劫单于母阏氏归汉[16]。会武等至匈奴，虞常在汉时，素与副张胜相知，私候胜,曰:"闻汉天子甚怨卫律,常能为汉伏弩射杀之。吾母与弟在汉,幸蒙其赏赐[17]。"张胜许之,以货物与常。

后月馀,单于出猎,独阏氏子弟在。虞常等七十馀人欲发,其一人夜亡告之[18]。单于子弟发兵与战。缑王等皆死,虞常生得[19]。

单于使卫律治其事[20]。张胜闻之,恐前语发,以状语武。武曰:"事如此,此必及我,见犯乃死,重负国!"欲自杀,胜、惠共止之。虞常果引张胜。单于怒,召诸贵人议,欲杀汉使者。左伊秩訾曰[21]:"即谋单于,何以复加[22]? 宜皆降之。"单于使卫律召武受辞[23]。武谓惠等:"屈节辱命,虽生,何面目以归汉!"引佩刀自刺。卫律惊,自抱持武,驰召医。凿地为坎,置煴火[24],覆武其上,蹈其背以出血[25]。武气绝,半日复息。惠等哭,舆归营[26]。单于壮其节,朝夕遣人候问武,而收系张胜[27]。

武益愈。单于使使晓武,会论虞常[28],欲因此时降武[29]。剑斩虞常已,律曰:"汉使张胜谋杀单于近臣,当死,单于募降者赦罪[30]。"举剑欲击之,胜请降。律谓武曰:"副有罪,当相坐[31]。"武曰:"本无谋,又非亲属,何谓连坐?"复举剑拟之,武不动。律曰:"苏君!律前负汉归匈奴,幸蒙大恩,赐号称王。拥众数万,马畜弥山,富贵如此!苏君今日降,明日复然。空以身膏草野[32],谁复知之!"武不应。律曰:"君因我降,与君为兄弟,今不听吾计,后虽欲复见我,尚可得乎?"武骂律曰:"女为人臣子[33],不顾恩义,畔主背亲,为降虏于蛮夷,何以女为见!且单于信女,使决人死生,不平心持正,反欲斗两主,观祸败!南越杀汉使者,屠为九郡[34];宛王杀汉使者,头县北阙[35];朝鲜杀汉使者,即时诛灭[36]。独匈奴未耳。若知我不降明,欲令两国相攻,匈奴之祸从我始矣!"律知武终不可胁,白单于[37]。单于愈益欲降之,乃幽武,置大窖中,绝不饮食。天雨雪,武卧啮雪,与旃毛并咽之[38],数日不死。匈奴以为神。乃徙武北海上无人处,使牧羝,羝乳乃得归[39]。别其官属常惠等,各置他所。

武既至海上,廪食不至[40],掘野鼠,去草实而食之。杖汉节牧羊[41],卧起操持,节旄尽落[42]。积五六年,单于弟於靬王弋射海上[43]。武能网纺缴[44],檠弓弩[45],於靬王爱之,给其衣食。三岁余,王病,赐武马畜、服匿、穹庐[46]。王死后,人众徙去。其冬,丁令盗武牛羊,武复穷厄[47]。

初,武与李陵俱为侍中[48],武使匈奴明年,陵降,不敢求武[49]。久之,单于使陵至海上,为武置酒设乐,因谓武曰:"单于闻陵与子卿素厚[50],故使陵来说足下,虚心欲相待。终不得归汉,空自苦亡人之地,信义安所见乎?前长君为奉车[51],从至雍棫阳宫[52],扶辇下除[53],触柱折辕[54],劾大不敬,伏剑自刎,赐钱二百万以葬。孺卿从祠河东后土[55],宦骑与黄门驸马争船[56],推堕驸马河中溺死,宦骑亡;诏使孺卿逐捕,不得,惶恐饮药而死。来时,太夫人已不幸[57],陵送葬至阳陵[58]。子卿妇年少,闻已更嫁矣。独有女弟二人[59],两女一男,今复十余年,存亡不可知。人生如朝露,何久自苦如此!陵始降时,忽忽如狂,自痛负汉,加以老母系保宫[60],子卿不欲降,何以过陵!且陛下春秋高[61],法令亡常,大臣亡罪夷灭者数十家,安危不可知,子卿尚复谁为乎?愿听陵计,勿复有云。"

武曰:"武父子亡功德,皆为陛下所成就,位列将[62],爵通侯[63],兄弟亲近,常愿肝脑涂地。今得杀身自效,虽蒙斧钺汤镬,诚甘乐之。臣事君,犹子事父也。子为父死亡所恨。愿勿复再言。"

陵与武饮数日,复曰:"子卿壹听陵言[64]。"武曰:"自分已死久矣[65]！王必欲降武,请毕今日之欢,效死于前[66]！"陵见其至诚,喟然叹曰:"嗟乎,义士！陵与卫律之罪上通于天。"因泣下沾衿,与武决去。

陵恶自赐武[67],使其妻赐武牛羊数十头。后陵复至北海上,语武:"区脱捕得云中生口[68],言太守以下吏民皆白服,曰上崩[69]。"武闻之,南乡号哭[70],欧血[71],旦夕临数月[72]。

昭帝即位,数年,匈奴与汉和亲。汉求武等,匈奴诡言武死。后汉使复至匈奴,常惠请其守者与俱,得夜见汉使,具自陈道[73]。教使者谓单于,言天子射上林中[74],得雁,足有系帛书,言武等在某泽中。使者大喜,如惠语以让单于[75]。单于视左右而惊,谢汉使曰:"武等实在。"

于是李陵置酒贺武曰:"今足下还归,扬名于匈奴,功显于汉室,虽古竹帛所载,丹青所画,何以过子卿！陵虽驽怯,令汉且贳陵罪[76],全其老母,使得奋大辱之积志,庶几乎曹柯之盟[77],此陵宿昔之所不忘也[78]。收族陵家[79],为世大戮,陵尚复何顾乎？已矣！令子卿知吾心耳。异域之人,壹别长绝！"陵起舞,歌曰:"径万里兮度沙幕,为君将兮奋匈奴。路穷绝兮矢刃摧,士众灭兮名已隤[80]。老母已死,虽欲报恩将安归！"陵泣下数行,因与武决。单于召会武官属,前以降及物故,凡随武还者九人。

武以始元六年春至京师[81]。诏武奉一太牢谒武帝园庙[82],拜为典属国[83],秩中二千石[84],赐钱二百万,公田二顷,宅一区。常惠、徐圣、赵终根皆拜为中郎,赐帛各二百匹。其馀六人老归家,赐钱人十万,复终身[85]。常惠后至右将军,封列侯,自有传。武留匈奴凡十九岁,始以强壮出,及还,须发尽白。

武来归明年,上官桀、子安与桑弘羊及燕王、盖主谋反[86]。武子男元与安有谋,坐死。初,桀、安与大将军霍光争权[87],数疏光过失予燕王,令上书告之。又言苏武使匈奴二十年不降,还乃为典属国,大将军长史无功劳[88],为搜粟都尉[89],光颛权自恣。及燕王等反诛,穷治党与,武素与桀、弘羊有旧,数为燕王所讼[90],子又在谋中,廷尉奏请逮捕武[91]。霍光寝其奏,免武官[92]。

数年,昭帝崩,武以故二千石与计谋立宣帝[93],赐爵关内侯[94],食邑三百户。久之,卫将军张安世荐武明习故事[95],奉使不辱命,先帝以为遗言。宣帝即时召武待诏宦者署[96],数进见,复为右曹典属国[97]。以武著节老臣,令朝朔望[98],号称祭酒[99],甚优宠之。武所得赏赐,尽以施予昆弟故人,家不余财。皇后父平恩侯、帝舅平昌侯、乐昌侯、车骑将军韩增、丞相魏相、御史大夫丙吉,皆敬重武[100]。

武年老,子前坐事死,上闵之,问左右:"武在匈奴久,岂有子乎?"武因平恩侯自白:"前发匈奴时,胡妇适产一子通国,有声问来,愿因使者致金帛赎之。"[101]上许焉。后通国随使者至,上以为郎。又以武弟子为右曹。武年八十余,神爵二年病卒[102]。

——《汉书·李广苏建传》

[1] 以父任:以父荫得官。郎:官名,皇帝的侍从。

[2] 稍迁:逐渐升迁。杙(yí移)中厩监:掌管杙园中马厩的官。

[3] 通使:互派使节。窥观:探察对方情况。

[4] 留:扣留。郭吉、路充国:均为被匈奴羁留的汉使,分别于元封元年(前110)和元封四年(前107)使匈奴被扣。

〔5〕以相当:用以相抵。

〔6〕天汉:武帝年号,元年为公元前100年。

〔7〕且鞮(jū dī 居低)侯单(chán 缠)于:乌维单于之弟。

〔8〕丈人行:长辈。

〔9〕中郎将:官名,皇帝的侍从武官。持节:手持旄节,即作为使者。

〔10〕赂:赠送礼物。

〔11〕假吏:指临时充任使臣属吏。

〔12〕斥候:侦察兵。

〔13〕币:财物。

〔14〕缑(gōu 勾)王:与下文昆邪王均为匈奴的亲王。长水:地名,在今陕西蓝田县西北。汉代归化的胡人住于此地。虞常:长水人。谋反匈奴中:在匈奴内部谋反。

〔15〕浞(zhuó 灼)野侯:赵破奴,太原人。武帝时,匈奴左大都尉欲降汉,武帝使赵破奴接应,结果事败,赵破奴被俘。没:陷没。

〔16〕卫律:父为胡人,生长于汉,后奔匈奴,匈奴封为丁零王。阴:暗地里。阏氏:匈奴王后的称号。

〔17〕幸:希望。蒙:得到。

〔18〕夜亡:趁夜逃跑。告:告发。

〔19〕生得:被活捉。

〔20〕治其事:审理这个案件。

〔21〕伊秩訾(zī 资):匈奴王号,有左右之分。

〔22〕即:假如。谋:图谋。左伊秩訾不同意杀使者,认为假如是图谋单于,那还如何加罪,应该都降低处罚。

〔23〕受辞:接受审讯。

〔24〕煴(yūn 晕)火:微火。

〔25〕蹈:通"搯",轻轻敲打。

〔26〕舆:抬着。

〔27〕收系:逮捕监禁。

〔28〕会:共同。论:判决。

〔29〕"欲因"句:想借处决虞常的时机使苏武投降。

［30］"单于"句：单于招募投降者，则赦其罪。以此胁迫使者投降。

［31］相坐：连坐，连带治罪。

［32］身膏草野：给野草为肥料。

［33］女：通"汝"。

［34］"南越"二句：汉武帝元鼎五年（前112），吕嘉杀南越王及汉使。次年，武帝平定南越，抓获吕嘉，在其地设九郡。

［35］"宛王"二句：大宛曾截杀汉使，太初元年（前104）武帝派李广利征大宛，四年，大宛贵族杀国王毋寡。李广利携其首级回汉，悬于宫阙之下。县，通"悬"。

［36］"朝鲜"二句：元封二年（前109），朝鲜杀汉使者，武帝派兵朝鲜，后朝鲜降汉。

［37］白：禀告。

［38］旃（zhān 毡）：通"毡"，毡毯。

［39］羝（dī 低）乳：公羊生小羊。乳，生育。

［40］廪（lǐn 凛）食：官方供给的食物。

［41］杖：拄。汉节：代表汉廷的旄节。

［42］节旄：旄节上所缀的牦牛尾饰物。

［43］於靬（wū jiān 污尖）王：且鞮侯单于之弟。

［44］网：结网。纺缴：纺织箭尾的丝绳。

［45］檠（qíng 情）：矫正弓弩的器具，这里用如动词。

［46］服匿：盛酒酪的瓦器。穹庐：圆顶的大帐。

［47］丁令：又作丁灵、丁零，匈奴的一支。穷厄：陷于困境。

［48］李陵：李广孙，字少卿。天汉二年（前99），领兵击匈奴，战败投降。侍中：官名，汉时为列侯以下至郎中的加官。

［49］求：寻找。

［50］子卿：苏武字。素厚：素来交情深厚。

［51］长君：指苏武兄苏嘉。奉车：奉车都尉。

［52］雍：地名，在陕西凤翔南，汉代置雍县。棫（yù 郁）阳宫：本为秦宫，在雍县东北。

［53］除：台阶。

[54] 折辕:折断车杠。

[55] 孺卿:苏武弟苏贤的字。祠:祭祀。河东:郡名,在山西夏县西北。后土:土地神。

[56] 宦骑:充当皇帝骑从的宦官。黄门驸马:皇帝的骑侍。

[57] 太夫人:指苏武的母亲。不幸:指去世。

[58] 阳陵:地名,在今陕西咸阳东。

[59] 女弟:妹妹。

[60] 保宫:汉少府属官,此处指保宫下属的官署,常用作系囚之所。

[61] 春秋高:年老。

[62] 位列将:苏武父苏建曾为右将军,苏武本人为中郎将。

[63] 爵通侯:指苏建封平陵侯。

[64] 壹:一定。

[65] 自分:自以为。

[66] "王必"三句:您一定要我投降的话,请喝完这次酒,在您的面前死去。效死,以死报效。在这里是一种委婉的说法。王,指李陵,李陵降匈奴后匈奴封其为右校王。

[67] 恶:羞恶,羞愧。

[68] 区(ōu 欧)脱:匈奴称边境的守望地区。云中:郡名,在今内蒙古托克托东北。生口:活捉来的人。

[69] 上崩:皇帝驾崩,即武帝去世。

[70] 南乡:向着南方。

[71] 欧:通"呕"。

[72] 临(lìn 吝):哭吊。

[73] 具:完全。陈道:陈述。

[74] 上林:即上林苑,皇家园林,皇帝游猎之所。

[75] 让:责备。

[76] 贳(shì 世):宽恕。

[77] 曹柯之盟:春秋时齐国伐鲁,鲁国大将曹沫战败三次。后来鲁齐于柯订立和约,曹沫曾以匕首胁迫齐桓公归还侵犯之地。这是李陵自言本有如曹沫一般折服敌国的心愿。

[78] 宿昔:往日。

[79] 收:收捕。族:族灭。

[80] 隤(tuí 颓):败坏。

[81] 始元六年:公元前81年,始元为汉昭帝年号。

[82] 太牢:以猪牛羊为祭品。园:陵寝。庙:祭祀祖先的场所。

[83] 典属国:官名,掌管依附汉朝的各属国事务。

[84] 秩:官秩。中二千石,汉代二千石的官秩中最高者。

[85] 复终身:终身免除徭役赋税。

[86] 上官桀:字少叔,武帝末封安阳侯。桑弘羊:武帝末为御史大夫。燕王:刘旦,武帝第三子。盖主:武帝长女。上官桀等人欲杀霍光,废昭帝,立燕王。事败,燕王与盖主自杀。

[87] 霍光:字子孟,霍去病异母弟,执掌朝政前后二十年。

[88] 大将军长史:大将军的辅佐官,此指杨敞,霍光的属官。

[89] 搜粟都尉:亦称治粟都尉,属大司农。

[90] "数为"句:言燕王多次为苏武申诉(以为给的官位太低)。讼,这里是为他人理冤、辩冤。

[91] 廷尉:司法官员。

[92] 寝:搁置。

[93] 宣帝:汉武帝曾孙刘询。苏武以前任二千石的身份,参预谋立宣帝。

[94] 关内侯:爵名,有称号而无统辖之地。

[95] 张安世:字子孺,张汤之子。明习故事:熟悉朝章典故。

[96] 待诏:等待皇帝宣诏。宦者署:宦者令的衙署。

[97] 右曹:加官的一种。

[98] 朔望:农历每月的初一和十五。这是说苏武只需在此时朝见皇帝。

[99] 祭酒:古代大宴会或大祭享时,必推一年高德重者举酒先祭,称为祭酒。故以此称德高望重的老者。

[100] 平恩侯:宣帝后父许广汉。平昌侯:宣帝母王夫人之兄王无敌。乐昌侯:王无敌之弟王武。韩增、魏相、丙吉三人,均为宣帝初年功臣。

〔101〕"前发"四句：先前从匈奴出发归汉时，在胡地的妻子恰产一子，名叫通国，有消息来，希望通过使者送去金帛赎回来。

〔102〕神爵：汉宣帝年号。神爵二年为公元前60年。

董 宣 传

范 晔

〔解题〕 范晔(398—445),字蔚宗,南朝宋史学家。本篇节选自其《后汉书》。董宣是一位个性鲜明的官员,刚烈倔强,公然顶撞光武帝刘秀的姐姐湖阳公主,皇帝让他叩头认罪,他不肯屈服。他对部属宽,而律己严,为官廉洁,死后家徒四壁。由此表彰了官员的刚方廉正。

董宣,字少平,陈留圉人也[1]。初为司徒侯霸所辟[2],举高第,累迁北海相[3]。到官,以大姓公孙丹为五官掾[4],丹新造居宅,而卜工以为当有死者[5],丹乃令其子杀道行人,置尸舍内以塞其咎[6]。宣知,即收丹父子杀之。丹宗族亲党三十馀人,操兵诣府[7],称冤叫号,宣以丹前附王莽[8],虑交通海贼,乃悉收系剧狱,使门下书佐水丘岑尽杀之[9]。青州以其多滥[10],奏宣考岑[11],宣坐征诣廷尉[12]。在狱,晨夜讽诵,无忧色。及当出刑,官属具馔送之,宣乃厉色曰:"董宣生平未曾食人之食,况死乎?"升车而去。时同刑九人,次应及宣。光武驰使驺骑特原宣刑[13],且令还狱。遣使者诘宣多杀无辜,宣具以状对,言水丘岑受臣旨意,罪不由之,愿杀臣活岑。使者以闻,有诏左转宣怀令[14],令青州勿案岑罪[15]。岑官至司隶校尉[16]。

后江夏有剧贼夏喜等寇乱郡境[17],以宣为江夏太守。到界,移书曰:"朝廷以太守能禽奸贼[18],故辱斯任[19]。今勒兵界首[20],檄到,幸思自安之宜[21]。"喜等闻惧,即时降散。外戚阴氏为郡都尉,宣轻慢之,坐免。

后特征为洛阳令[22]。时湖阳公主苍头白日杀人[23],因匿主家,吏不能得。及主出行,而以奴骖乘[24]。宣于夏门亭侯之[25],乃驻车叩马,以刀画地,大言数主之失[26],叱奴下车,因格杀之。主即还宫诉帝。帝大怒,召宣,欲箠杀之[27]。宣叩头曰:"愿乞一言而死。"帝曰:"欲何言?"宣曰:"陛下圣德中兴,而纵奴杀良人,将何以理天下乎?臣不须箠,请得自杀。"即以头击楹[28],流血被面。帝令小黄门持之,使宣叩头谢主[29]。宣不从,强使顿之,宣两手据地,终不肯俯。主曰:"文叔为白衣时,藏亡匿死[30],吏不敢至门。今为天子,威不能行一令乎?"帝笑曰:"天子不与白衣同。"因敕强项令出,赐钱三十万,宣悉以班诸吏[31]。由是搏击豪强,莫不震慄,京师号为卧虎。歌之曰:"枹鼓不鸣董少平[32]。"

在县五年,年七十四,卒于官。诏遣使者临视,唯见布被覆尸,妻子对哭,有大麦数斛,敝车一乘。帝伤之,曰:"董宣廉洁,死乃知之。"以宣尝为二千石,赐艾绶[33],葬以大夫礼。拜子并为郎中,后官至齐相[34]。

——《后汉书·酷吏列传》

[1] 陈留:汉郡名,治所在今开封东南。圉(yǔ雨):陈留的属县。

[2] 司徒:官名,相对于丞相。侯霸:密县(今属河南)人,字君房,东汉初为尚书令。辟:征辟。

[3] 高第:官吏考绩优等。北海相:王国的地方长官,相当于郡守。

［4］五官掾（yuàn 愿）：国相、郡守的佐官。

［5］卜工：占卜的人。

［6］塞：堵塞，消弭。咎：灾祸。意为借此消弭灾祸。

［7］兵：武器。

［8］王莽（前45—后23）：字巨君。西汉末篡汉自立，改国号为新。

［9］水丘岑：复姓水丘，名岑。

［10］青州：治今山东临淄，这里指青州牧，北海国在青州境内，归其监督。多滥：杀人过多。滥，滥杀。

［11］奏宣考岑：上奏弹劾董宣，查办水丘岑。

［12］宣坐征诣廷尉：董宣坐此罪被传至廷尉受审。廷尉，最高司法机构。

［13］光武：光武帝刘秀。驺（zōu 邹）骑：骑马的侍从。特原宣刑：特别赦免了董宣处罚。

［14］左转宣怀令：降董宣的职务为怀县令，怀县，今河南沁阳。

［15］案：稽查。

［16］司隶校尉：负责京城及附近六郡督查的官。

［17］江夏：郡名，治所在今湖北黄冈西北。剧：形容程度严重。

［18］禽：通"擒"。

［19］斯：此。

［20］勒兵：统领军队。

［21］"幸思"句：希望思考自我保全之计。

［22］特征：特别征召。洛阳令：京师洛阳的县令。不同于一般县令。

［23］湖阳公主：光武帝刘秀的姐姐。苍头：奴仆。

［24］骖（cān 餐）乘：乘车时居车右，即陪乘。

［25］夏门：洛阳城的西北门，夏门亭在夏门外。

［26］"大言"句：高声责备公主的过失。

［27］箠（chuí 锤）：木棍。

［28］楹（yíng 莹）：厅前的柱子。

［29］叩头谢主：向公主叩头请罪。

［30］文叔：光武帝刘秀字。白衣：百姓。藏亡匿死：窝藏逃亡的，藏匿

386

有死罪的。

〔31〕班:分赐。

〔32〕"枹(fú)鼓"句:因为有了董少平,不再听到击鼓叫冤的声音。枹鼓,击鼓鸣冤。枹,鼓槌。

〔33〕艾绶:汉代两千石以上的官吏所佩的印绶,为银印绿带。

〔34〕"拜子"二句:任命其子张并为郎官,后来官至齐国相。

荀巨伯退贼

刘义庆

〔解题〕刘义庆(403—444),字季伯,南朝宋武帝刘裕之侄,袭封临川王,曾任荆州、江州、南徐州刺史等职。《世说新语》题刘义庆撰,或说是他组织门下文人学士杂采众书编纂而成。《世说新语》原书八卷,今通行本为三卷,以所记言行的性质划分,包括德行、言语、政事等三十六篇。《世说新语》所载往往文学性较强,人物性格气质突出。本篇写荀巨伯不弃友人,既有道义操守,言辞之间也显出他自尊自立的风骨。

荀巨伯远看友人疾[1],值胡贼攻郡。友人语巨伯曰:"吾今死矣,子可去。"巨伯曰:"远来相视,子令吾去,败义以求生,岂荀巨伯所行邪[2]?"贼既至,谓巨伯曰:"大军至,一郡尽空,汝何男子[3],而敢独止[4]?"巨伯曰:"友人有疾,不忍委之[5],宁以吾身代友人命。"贼相谓曰:"吾辈无义之人,而入有义之国[6]!"遂班军而还,一郡并获全。

——《世说新语·德行》

[1] 荀巨伯:东汉颍川(今属河南)人。
[2] 邪:通"耶",表示疑问。
[3] 汝何男子:你是什么样的人?表示轻视。

[4]止:停留。

[5]委:抛弃。

[6]国:地区。

嵇绍传(节选)

〔解题〕本篇节选自《晋书·嵇绍传》。嵇绍(253—304),字延祖,谯国铚(今安徽宿县西南)人。嵇康子。本篇记录了他的主要事迹。嵇康为司马氏所杀,嵇绍却是晋室忠臣,为人刚正有节。"八王之乱"时以身护卫晋惠帝,被飞箭射死,血溅帝衣。

嵇绍字延祖,魏中散大夫康之子也。十岁而孤,事母孝谨。以父得罪,靖居私门[1]。山涛领选,启武帝曰:"《康诰》有言[2]:'父子罪不相及。'嵇绍贤侔郤缺[3],宜加旌命[4],请为秘书郎。"帝谓涛曰:"如卿所言,乃堪为丞,何但郎也。"乃发诏征之,起家为秘书丞。

绍始入洛,或谓王戎曰[5]:"昨于稠人中始见嵇绍,昂昂然如野鹤之在鸡群。"戎曰:"君复未见其父耳。"累迁汝阴太守。尚书左仆射裴頠亦深器之[6],每曰:"使延祖为吏部尚书,可使天下无复遗才矣。"沛国戴晞少有才智[7],与绍从子含相友善,时人许以远致[8],绍以为必不成器。晞后为司州主簿,以无行被斥,州党称绍有知人之明[9]。转豫章内史,以母忧,不之官[10]。服阕[11],拜徐州刺史。时石崇为都督[12],性虽骄暴,而绍将之以道[13],崇甚亲敬之。后以长子丧去职[14]。

元康初[15],为给事黄门侍郎[16]。时侍中贾谧以外戚之宠,年少居位,潘岳、杜斌等皆附托焉[17]。谧求交于绍,绍拒而不答。及谥诛，绍时在省，以不阿比凶族，封弋阳子，迁散骑常侍，领国子博士。太尉、广陵公陈准薨，太常奏谥，绍驳曰："谥号所以垂之不朽，大行受大名，细行受细名。文武显于功德，灵厉表于暗蔽[18]。自顷礼官协情[19]，谥不依本。准谥为过，宜谥曰缪。"事下太常[20]。时虽不从，朝廷惮焉[21]。

……

齐王冏既辅政[22]，大兴第舍，骄奢滋甚，绍以书谏曰："夏禹以卑室称美，唐虞以茅茨显德，丰屋蔀家[23]，无益危亡。窃承毁败太乐以广第舍，兴造功力为三王立宅，此岂今日之先急哉[24]！今大事始定，万姓颙颙[25]，咸待覆润[26]，宜省起造之烦，深思谦损之理[27]。复主之勋不可弃矣，矢石之殆不可忘也。"冏虽谦顺以报之，而卒不能用。绍尝诣冏谘事，遇冏宴会，召董艾、葛旟等共论时政[28]。艾言于冏曰："嵇侍中善于丝竹[29]，公可令操之[30]。"左右进琴，绍推不受。冏曰："今日为欢，卿何吝此邪！"绍对曰："公匡复社稷，当轨物作则[31]，垂之于后。绍虽虚鄙，忝备常伯，腰绂冠冕，鸣玉殿省，岂可操执丝竹，以为伶人之事！若释公服从私宴，所不敢辞也。"冏大惭。艾等不自得而退[32]。

……

寻而朝廷复有北征之役，征绍，复其爵位。绍以天子蒙尘[33]，承诏驰诣行在所[34]。值王师败绩于荡阴[35]，百官及侍卫莫不散溃，唯绍俨然端冕[36]，以身捍卫，交兵御辇，飞箭雨集，绍遂被害于帝侧，血溅御服，天子深哀叹之。及事定，左右欲浣衣，帝曰："此嵇侍中血，勿去。"

——《晋书·嵇绍传》

[1] 靖居私门:赋闲在家。

[2] 《康诰》:指《尚书·康诰》篇。

[3] 侔:相同。郤缺:郤成子,春秋时晋国的上卿。

[4] 旌命:表彰征召。

[5] 或:有人。王戎(234—305),字濬冲。琅玡临沂(今山东临沂)人,西晋名士、官员,惠帝朝司徒,"竹林七贤"之一。

[6] 尚书左仆射(yè夜):尚书令的副职。裴頠(wěi伟)(267—300):字逸民,河东闻喜(今属山西)人,曾任散骑常侍,国子祭酒兼右军将军、尚书左仆射。

[7] 沛国:其地在今安徽省濉溪县西北。戴晞:生平不详。

[8] 许以远致:以为大有前途。

[9] 州党:司州之人。

[10] 母忧:母亲去世。不之官:未赴任。

[11] 服阕:服丧期满。

[12] 石崇(249—300):字季伦,小名齐奴,生于青州,祖籍渤海南皮(今河北南皮县),以豪奢著称,"八王之乱"时遭孙秀诬陷,被处死。都督:军事长官。

[13] 将之以道:待之有方。

[14] 长子丧:长子去世。

[15] 元康:晋惠帝年号。

[16] 黄门侍郎:又称黄门郎,给事于宫门之内的郎官,是皇帝近侍之臣,可传达诏令。

[17] 贾谧(mì秘)(?—300):字长渊,唐人修《晋书》避李渊讳,改作长深。西晋时人。惠帝初,贾谧专权,大臣多争相依附。赵王伦废贾后,谧亦被诛。潘岳(247—300):字安仁,荥阳中牟(今河南中牟东)人,位列"金谷二十四友"之首。文名与陆机相当,世称"潘陆"。历任著作郎、散骑侍郎、给事黄门侍郎等职。杜斌(?—300):字世将,京兆(今陕西西安)人,曾任黄门侍郎,赵王司马伦发动政变时被杀。

[18] "文武"二句:这是说谥号应与死者的德行匹配,谥号为文为武,可彰显其功德,谥号为灵为厉,可以表明其劣迹。

[19] 协情:徇情。

[20] 事下太常:交给太常再议。

[21] "时虽"二句:意思是这件事情虽然没有依从嵇绍的意见,但是朝中大臣从此都很畏惧他。

[22] 齐王冏(jiǒng 炯):司马冏(?—302),字景治,袭封齐王。晋文帝司马昭次子齐献王司马攸之子。是西晋"八王之乱"其中一王。

[23] 丰屋蔀(bù 不)家:高堂豪宅。

[24] "窃承"三句:我私意以为,毁败太乐宫以增广宫舍,兴师动众为三王建造府第,这岂是当务之急?

[25] 颙(yóng 永阳平)颙:期待盼望的样子。

[26] 覆润:覆庇滋润,指朝廷恩泽。

[27] 谦损:谦让谦退以获得民心。

[28] 董艾(?—302):齐王司马冏功臣,字叔智,弘农人。官至领右将军,冏败被诛。

[29] 丝竹:泛指乐器。

[30] 操:演奏。

[31] 轨物作则:规范事物以为表率。

[32] 不自得:很不自在。

[33] 天子蒙尘:皇帝蒙难。

[34] 驰:奔赴。

[35] 王师败绩:"八王之乱"时,东海王司马越拥戴惠帝讨伐司马颖,结果在荡阴战败。荡阴:今河南汤阴。

[36] 端冕:帽子端正,形容穿戴齐整。

陶潜传（节选）

〔解题〕本篇选自《南史》，是陶渊明的传记，记录了陶渊明的生平行事。陶渊明是我国历史上一位伟大的文学家，其淡泊的情怀和高洁的情操也一直为后世所传颂。

陶潜字渊明，或云字深明，名元亮。寻阳柴桑人[1]。晋大司马侃之曾孙也[2]。少有高趣，宅边有五柳树，故尝著《五柳先生传》云："先生不知何许人，不详姓字。闲静少言，不慕荣利。好读书，不求甚解。每有会意，欣然忘食。性嗜酒，而家贫，不能恒得。亲旧知其如此，或置酒招之。造饮辄尽，期在必醉。既醉而退，曾不吝情去留。环堵萧然，不蔽风日。短褐穿结，箪瓢屡空，晏如也。常著文章自娱，颇示己志。忘怀得失，以此自终。"其自序如此。盖以自况，时人谓之实录[3]。

亲老家贫，起为州祭酒[4]，不堪吏职，少日自解而归[5]。州召主簿[6]，不就，躬耕自资，遂抱羸疾[7]。江州刺史檀道济往候之[8]，偃卧瘠馁有日矣[9]。道济谓曰："夫贤者处世，天下无道则隐，有道则至。今子生文明之世，奈何自苦如此。"对曰："潜也何敢望贤，志不及也。"道济馈以粱肉[10]，麾而去之[11]。

后为镇军、建威参军[12]，谓亲朋曰："聊欲弦歌[13]，以为三径之资[14]，可乎？"执事者闻之，以为彭泽令[15]。不以家累自随[16]，送一力给其子[17]，书曰："汝旦夕之费自给为难，今遣此力，助汝薪水之劳[18]。此亦人子也，可善遇之。"公田悉令吏种秫稻[19]，妻子固请种粳[20]，乃使二顷五十亩种秫，五十亩种粳。

郡遣督邮至县[21]，吏白应束带见之[22]。潜叹曰："我不能为五斗米折腰向乡里小人。"即日解印绶去职，赋《归去来》以遂其志[23]。

……

义熙末[24]，征为著作佐郎[25]，不就。江州刺史王弘欲识之[26]，不能致也[27]。潜尝往庐山，弘令潜故人庞通之赍酒具[28]，于半道栗里要之[29]。潜有脚疾，使一门生二儿举篮舆[30]。及至，欣然便共饮酌，俄顷弘至，亦无忤也[31]。

先是，颜延之为刘柳后军功曹[32]，在寻阳与潜情款[33]。后为始安郡[34]，经过潜，每往必酣饮至醉。弘欲要延之一坐，弥日不得[35]。延之临去，留二万钱与潜，潜悉送酒家稍就取酒。尝九月九日无酒，出宅边菊丛中坐久之。逢弘送酒至，即便就酌，醉而后归。

潜不解音声，而畜素琴一张[36]。每有酒适[37]，辄抚弄以寄其意。贵贱造之者，有酒辄设。潜若先醉，便语客："我醉欲眠，卿可去。"其真率如此。郡将候潜[38]，逢其酒熟[39]，取头上葛巾漉酒[40]，毕，还复著之[41]。潜弱年薄宦[42]，不洁去就之迹[43]。自以曾祖晋世宰辅，耻复屈身后代，自宋武帝王业渐隆，不复肯仕。所著文章，皆题其年月。义熙以前，明书晋氏年号；自永初以来[44]，唯云甲子而已。与子书以言其志，并为训戒。

……

元嘉四年[45]，将复征命，会卒。世号靖节先生。其妻翟氏,志趣亦同,能安苦节,夫耕于前,妻锄于后云。

——《南史·陶潜传》

[1] 寻阳柴桑:今江西九江。

[2] 晋大司马侃:陶侃(259—334),字士行(或作士衡),东晋初期名臣,官至侍中、太尉,都督荆、江等八州诸军事,封长沙郡公,死后追赠大司马。

[3] 实录:如实记录。

[4] 祭酒:学官。

[5] 少日:不久。自解而归:自己辞去官职。

[6] 主簿:官名,主管文书事务。

[7] 羸(léi雷)疾:痼疾。

[8] 江州:治所在寻阳。檀道济(? —436):祖籍高平金乡(今属山东),出生于京口(今江苏镇江)。身出寒门,东晋末从刘裕攻后秦,屡立战功,官至征南大将军。

[9] 偃卧:仰卧。瘠馁:饥饿。

[10] 粱肉:以粱为饭,以肉为肴。指精美的膳食。

[11] 麾(huī挥)而去之:挥手将他赶走。麾,通"挥",挥手使去。

[12] 镇军:镇军将军,指刘裕。建威:建威将军,当指刘敬宣。参军:军府所置的官员。

[13] 弦歌:《论语》以弦歌为教民之具,此指出任邑令。

[14] 三径:指田园。

[15] 彭泽令:彭泽县令。彭泽,在今江西湖口县东之彭泽乡。

[16] 家累:家眷。

[17] 力:仆人。

[18] 薪水:砍柴打水,指体力劳动。

[19] 公田:官府之田。秫(shú熟):粱米、粟米之黏者。多用以酿酒。

[20] 粳(jīng经):不黏的稻。

[21] 郡督邮:指寻阳郡的督邮。督邮是郡守属吏,掌郡中督察纠举违法之事。

[22] 束带见之:穿戴齐整去迎接。

[23] 遂:表明。

[24] 义熙:晋安帝司马德宗年号。

[25] 著作郎:官名,掌编纂国史。

[26] 王弘:当时为江州刺史。

[27] 致:使之来。

[28] 赍(jī机):带着。

[29] 栗里:地名,在庐山脚下。要:通"邀"。

[30] 篮舆:类似后世的轿子。

[31] 无忤:没有抵触。

[32] 颜延之(384—456):字延年,祖籍琅邪临沂(今山东临沂)。少孤贫,居陋室,好读书,无所不览,文章之美,冠绝当时,与谢灵运并称"颜谢"。渊明逝世后曾作《陶征士诔》。刘柳:义熙十一年至十二年(415—416)江州刺史。后军功曹:官名,掌管人事等总务。

[33] 情款:感情融洽。

[34] 为始安郡:颜延之于宋少帝景平元年(423)出任始安太守。始安郡故地在今广西桂林。

[35] 弥日:终日。

[36] 素琴:无弦琴。

[37] 酒适:酒后快意。

[38] 郡将候潜:郡守来拜访、探望陶潜。郡将即郡守,因郡守兼领武事,故称。候,拜访。

[39] 酒熟:酒酿好。

[40] 葛巾:以葛布制成的头巾。漉(lù 路)酒:滤酒。

[41] 著:戴。

[42] 薄宦:官职卑微。

[43] 不洁去就之迹:不掩盖自己的出处行迹。

[44] 永初:南朝宋武帝刘裕年号。

[45] 元嘉四年:公元 427 年。元嘉,宋文帝刘义隆年号。

397

段太尉逸事状

柳宗元

〔**解题**〕柳宗元(773—819),字子厚,河东(今山西运城永济)人,故称"河东先生""柳河东"。唐宋八大家之一,因官终柳州刺史,又称"柳柳州"。有《河东先生集》。柳宗元这篇逸事状,是为时任史馆修撰的韩愈提供段秀实的生平事迹。段太尉,名秀实,字成公,汧阳(今陕西汧阳)人。官至泾州刺史兼泾原郑颍节度使。唐德宗建中四年(783)朱泚叛乱,当时段太尉在朝中以狂贼斥之,并以朝笏击朱泚面额,被害,追赠太尉。逸事,即佚事。状,即行状,写在墓志铭或传之前总述死者生平的材料。

太尉始为泾州刺史时[1],汾阳王以副元帅居蒲[2]。王子晞为尚书[3],领行营节度使[4],寓军邠州[5],纵士卒无赖[6]。邠人偷嗜暴恶者[7],率以货窜名军伍中[8],则肆志[9],吏不得问。日群行丐取于市[10],不嗛[11],辄奋击折人手足,椎釜鬲瓮盎盈道上[12],袒臂徐去,至撞杀孕妇人。邠宁节度使白孝德以王故[13],戚不敢言[14]。

太尉自州以状白府[15],愿计事[16]。至则曰:"天子以生人付公理[17],公见人被暴害,因恬然[18]。且大乱,若何?"孝德曰:"愿奉教。"太尉曰:"某为泾州,甚适,少事。今不忍人无寇暴死,以乱天子边事。公诚以都虞候命某者[19],

398

能为公已乱[20],使公之人不得害。"孝德曰:"幸甚!"如太尉请。

既署一月[21],晞军士十七人入市取酒,又以刃刺酒翁,坏酿器,酒流沟中。太尉列卒取十七人,皆断头注槊上,植市门外[22]。晞一营大噪,尽甲[23]。孝德震恐,召太尉曰:"将奈何?"太尉曰:"无伤也!请辞于军[24]。"孝德使数十人从太尉,太尉尽辞去。解佩刀,选老躄者一人持马[25],至晞门下。甲者出,太尉笑且入曰:"杀一老卒,何甲也?吾戴吾头来矣!"甲者愕。因谕曰:"尚书固负若属耶[26]?副元帅固负若属耶?奈何欲以乱败郭氏?为白尚书,出听我言。"

晞出见太尉。太尉曰:"副元帅勋塞天地,当务始终。今尚书恣卒为暴[27],暴且乱,乱天子边,欲谁归罪?罪且及副元帅。今邠人恶子弟以货窜名军籍中,杀害人,如是不止,几日不大乱?大乱由尚书出,人皆曰尚书倚副元帅,不戢士[28]。然则郭氏功名,其与存者几何?"言未毕,晞再拜曰:"公幸教晞以道,恩甚大,愿奉军以从。"顾叱左右曰:"皆解甲散还火伍中[29],敢哗者死!"太尉曰:"吾未晡食[30],请假设草具[31]。"既食,曰:"吾疾作,愿留宿门下。"命持马者去,旦日来[32]。遂卧军中。晞不解衣,戒候卒击柝卫太尉[33]。旦,俱至孝德所,谢不能[34],请改过。邠州由是无祸。

先是,太尉在泾州为营田官[35]。泾大将焦令谌取人田[36],自占数十顷,给与农,曰:"且熟[37],归我半。"是岁大旱,野无草,农以告谌。谌曰:"我知入数而已[38],不知旱也。"督责益急,农且饥死,无以偿,即告太尉。

太尉判状,辞甚巽[39],使人求谕谌[40]。谌盛怒,召农者曰:"我畏段某耶?何敢言我!"取判铺背上,以大杖击二十,垂死,舆来庭中[41]。太尉大泣曰:"乃我困汝。"即自取水洗去血，裂裳衣疮[42]，手注善药，旦夕自哺农者，然后食。取骑马卖，市谷代偿[43]，使勿知。

淮西寓军帅尹少荣[44]，刚直士也。入见谌，大骂曰："汝诚人耶？泾州野如赭[45]，人且饥死；而必得谷，又用大杖击无罪者。段公，仁信大人也，而汝不知敬。今段公唯一马，贱卖市谷入汝，汝又取不耻。凡为人傲天灾、犯大人、击无罪者，又取仁者谷，使主人出无马，汝将何以视天地，尚不愧奴隶耶！"谌虽暴抗，然闻言则大愧，流汗，不能食，曰："吾终不可以见段公！"一夕自恨死。

及太尉自泾州以司农征[46]，戒其族："过岐[47]，朱泚幸致货币[48]，慎勿纳。"及过，泚固致大绫三百匹。太尉婿韦晤坚拒，不得命[49]。至都，太尉怒曰："果不用吾言。"晤谢曰："处贱，无以拒也。"太尉曰："然终不以在吾第[50]。"以如司农治事堂[51]，栖之梁木上[52]。泚反，太尉终[53]。吏以告泚，泚取视，其故封识具存[54]。

太尉逸事如右[55]。

元和九年月日[56]，永州司马员外置同正员柳宗元谨上史馆[57]。

今之称太尉大节者出入[58]，以为武人一时奋不虑死，以取名天下，不知太尉之所立如是。宗元尝出入岐周邠鄂间，过真定，北上马岭，历亭障堡戍，窃好问老校退卒，能言其事[59]。太尉为人姁姁[60]，常低首拱手行步，言气卑弱，未尝以色待物[61]。人视之，儒者也。遇不可，必达其志，决非偶然者。会州刺史崔公来[62]，言信行直，备得太尉遗事，覆校无疑。或恐尚逸坠[63]，未集太史氏[64]，敢以状私于执事[65]。谨状。

——《唐柳先生集》卷八

[1] 泾(jīng 经)州：故治在今甘肃泾川北。

[2] 汾阳王：即郭子仪。郭子仪曾任河中节度观察使、关内河东副元帅，出镇河中。蒲：州名，唐为河中府，治所在今山西永济。

[3] 王子晞(xī 西)：郭晞，汾阳王郭子仪第三子，随父征伐有战功。

[4] 领：代理。行营节度使：副元帅军营的统领。

[5] 寓军：在辖区之外驻军。邠(bīn 斌)州：今陕西邠县。

[6] 无赖：横暴。

[7] 偷：苟且，诈伪。嗜：嗜欲，贪婪。暴恶：残暴凶恶。

[8] 率：大都。货：贿赂。窜名：把名字混入。

[9] 肆志：任意妄为。

[10] 丐取：索取。

[11] 赚：通"慊"，满足，快意。

[12] 椎：打碎。釜：锅。鬲(lì 立)：一种像鼎的烹饪器。盎：腹大口小的容器。盈：满。

[13] 宁：宁州，今甘肃宁县。白孝德：李光弼部将，曾任邠宁节度使。以王故：因为郭子仪的缘故。

[14] 戚：忧愁。

[15] 状：一种陈述事实的文书。白府：禀告邠宁军节度使官府。

[16] 愿计事：希望来商议事情。

[17] 生人：生民，百姓。理：治。

[18] 因恬然：仍安然无动于衷。

[19] 都虞候：军队中的执法官。命：委派。

[20] 已乱：制止暴乱。

[21] 署：署理，代理。

[22] "皆断"二句：全部砍了头，插在长矛上，立在城门外。注，附着。槊(shuò 硕)，长矛。植，树立。

[23] 尽甲：尽披铠甲。

[24] 辞：致辞。军：指郭晞的军队。

[25] 躄(bì 避)者：两脚瘸之人。

〔26〕固：难道。负：亏负，有负于。若属：你们。

〔27〕恣：纵任。

〔28〕戢(jí急)：管束。士：兵。

〔29〕火伍：唐兵制，五人为伍，十人为火。火伍即队伍。

〔30〕晡(bū)食：晚餐。晡，申时，下午三至五时。

〔31〕假：借。草具：粗劣的食物。

〔32〕旦日：明天。

〔33〕戒：命令。候卒：守卫的士兵。柝(tuò拓)：古代巡夜打更用的梆子。卫：保护。

〔34〕谢不能：为自己无能致歉。

〔35〕营田官：白孝德初任邠宁节度使时，以段秀实署置营田副使，掌管军队屯垦。

〔36〕焦令谌：泾州节度使。

〔37〕且熟：将来成熟。

〔38〕入数：应交粮食的数额。

〔39〕巽(xùn迅)：通"逊"，谦逊。

〔40〕使人求谕谌：派人向焦令谌说明求情。

〔41〕垂：几乎。舆：抬。

〔42〕衣疮：用衣服包扎伤口。

〔43〕市：买。

〔44〕淮西：指淮西镇，辖蔡（今河南汝南）、申（今河南信阳）、光（今河南潢川）三州。寓：寄寓。

〔45〕野如赭(zhě者)：形容田野干枯，寸草不生。赭，赤褐色。

〔46〕"及太尉"句：唐德宗建中元年(780)二月，段秀实自泾原节度使被召为司农卿。司农卿，为司农寺长官，掌国家储粮用粮之事。

〔47〕岐：州名，治所在今陕西凤翔南。

〔48〕朱泚(cǐ此)：昌平（今北京市昌平区）人。时为凤翔府尹。货币：钱物。

〔49〕不得命：得不到允许，即推辞不掉。

〔50〕不以在吾第：不能放在我的家里。

[51] 如:去,往。

[52] 栖:安放。

[53] 终:去世。

[54] 故封识:之前封存的标记。

[55] "太尉"句:这是表示正文结束的话。右:古书竖排,前文在右,即今"如上文"之意。

[56] 元和九年:公元814年。元和是唐宪宗李纯年号(806—820)。

[57] 永州司马员外置同正员:当时柳宗元任永州(治所在今湖南零陵)司马,这是他官职的全称。员外置,是定额以外设置的官员。同正员,其待遇与正员相同。史馆:国家修史机构。

[58] 出入:不完备,有误。

[59] "宗元"六句:柳宗元于贞元十年(794)曾游历邠州一带,亲自向退伍军卒询问过段太尉的事迹。马岭,山名,在今甘肃庆阳西北。校,中下级军官。退卒,退役的士兵。

[60] 姁(xǔ 许)姁:和善的样子。

[61] 色:脸色。物:这里指人。

[62] 会:恰逢。州刺史崔公:永州刺史崔能。

[63] 逸坠:散失。

[64] 太史氏:史官。

[65] 执事:这里指史官韩愈。

颜杲卿传

[解题] 本篇选自《新唐书》。颜杲卿（692—756），字昕，京兆万年（今陕西西安）人，与颜真卿同五世祖。天宝十四载（755），安禄山反，颜杲卿联络颜真卿联合起兵对抗。后被安禄山抓获，不屈骂贼而死。本篇记载了颜杲卿抗贼的英勇事迹。

颜杲卿字昕，与真卿同五世祖，以文儒世家[1]。父元孙，有名垂拱间[2]，为濠州刺史[3]。杲卿以荫调遂州司法参军[4]。性刚正，莅事明济[5]。尝为刺史诘让，正色别白，不为屈。开元中，与兄春卿、弟曜卿并以书判超等，吏部侍郎席豫咨嗟推伏[6]。再以最迁范阳户曹参军[7]。安禄山闻其名，表为营田判官，假常山太守[8]。

禄山反，杲卿及长史袁履谦谒于道[9]，赐杲卿紫袍，履谦绯袍，令与假子李钦凑以兵七千屯土门[10]。杲卿指所赐衣谓履谦曰："与公何为著此？"履谦悟，乃与真定令贾深、内丘令张通幽定谋图贼。杲卿称疾不视事[11]，使子泉明往返计议，阴结太原尹王承业为应，使平卢节度副使贾循取幽州[12]。谋泄，禄山杀循，以向润客、牛廷玠守。杲卿阳不事事[13]，委政履谦，潜召处士权涣、郭仲邕定策[14]。时真卿在平原[15]，素闻贼逆谋，阴养死士为拒守计[16]。李憕等死，贼使段子光传首徇诸郡[17]，真卿斩子光，遣甥卢逖至常山约起兵，断贼北道。杲卿大喜，以为兵掎角可挫贼西锋。乃矫贼命召钦凑计事，钦凑夜还，杲卿辞城门不可夜开，舍之外邮[18]；使履谦及参军冯虔、郡豪翟万德等数人饮劳，既醉，斩之，并杀其将潘惟慎，贼党歼，投尸滹沱水。履谦以首示杲卿，则喜且泣。

先是，禄山遣将高邈召兵范阳未还，杲卿使藁城尉崔安石图之。邈至满城，虔、万德皆会传舍，安石给以置酒[19]，邈舍马，虔叱吏缚之。而贼将何千年自赵来，虔亦执之[20]。日未中，送二贼。杲卿乃遣万德、深、通幽传钦凑首，械两贼送京师，与泉明偕。至太原，王承业欲自以为功，厚遣泉明还，阴令壮士翟乔贼于路[21]。乔不平，告之故，乃免。玄宗擢承业大将军[22]，送吏皆被赏。已而事显，乃拜杲卿卫尉卿兼御史中丞，履谦常山太守，深司马。即传檄河北，言王师二十万入土门，遣郭仲邕领百骑为先锋，驰而南，曳柴扬尘，望者谓大军至。日中，传数百里。贼张献诚方围饶阳，弃甲走。于是赵、钜鹿、广平、河间并斩伪刺史，传首常山。而乐安、博陵、上谷、文安、信都、魏、邺诸郡皆自固[23]。杲卿兄弟兵大振。

禄山至陕，闻兵兴，大惧。使史思明等率平卢兵度河攻常山，蔡希德自怀会师[24]。不涉旬[25]，贼急攻城。兵少，未及为守计，求救于河东[26]，承业前已攘杀贼功[27]，兵不出。杲卿昼夜战，井竭，粮、矢尽，六日而陷，与履谦同执。贼胁使降，不应。取少子季明加刃颈上曰[28]："降我，当活而子。"杲卿不答。遂并卢逖杀之。杲卿至洛阳，禄山怒曰："吾擢尔太守，何所负而反？"杲卿瞋目骂曰："汝营州牧羊羯奴耳[29]，窃荷恩宠，天子负汝何事，而乃反乎？我世唐臣，守忠义，恨不斩汝以谢上，乃从尔反耶？"禄山不胜忿，缚之天津桥柱，节解以肉啖之，詈不绝[30]，贼钩断其舌，曰："复能骂否？"杲卿含胡而绝，年六十五。履谦既断手足，何千年弟适在傍，咀血喷其面，贼脔之[31]，见者垂泣。杲卿宗子近属皆被害。杲卿已

405

房,诸郡复为贼守。

张通幽以兄相贼,潜杲卿于杨国忠,故不加赠[32]。肃宗在凤翔,真卿表其枉,会通幽为普安太守,上皇杖杀之。李光弼、郭子仪收常山,出杲卿、履谦二家亲属数百人于狱,厚给遗,令行丧[33]。乾元初[34],赠杲卿太子太保,谥曰忠节,封其妻崔清河郡夫人。初,博士裴郁以杲卿不执政,但谥曰忠,议者不平,故以二惠谥焉。逖、季明及宗子等皆赠五品官。建中[35],又赠杲卿司徒。初,杲卿被杀,徇首于衢[36],莫敢收。有张凑者,得其发,持谒上皇。是昔见梦,帝寤,为祭。后凑归发于其妻,妻疑之,发若动云。后泉明购尸将葬,得刑者言,死时一足先断,与履谦同坎瘗[37]。指其骸得之,乃葬长安凤栖原。季明、逖同茔。

——《新唐书·忠义传》

[1] 文儒世家:世代习儒。

[2] 垂拱:唐睿宗李旦年号。

[3] 濠州:治所在今安徽凤阳。

[4] 荫:以父亲功名荫蔽。

[5] 莅(lì)事:处事。明济:聪明干练。

[6] 席豫:襄阳(今属湖北)人,字建侯,大足进士,官至吏部侍郎、礼部尚书。为官清直,不受权势所扰,选拔寒士,多至台阁,当时推为知人。咨嗟推伏:赞叹称许。

[7] 最:最优。范阳:今天津蓟州区。户曹参军:掌管民户、祠祀、农桑等。

[8] 假:代理。常山:郡名,今真定一带。

[9] 长史:郡府官,掌兵马。

[10] 假子:义子。

[11] 称疾:托病。

406

〔12〕幽州:治所今属北京市。

〔13〕阳:通"佯",假装。

〔14〕潜:暗地。

〔15〕平原:郡名,在今山东德州。

〔16〕阴:暗中。

〔17〕传:传示,以示威胁。徇:宣布教令。

〔18〕外邮:城外的馆驿。

〔19〕绐(dài 代):骗。

〔20〕执:捉拿。

〔21〕贼于路:在半路中杀害。

〔22〕擢(zhuó 灼):提拔。

〔23〕赵、钜鹿、广平、河间、乐安、博陵、上谷、文安、信都、魏、邺:均今河北中南部地名。赵郡在今赵县,巨鹿为今邢台,广平今属邯郸辖县,河间即今河间,乐安当为今昌黎,博陵治今定县,上谷治今易县,文安今为廊坊辖县,信都为今冀县,魏在今大名一带,邺在河北河南交界处的临漳和安阳市。自固:各自坚守城池。

〔24〕怀:今河南沁阳。

〔25〕不涉旬:不到十天。

〔26〕河东:今山西,指驻军太原的王承业。

〔27〕攘:窃取。

〔28〕少子:小儿子。

〔29〕羯奴:对安禄山的蔑称。

〔30〕詈(lì 立):骂。

〔31〕脔(luán 峦):切肉成块。

〔32〕谮(zèn 怎去声):进谗言。不加赠:没有封赠。

〔33〕行丧:治丧。

〔34〕乾元:唐肃宗年号。

〔35〕建中:唐德宗年号。

〔36〕衢(qú 渠):大街。

〔37〕瘗(yì 义):埋葬。

义 田 记

钱公辅

[解题] 钱公辅(1021—1072),字君倚,武进(今江苏常州)人。宋仁宗皇祐元年(1049)进士,神宗时为天章阁待制知邓州,复知制诰,知谏院。本文通过不同角度的对比,赞扬了范仲淹置义田以赈济族中贫户的义举,文字平实,角度独特。

范文正公[1],苏人也[2]。平生好施与[3],择其亲而贫,疏而贤者,咸施之[4]。

方贵显时,置负郭常稔之田千亩[5],号曰义田[6],以养济群族之人。日有食,岁有衣,嫁娶凶葬皆有赡[7]。择族之长而贤者主其计[8],而时共出纳焉[9]。日食,人一升,岁衣,人一缣[10],嫁女者五十千[11],再嫁者三十千,娶妇者三十千,再娶者十五千,葬者如再嫁之数,葬幼者十千。族之聚者九十口,岁入给稻八百斛,以其所入,给其所聚,沛然有馀而无穷[12]。屏而家居俟代者与焉[13];仕而居官者罢其给。此其大较也[14]。

初,公之未贵显也,尝有志于是矣,而力未逮者二十年。既而为西帅,及参大政[15],于是始有禄赐之入,而终其志。公既殁[16],后世子孙修其业,承其志,如公之存也。公虽位充禄厚,而贫终其身。殁之日,身无以为敛[17],子无以为丧,唯以施贫活族之义，遗其子而已[18]。

昔晏平仲敝车羸马[19]，桓子曰："是隐君之赐也[20]。"晏子曰："自臣之贵，父之族，无不乘车者；母之族，无不足于衣食者；妻之族，无冻馁者；齐国之士，待臣而举火者三百馀人[21]。如此，而为隐君之赐乎？彰君之赐乎？"于是齐侯以晏子之觞而觞桓子[22]。予尝爱晏子好仁，齐侯知贤，而桓子服义也。又爱晏子之仁有等级，而言有次第也[23]。先父族，次母族，次妻族，而后及其疏远之贤。孟子曰："亲亲而仁民[24]，仁民而爱物。"晏子为近之。观文正之义，贤于平仲，其规模远举[25]，又疑过之。

呜呼！世之都三公位[26]，享万钟禄[27]，其邸第之雄，车舆之饰，声色之多，妻孥之富，止乎一己而已。而族之人不得其门而入者，岂少也哉？况于施贤乎！其下为卿，为大夫，为士，廪稍之充[28]，奉养之厚，止乎一己而已。而族之人操壶瓢为沟中瘠者[29]，又岂少哉？况于他人乎！是皆公之罪人也。

公之忠义满朝廷，事业满边隅，功名满天下，后必有史官书之者，予可无录也[30]。独高其义，因以遗于世云。

——吕祖谦《宋文鉴》卷八十

[1] 范文正公：即范仲淹，文正为其谥号。
[2] 苏人：范仲淹是吴县人，北宋时属苏州府。
[3] 施与：以财物救济。
[4] 咸：都。
[5] 负郭：靠近城郭。常稔：常年丰收。
[6] 义田：古人称为赡养族人或贫困者而置的田产为义田。
[7] 赡：供养。
[8] 计：账簿。

[9] 时:按时。

[10] 缣(jiān坚):本指双丝织的浅黄色细绢,这里借指"匹"。古谓"布帛广二尺二寸为幅,长四丈为匹",后亦谓匹为缣。

[11] 五十千:五十贯。

[12] 岁入:一年的收入。斛(hú胡):古代的计量单位,十斗为一斛。沛然:充沛的样子。

[13] 屏而家居俟(sì四)代者:退职家居等待重新任命的。

[14] 大较:大概,大略。

[15] 西帅:指范仲淹任陕西经略安抚副使。参大政:范仲淹于庆历三年(1043)四月入朝为枢密副使,八月为参知政事(副宰相)。

[16] 殁(mò墨):死。

[17] 敛:入殓。

[18] 遗:留给。

[19] 晏平仲:晏婴。敝车羸马:破车瘦马。

[20] 隐君之赐:掩盖君主的赏赐。

[21] 举火:生火煮饭。

[22] 齐侯:指齐景公。觞(shāng伤):饮酒器。后一觞字为动词,罚酒之意。桓子:名田,无字,春秋时齐国人,齐景公时为大夫,卒后谥"桓子"。

[23] 次第:次序。

[24] 亲亲:亲爱其亲人。

[25] 远举:长远的打算。

[26] 都:居。三公位:指高位。

[27] 万钟禄:指优厚的俸禄。

[28] 廪(lǐn凛)稍:公家按时供给的粮食。

[29] 壶瓢:盛器。沟中瘠:饿死于沟中。

[30] 无录:不记录。

雷希颜墓志铭

元好问

〔**解题**〕元好问,生平见前《壬辰十二月车驾东狩后即事五首》解题。雷渊(1184—1231),字希颜,别字季默,金卫绍王崇庆二年(1213)进士,元好问的好友。元好问十分推崇其学识人品,对其不能为朝廷所用表示了沉痛的惋惜之情。

南渡以来[1],天下称宏杰之士三人:曰高廷玉献臣、李纯甫之纯、雷渊希颜[2]。

献臣雅以奇节自负,名士喜从之游,有"衣冠龙门"之目[3]。卫绍王时[4],公卿大臣多言献臣可任大事者。绍王方重吏员,轻进士,至谓高廷玉人材非不佳,恨其出身不正耳。大安末[5],自左右司郎官[6],出为河南府治中[7],卒以高材,为尹所忌[8],瘐死洛阳狱中[9]。

之纯以蓟州军事判官[10],上书论天下事,道陵奇之[11],诏参淮上军,仍驿遣之[12]。泰和中[13],朝廷无事,士大夫以宴饮为常。之纯于朋会中,或坚坐深念,咄咄嗟喑[14],若有旦夕忧者。或问之故,之纯曰:"中原以一部族待朔方兵[15],然竟不知其牙帐所在[16]。吾见华人为所鱼肉去矣。"闻者讪笑之曰:"四方承平馀五六十年,百岁无狗吠之警,渠不以时自娱乐[17],乃妖言耶?"未几,北方兵动。之纯从军还，知大事已去，无复仕进意，荡然一放于酒，未尝一日不饮，亦未尝一饮不醉，谈笑此世若不足玩者。贞祐末[18]，尝召为右司都事。已而擯不用[19]。

希颜正大初拜监察御史[20]。时主上新即大位，宵衣旰食[21]，思所以宏济艰难者为甚力。希颜以为天子富于春秋[22]，有能致之资[23]，乃拜章言五事[24]。大略谓精神为可养，初心为可保，人君以进贤退不肖为职，不宜妄费日力，以亲有司之事。上嘉纳焉。庚寅之冬[25]，朔方兵突入倒回谷[26]，势甚张。平章芮公逆击之[27]，突骑退走，填压溪谷间不可胜算。乘势席卷，则当有谢玄淝水之胜[28]。诸将相异同[29]，欲释勿追。奏至，廷议亦以为勿追便。希颜上书，以破朝臣孤注之论，谓机不可失，小胜不足保，天所予不得不取。引援深切，灼然易见。而主兵者沮之[30]，策为不行。后京兆凤翔报北兵狼狈而西[31]，马多不暇入衔[32]；数日后，知无追兵，乃聚而攻凤翔，朝廷始悔之。至今，以一日纵敌为当国者之恨。

凡此三人者，行辈相及，交甚欢，气质亦略相同。而希颜以名义自检[33]，强行而必致之，则与二子为绝异也。盖自近朝士大夫，始知有经济之学[34]，一时有重名者非不多，而独以献臣为称首。献臣之后，士论在之纯，之纯之后在希颜；希颜死，遂有人物渺然之叹。三人者，皆无所遇合，独于希颜尤嗟惜之云。

希颜别字季默，浑源人[35]。考讳思[36]，大定末仕为同知北京路转运使事[37]，希颜其暮子也[38]。崇庆二年中黄裳榜进士乙科[39]。释褐泾州录事[40]，不赴，换东平府录事[41]，以劳绩遥领东阿县令[42]，调徐州观察判官[43]，召为荆王府文学兼记室参军[44]，转应奉翰林文字同知制诰兼国史院编修官[45]。考满再任[46]。俄拜监察御史[47]，以公事免。用宰相侯莘卿荐[48]，除太学博士[49]，还应奉[50]。终于翰林修撰。累官大中大夫。娶侯氏，子男二人：公孙，八岁；宜翁，四岁。女二人：长嫁进士陈某，其幼在室。

初，希颜在东平。东平，河朔重兵处也。骄将悍卒，倚外寇为重。自行台以下[51]，皆务为摩挱之[52]。希颜莅官[53]，所以自律者甚严，出入军中，偃然不为屈，故颇有喧哗者。不数月，闾巷间家有希颜画像[54]；虽大将军亦不敢以新进书生遇之。尝为户部高尚书唐卿所辟[55]，权遂平县事[56]。时年少气锐，击豪右[57]，发奸伏，一县畏之，称为神明。及以御史巡行河南，得赃吏尤不法者，榜掠之[58]，有至四五百者。道出遂平，百姓相传雷御史至，豪猾望风遁去[59]。蔡下一兵[60]，与权贵有连，脱役遁田间；时以药毒杀民家马牛，而以小直胁取之[61]。希颜捕得，数以前后罪，立杖杀之。老幼聚观，万口称快，马为不得行，然亦坐是失官[62]。

希颜三岁丧父，七岁养于诸兄。年十四五，贫，无以为资，乃以胄子入国学[63]，便能自树立如成人。不二年，游公卿间，太学诸人莫敢与之齿[64]。渡河后[65]，学益博，文益奇，名益重。为人躯干雄伟，髯张口哆[66]，颜渥丹[67]，眼如望羊[68]。遇不平，则疾恶之气见于颜间，或嚼齿大骂不休；虽痛自摧折，猝亦不能变也[69]。食兼三四人，饮至数斗不乱。杯酒淋漓，谈谑间作。辞气纵横，如战国游士；歌谣慷慨，如关中豪杰；料事成败如宿将[70]；能得小人根株窟穴，如古能吏；其操心危虑患深，则又似夫所谓孤臣孽子者[71]。平生慕孔融、田畴、陈元龙之为人[72]，而人亦以古人期之。故虽其文章号一代不数人，而在希颜仍为馀事耳。

413

希颜年四十六,以八年辛卯八月二十有三日暴卒[73]。后二日,葬戴楼门外三王寺之西若干步[74]。好问与太原王仲泽哭之[75],因谓仲泽言,星殒有占[76],山石崩有占,水断流有占。斯人已矣,瞻乌爰止[77],不知于谁之屋耳。其十月,北兵由汉中道袭荆、襄,京师戒严。

——《元好问全集》卷二十一

[1] 南渡:金宣宗贞祐二年(1214),因蒙古侵扰,金从中都(今北京)迁都至南京(今河南开封)。

[2] 高廷玉:字献臣,思州人,大定末进士。李纯甫:字子甫,一字之纯,襄阴人,承安二年进士。

[3] 衣冠龙门:比喻名望很高,被他接待就如同登龙门。

[4] 卫绍王:名永济,金世宗第七子。金朝第七位皇帝,章宗泰和八年(1208)即位,至宁元年(1213)被杀。

[5] 大安:金卫绍王年号。

[6] 左右司:金尚书省下设左右司。左司、右司分别纠察六部。郎官:郎中、员外郎。

[7] 河南府:治今洛阳。治中:主管文书事务的官员。

[8] 尹:府尹,府长官。

[9] 瘐(yǔ雨)死:在狱中饥寒或疾病而死。

[10] 蓟州:今天津蓟州区。

[11] 道陵:指金章宗,其陵寝为道陵。

[12] 驿遣之:以驿站车马送他。

[13] 泰和:金章宗年号。

[14] 嗟唶:叹息。

[15] 部族:金兵丁多自部落中征取,并以部族为作战单位。朔方兵:指蒙古兵。

[16] 牙帐:将帅所居的营帐。前建牙旗,故名。

[17] 渠:他。

[18] 贞祐:金宣宗年号。

[19] 摈:排斥。

[20] 正大:金哀宗年号。监察御史:官名,掌分察百官。

[21] 宵衣旰(gàn 赣)食:天不亮就穿衣起身,很晚才吃饭。言其勤于政务。旰,晚,迟。

[22] 富于春秋:正当青年。

[23] 能致之资:能治理好国家的能力。

[24] 拜章:上章。

[25] 庚寅:金哀宗正大七年(1230)。

[26] 倒回谷:在今陕西蓝田南。

[27] 平章芮公:金国将领完颜合达,封芮国公。

[28] 谢玄淝水之胜:东晋谢玄在淝水之战中以少胜多,战胜了北方的苻坚。

[29] 相异同:意见矛盾。

[30] 沮:阻止。

[31] 京兆:治所在今西安。凤翔:治今凤翔县。

[32] 衔:马嚼子。

[33] 自检:自我约束。

[34] 经济之学:经世致用之学。

[35] 浑源:金州名,在今山西浑源县。

[36] 考:先父。

[37] 大定:金世宗年号。北京路:治所在今内蒙古喀喇沁旗。

[38] 暮子:暮年所生之子。

[39] 崇庆二年:公元1213年。黄裳榜:此科状元为黄裳。宋金进士分三甲,分别为一、二、三甲,分别为赐进士及第、赐进士出身、同进士出身。二甲也称乙科。

[40] 释褐:脱去布衣,即入仕。泾州:治今甘肃泾县北。录事:州府属官,掌文簿。

[41] 东平府:治今山东泰安。

[42] 东阿:今属山东。

415

〔43〕观察判官:诸节镇属官,掌纪纲观察众务等。

〔44〕荆王:宣宗子完颜守纯,封荆王。王府文学、记室参军:王府属官。

〔45〕奉翰林文字同知制诰:翰林院比较初级的官员,从七品。国史院编修官:国史院比较初级的官员。

〔46〕考满:翰林国史院属内官,三十月考满。

〔47〕监察御史:御史台官员,为纠察风纪之官。

〔48〕侯莘卿:侯挚(?—1233),字莘卿,东阿人,明昌二年(1191)进士。

〔49〕太学博士:太学教授官职。

〔50〕应奉:应奉翰林文字。

〔51〕行台:在地方代表朝廷行尚书省事,称为行台。

〔52〕摩拊:安抚。

〔53〕莅:到。

〔54〕闾巷:谓民间。

〔55〕户部高尚书唐卿:高夔,字唐卿,保州永平人。进士第,南渡,历户部员外郎,后迁尚书。辟:征辟。

〔56〕遂平:县名,在今河南遂平。

〔57〕豪右:豪强。

〔58〕榜掠:鞭打。

〔59〕豪猾:富豪不法者。

〔60〕蔡:地名,今河南上蔡。

〔61〕小直:低价。

〔62〕坐是:因此。

〔63〕胄(zhòu 皱)子:国子学生员。

〔64〕齿:并列。

〔65〕渡河:指金贞祐南渡。

〔66〕口哆(chǐ 尺):口阔。

〔67〕颜渥丹:面色红润。

〔68〕眼如望羊:眼光远视。

〔69〕猝亦不能变:仓促间难以改变,本性难移的意思。

[70] 宿将:老将。

[71] 孤臣孽子:不得意而眷恋家国的人。孤臣,不受重用的被疏远之臣。孽子,庶子。

[72] 孔融:字文举,东汉末人,以刚正不阿著称。田畴:字子泰,三国时人,为人豪爽,有功不受禄。陈元龙:名登,东汉时人,为人爽朗,沉静有大略。

[73] 八年:金哀宗正大八年(1231)。

[74] 戴楼门:汴京城门,在城南偏西。

[75] 王仲泽:王渥,字仲泽。

[76] 星殒:落。占:预兆。

[77] 瞻乌爰(yuán元)止:看乌鸦停落在谁的屋子上。出自《诗经·小雅·正月》。

孝女赞序

虞　集

〔**解题**〕虞集，生平见前《挽文丞相》。《孝女赞序》是一篇短文，记录了金溪百姓被驱开采银矿，不堪苦楚愤而自尽的悲惨遭遇。文章不仅批评了由唐至元金溪聚敛银矿的害民之政，还指名道姓地揭露了当时的害民之官。虽是为宣扬孝行所作，然而全文真诚雍容，沉痛悲壮。

金溪县[1]，因金溪场之名也。唐时有银矿发其地，作场以冶之[2]，曰金溪场。宝历乙巳[3]，银绝而冶废。宋开宝初始置县云[4]。冶废时，土不产银久矣，有司不敢失其贡，迫诸民而取之。有葛祐者，官强之莅冶事[5]。银既无所从出，倾其家不足充数。吏驱祐家，取土石杂烹之，卒无所得，缚祐搒掠[6]，不胜其苦。祐无子，独有二女且长，不忍见其父，皆自投冶中焚死。监吏黄慨上其事，抚州刺史奏除之[7]。里人哀二女，又感其去患害也，神而祠之[8]。皇元至元中[9]，郡守张国纪用献利者言，起金银冶属县，至今民病之，独金溪以二女事闻，得不作。大德庚子[10]，县丞吴瑾作新祠于沙阜之地。延祐戊午[11]，县尹李有又新作之，民间岁时祠之。

————《道园学古录》卷三十

〔1〕金溪:县名,今属江西抚州。

〔2〕场:五代、宋时煎盐、冶炼铁、造酒之所与官府所置专卖市肆,皆名场。此指冶银场。冶:冶炼。

〔3〕宝历乙巳:宝历为唐敬宗年号,宝历乙巳为公元825年。

〔4〕开宝:北宋太祖赵匡胤年号。

〔5〕葛祐:唐宝历间人。莅:管理。

〔6〕搒(péng 棚)掠:拷打。

〔7〕除:免除,这里是指免除金溪贡奉白银。

〔8〕神而祠之:立庙祭祀。

〔9〕至元:元世祖忽必烈的年号。

〔10〕大德庚子:公元1300年。大德为元成宗年号。

〔11〕延祐戊午:公元1318年。延祐为元仁宗年号。按《江西通志》,庙名孝烈庙,在金溪鹧鸪岭,祀唐葛祐二孝女。

马塈传

〔解题〕 本文选自《宋史·忠义传》。宋景炎元年(1276)，元阿里海牙出征广西，七月，诏谕广西静江路(今广西桂林)官员皆降。马塈(jì 既)时滞留静江，自率三千人守卫严关。城破殉国，身首异处，"犹握拳奋起"。其部将娄钤辖燃火炮崩城，与城尽亡。本篇记述了英雄舍身殉国的壮烈事迹。

马塈，宕昌人也[1]。一家父叔兄弟皆以忠勇为名将，而塈与其兄塈特显。咸淳中[2]，塈知钦州[3]，徙知邕[4]。邕地接六诏、安南[5]，傍通诸溪峒[6]，抚御少失宜，往往召乱。塈镇抚诸蛮及治关隘，皆有条理，大理不敢越善阐[7]，安南不敢入永平[8]，诸峒皆上帐册，边陲晏然[9]。广西经略李兴上其功，加阁门宣赞舍人[10]。未几，以左武卫将军征入朝[11]。已而宋亡[12]，塈因留静江，总屯戍诸军，护经略司印守城[13]。

至元十四年[14]，平章阿里海牙攻广西[15]，塈发所部及诸峒兵守静江，而自将三千人守严关[16]，凿马坑，断岭道。大兵攻严关不克，乃以偏师入平乐[17]，过临桂[18]，夹攻塈。塈兵败，退保静江。平章使人招降，塈发弩射之。攻三月，塈夜不解甲，前后百馀战，城中死伤相藉[19]，讫无降意。城东隅稍卑[20]，大军阳攻西门，以精兵夜决水闸，攻东门，破其外城。塈闭内城城守，又破之。塈率死士巷战，刀伤臂被执，杀之断其首,犹握拳奋起,立逾时始仆[21]。静江破,邕守马成旺及其子都统应麒以城降,独墅部将娄钤辖犹以二百五十人守月城不下[22]。阿里海牙笑曰:"是何足攻。"围之十馀日,娄从壁上呼曰:"吾属饥,不能出降。苟赐之食,当听命。"乃遗之牛数头,米数斛。一部将开门取归,复闭壁。大军乘高视之,兵皆分米,炊未熟,生脔牛,唼立尽。鸣角伐鼓,诸将以为出战也,甲以待。娄乃令所部入拥一火炮然之,声如雷霆,震城土皆崩,烟气涨天外,兵多惊死者。火熄入视之,灰烬无遗矣。

——《宋史》卷四百五十一《忠义传》

[1] 宕昌:今属甘肃陇南。

[2] 咸淳:南宋度宗年号(1265—1274)。

[3] 钦州:今广西钦州。

[4] 邕:今广西南宁。

[5] 六诏:云南及四川的少数民族。安南:越南古称。

[6] 溪峒(dòng洞):古时对西南少数民族聚居地的称呼。

[7] 善阐:城名,治所在今云南昆明。

[8] 永平:地名,在今云南大理。

[9] 晏然:太平。

[10] 阁(gé阁)门宣赞舍人:官名,掌宣传赞谒事。

[11] 左武卫将军:为从三品高级军职。

[12] 宋亡:公元1276年,元军至临安,南宋朝廷奉表投降。

[13] 经略司:经略安抚使司之简称,宋代两广边地守臣带经略使衔,以示重帅权。

[14] 至元十四年:公元1277年。至元为元世祖忽必烈年号。

[15] 平章:官名。阿里海牙:畏兀儿人,曲家贯云石祖父。

[16] 严关:关名,位于今广西兴安县城西南的严关镇狮子山与凤凰山之间的狭谷间,两山对峙,中为通道,形势险要。

421

［17］ 平乐:地名,今属广西桂林。

［18］ 临桂:地名,今属广西桂林。

［19］ 相藉:互相枕藉,叠压。

［20］ 隅:角落。卑:地势低。

［21］ 仆:倒下。

［22］ 娄铃(qián 前)辖:名不详,铃辖是其军职。月城:瓮城,围绕在城门外的半圆形小城。

秦 士 录

宋　濂

〔**解题**〕 宋濂,生平见前《忠义篇序》解题。本文塑造了邓弼这样一位文武兼备、胆识超群并且性格狂放的豪侠。文章重点描写了邓弼强迫两儒生与其饮酒娼楼,比较学识;又写他手执双剑,力敌数十人,敌人闻风丧胆。表达了奇才不为世用的压抑和愤懑。

邓弼,字伯翊,秦人也[1]。身长七尺,双目有紫棱[2],开合闪闪如电。能以力雄人,邻牛方斗不可擘,拳其脊,折仆地[3]。市门石鼓,十人舁[4],弗能举,两手持之行。然好使酒[5],怒视人,人见辄避,曰:"狂生不可近,近则必得奇辱。"

一日,独饮娼楼。萧、冯两书生过其下,急牵入共饮。两生素贱其人,力拒之。弼怒曰:"君终不我从[6],必杀君,亡命走山泽耳,不能忍君苦也。"两生不得已,从之。弼自据中筵[7],指左右揖两生坐,呼酒歌啸以为乐。酒酣,解衣箕踞[8],拔刀置案上,铿然鸣。两生雅闻其酒狂[9],欲起走,弼止之曰:"勿走也!弼亦粗知书,君何至相视如涕唾[10]。今日非速君饮[11],欲少吐胸中不平气耳。四库书从君问,即不能答,当血是刃。"两生曰:"有是哉!"遽摘七经数十义扣之[12],弼历举传疏[13],不遗一言。复询历代史,上下三千年,缅缅如贯珠[14]。弼笑曰:"君等伏乎未也?"两生相顾惨沮,不敢再有问。弼索酒,被发跳叫曰:"吾今日压倒老生矣!古者学在养气,今人一服儒衣,反奄奄欲绝,徒欲驰骋文墨,儿抚一世豪杰[15]。此何可哉!此何可哉!君等休矣。"两生素负多才艺,闻弼言,大愧,下楼,足不得成步。归,询其所与游,亦未尝见其挟册呻吟也[16]。

泰定末,德王执法西御史台[17],弼造书数千言,袖谒之。阍卒不为通[18],弼曰:"若不知关中邓伯翊耶?"连击踣数人[19],声闻于王。王令隶人捽入[20],欲鞭之。弼盛气曰:"公奈何不礼壮士?今天下虽号无事,东海岛夷[21],尚未臣顺,间者驾海舰,互市于鄞[22],即不满所欲,出火刀斫柱,杀伤我中国民。诸将军控弦引矢,追至大洋,且战且却,其亏国体为已甚。西南诸蛮,虽曰称臣奉贡,乘黄屋左纛[23],称制与中国等[24],尤志士所同愤。诚得如弼者一二辈,驱十万横磨剑伐之[25],则东西为日所出入,莫非王土矣。公奈何不礼壮士!"庭中人闻之,皆缩颈吐舌,舌久不能收。王曰:"尔自号壮士,解持矛鼓噪,前登坚城乎?"曰:"能。""百万军中,可刺大将乎?"曰:"能。""突围溃阵,得保首领乎?"曰:"能。"王顾左右曰:"姑试之。"问所须,曰:"铁铠良马各一,雌雄剑二。"王即命给与,阴戒善槊者五十人[26],驰马出东门外,然后遣弼往。王自临观,空一府随之。暨弼至,众槊并进。弼虎吼而奔,人马辟易五十步[27],面目无色。已而烟尘涨天,但见双剑飞舞云雾中,连斫马首堕地,血淙淙滴。王抚髀欢曰[28]:"诚壮士!诚壮士!"命勺酒劳弼。弼立饮不拜。由是狂名振一时,至比之王铁枪云[29]。

王上章荐诸天子,会丞相与王有隙,格其事不下[30]。弼环视四体,叹曰:"天生一具铜筋铁肋,不使立勋万里外,乃槁死三尺蒿下[31],命也,亦时也。尚何言!"遂入王屋山为道士[32],后十年终。

史官曰:弼死未二十年,天下大乱,中原数千里人影殆绝。玄鸟来降[33],失家,竞栖林木间。使弼在,必当有以自见。惜哉!弼鬼不灵则已,若有灵,吾知其怒发上冲也。

——《宋文宪公全集》卷三八

[1] 秦:今陕西一带。

[2] 紫棱:形容眼光锐利有神。

[3] 擘(bò 檗):分开。折仆地:言牛脊骨被邓弼用拳击折,倒地。

[4] 舁(yú 余):抬。

[5] 使酒:借酒使性。

[6] 不我从:不听从我。

[7] 中筵:中间的位置。

[8] 箕踞:两腿前伸岔开如箕的坐法,是放肆不羁的坐姿。

[9] 雅闻:素来听闻。

[10] 相视如涕唾:把我看得如同涕唾。言其轻视又厌恶。

[11] 速:邀请。

[12] 七经:《小学绀珠》中以《易》《书》《诗》《周礼》《仪礼》《礼记》《春秋》为七经,此泛指儒家经典。

[13] 传疏:注释经文文字的叫"传",解释传文的文字叫"疏"。

[14] 缅(xǐ 喜)缅:连续不断。

[15] "儿抚"句:把一世豪杰当小儿一样看待。

[16] 挟册呻吟:拿着书籍吟咏诵读。

[17] 德王:即马札儿台。泰定四年(1327),拜陕西行台治书侍御史。元顺帝至正六年(1346)封忠王。卒后,至正十二年改封德王。

[18] 阍(hūn 昏)卒:守门的兵士。

[19] 击踣(bó 博):击倒。踣,仆倒。

[20] 捽(zuó 昨):揪。

425

［21］东海岛夷：这里指日本。

［22］鄞(yín 银)：鄞县，今属浙江宁波。

［23］黄屋左纛(dào 道)：皇帝的车驾。黄屋，帝王所乘的车上以黄缯为里的车盖。左纛，古时皇帝车驾上的装饰物。因设在车衡之左，故称。

［24］称制：自称皇帝。与中国等：与中国天子地位相同，意指僭越不臣。

［25］横磨剑：精锐善战的士卒。语本《旧五代史·晋书·景延广传》："晋朝有十万口横磨剑，翁若要战则早来。"

［26］阴戒：暗中命令。槊(shuò 硕)：长矛。

［27］辟易：惊退。

［28］抚髀(bì 毕)：拍着大腿。

［29］王铁枪：五代时后梁王彦章，字子明。骁勇有力，善使铁枪，军中号"王铁枪"。

［30］丞相与王隙：元泰定四年，右丞相为塔失帖木儿，左丞相为倒剌沙。格：阻止。

［31］槁死：枯死。

［32］王屋山：今河南省济源西北，为道教三十六洞天之"天下第一洞天"。

［33］玄鸟：燕子。

李 姬 传

侯方域

〔**解题**〕 侯方域(1618—1655),字朝宗,归德(今河南商丘)人。明末复社的领袖。《李姬传》记述了明末秦淮歌妓李香的精湛技艺和卓然不群的风度。她劝说侯方域拒绝阮大铖的利诱,勉励其保持气节。她不肯与和阮大铖同流合污的田仰接近,敢于抗拒权贵的诱惑和威胁,突出了她的见识和品格。清代孔尚任的名作《桃花扇》,即以李香(李香)君为主人公。

李姬者,名香,母曰贞丽[1]。贞丽有侠气,尝一夜博,输千金立尽;所交接皆当世豪杰,尤与阳羡陈贞慧善也[2]。姬为其养女,亦侠而慧,略知书,能辨别士大夫贤否[3],张学士溥、夏吏部允彝亟称之[4]。少风调皎爽不群[5]。十三岁,从吴人周如松受歌玉茗堂四传奇[6],皆能尽其音节。尤工琵琶词[7],然不轻发也[8]。

雪苑侯生[9],己卯来金陵[10],与相识。姬尝邀侯生为诗,而自歌以偿之。初,皖人阮大铖者[11],以阿附魏忠贤论城旦[12],屏居金陵[13],为清议所斥[14]。阳羡陈贞慧、贵池吴应箕实首其事[15],持之力[16]。大铖不得已,欲侯生为解之,乃假所善王将军,日载酒食与侯生游。姬曰:"王将军贫,非结客者,公子盍叩之?"侯生三问,将军乃屏人述大铖意。姬私语

427

侯生曰："妾少从假母识阳羡君[17]，其人有高义，闻吴君尤铮铮[18]。今皆与公子善，奈何以阮公负至交乎！且以公子之世望[19]，安事阮公！公子读万卷书，所见岂后于贱妾耶？"侯生大呼称善，醉而卧。王将军者殊怏怏，因辞去，不复通。

未几，侯生下第[20]。姬置酒桃叶渡[21]，歌琵琶词以送之，曰："公子才名文藻，雅不减中郎[22]。中郎学不补行[23]，今琵琶所传词固妄[24]，然尝昵董卓[25]，不可掩也。公子豪迈不羁，又失意，此去相见未可期，愿终自爱，无忘妾所歌琵琶词也！妾亦不复歌矣！"

侯生去后，而故开府田仰者[26]，以金三百锾[27]，邀姬一见。姬固却之。开府惭且怒，且有以中伤姬。姬叹曰："田公岂异于阮公乎！吾向之所赞于侯公子者谓何？今乃利其金而赴之，是妾卖公子矣。"卒不往。

——《壮悔堂文集》卷五

[1] 贞丽：姓李，字淡如。秦淮名妓，李香假母（鸨母）。

[2] 阳羡：江苏宜兴的古称。陈贞慧（1604—1656）：字定生。与侯方域、冒襄、方以智同称为四公子。为明末复社领导人之一。

[3] 贤否（pǐ匹）：贤与恶。

[4] 张学士溥：张溥（1602—1641），字天如，江苏太仓人，进士及第，复社发起人。夏吏部允彝：夏允彝（？—1646），字彝仲，江苏松江人。博学善文，与陈子龙等创建"几社"，与复社相呼应。明亡，起兵抗清，兵败投水自沉。因曾在吏部供职，故称"吏部"。亟（qì气）：屡屡，频频。

[5] 风调：风度格调。皎爽：高洁爽朗。

[6] 周如松：著名昆曲家苏昆生的原名。玉茗堂四传奇：即汤显祖的《紫钗记》《牡丹亭》《邯郸记》《南柯记》。玉茗堂是汤显祖的书斋名。

[7] 琵琶词：即高明《琵琶记》，演蔡伯喈与赵五娘故事。

[8] 不轻发：不轻易演唱。

[9] 雪苑侯生:作者自称。雪苑,汉梁孝王林苑,故址在今河南商丘东南。侯方域为商丘人,故自称雪苑侯生。

[10] 己卯:明崇祯十二年(1639)。

[11] 阮大铖(1587—1646):字集之,号圆海。明天启朝为京官,依附权阉魏忠贤。崇祯初,削职为民,流寓南京,作戏曲,蓄声伎,结纳文士游侠。后附权奸马士英,拥立福王,任南明小朝廷兵部尚书。

[12] 论城旦:被定罪判刑。城旦,古代刑罚名,指徒刑或流放。

[13] 屏(bǐng 饼)居:退居。

[14] 为清议所斥:陈贞慧、吴应箕等人作《留都防乱揭》以逐阮大铖。清议,公论。

[15] 吴应箕(1594—1645):字次尾,福建贵池人。复社领导人之一。清兵破南京后,起兵抗清,兵败被执,不屈就义。首其事:首先揭发、声讨阮大铖的罪恶事迹。

[16] 持之力:竭力坚持这件事。

[17] 阳羡君:指陈贞慧。

[18] 吴君:指吴应箕。铮铮:正直刚强。

[19] 世望:家世名望。

[20] 下第:科举未中。

[21] 桃叶渡:在南京秦淮河口,相传因晋王献之送其爱妾桃叶于此而得名。

[22] 雅:素来。中郎:蔡中郎,《琵琶记》中人物。《琵琶记》演蔡伯喈与赵五娘故事,附会为东汉蔡邕之事。蔡邕字伯喈,官左中郎将,以职称名中郎。

[23] 学不补行:谓学问虽富,而品行有缺陷。补,掩盖。

[24] 固:诚然。

[25] 昵:亲近。董卓(?—192):字仲颖,汉献帝时擅权乱政,自封太师,祸国殃民,后为王允、吕布所诛。曾重用蔡邕,被诛后,人皆庆贺,而蔡邕独叹息而色变。

[26] 开府:明清两代用以指称总督、巡抚等大员。田仰:字百源,贵州人,与马士英有亲。

[27] 锾(huán 环):货币量词。

429

张自新传

归有光

〔**解题**〕 归有光,生平见前《陶庵记》解题。本文是一位失意书生的传记。张自新为人孝悌,读书用心,胸怀大志,却不为流俗所容,饱受嘲讽,郁郁而终。这样的描写中显然寄托着作者自己的人生感慨。全文言辞朴素,而行文极有章法,结尾尤有馀韵。

张自新,初名鸿,字子宾,苏州昆山人。自新少读书,敏慧绝出[1]。古经中疑义,群弟子屹屹未有所得,自新随口而应,若素了者。性方简,无文饰[2]。见之者莫不讪笑,目为乡里人[3]。同舍生夜读,倦睡去,自新以灯檠投之,油污满几,正色切责,若老师然。髫龀丧父[4],家计不能支,母曰:"吾见人家读书,如捕风影,期望青紫[5],万不得一。且命已至此,何以书为?"自新泣啼长跪,曰:"亡父以此命鸿,且死,未闻有他语,鸿何敢忘?且鸿宁以衣食忧吾母耶?"与其兄耕田度日,带笠荷锄,面色黧黑[6]。夜归,则正襟危坐,啸歌古人,飘飘然若在世外,不知贫贱之为戚也。

兄为里长[7],里多逃亡,输纳无所出[8]。每岁终,官府催科[9],搒掠无完肤[10]。自新辄诣县自代,而匿其兄他所。县吏怪其意气[11],方授杖,辄止之,曰:"而何人者?"自新曰:"里长,实书生也。"试之文,立就,慰而免之。弱冠[12],授徒他所。岁归省三四,敝衣草履,徒步往返,为其母具酒食,兄弟酣笑,以为大乐。

自新视豪势,眇然不为意[13]。吴中子弟多轻儇[14],冶鲜好衣服,相聚集,以亵语戏笑[15],自新一切不省[16]。与之语,不答。议论古今,意气慷慨。酒酣,大声曰:"宰天下竟何如?"目直上视,气勃勃若怒,群儿至欲殴之。补学官弟子员[17],学官索赞金甚急[18],自新实无所出,数召笞辱[19],意忽忽不乐,欲弃去。俄得疾卒。

自新为文,博雅而有奇气,人无知之者。予尝以示吴纯甫[20],纯甫好奖士类,然其中所许可者,不过一二人,顾独称自新。自新之卒也,纯甫买棺葬焉。

归子曰:余与自新游最久,见其面斥人过,使人无所容。倬人广坐间[21],出一语,未尝视人颜色。笑骂纷集,殊不为意。其自信如此。以自新之才,使之有所用,必有以自见者。沦没至此,天可问邪?世之乘时得势,意气扬扬,自谓己能者,亦可以省矣。语曰:"丛兰欲茂,秋风败之。"[22]余悲自新之死,为之叙列其事。自新家在新洋江口[23],风雨之夜,江涛有声,震动数里。野老相语[24],以为自新不亡云。

——《震川先生集》卷二十六

[1] 敏慧绝出:聪敏警慧,才智出众。

[2] 无文饰:质直不掩饰。

[3] 目为乡里人:把他当乡巴佬。

[4] 髫龀(tiáo chèn 条衬):指幼年。髫,古代小孩下垂的头发。龀,小孩子换牙齿。

[5] 青紫:古代公卿绶带之色,这里借指高官显爵。

[6] 黧(lí 离)黑:面色漆黑。

[7] 里长:谓一里之长。

[8] 输纳:指要缴纳的钱粮。

[9] 催科:催交科税。

[10] 捞掠:笞击,拷打。

[11] 怪:惊奇。意气:神色。

[12] 弱冠:古代称二十或二十馀岁为"弱冠"。

[13] 眇然:蔑视。

[14] 轻儇(xuān 宣):轻佻,不庄重。

[15] 裹语:污言秽语。

[16] 省:理会。

[17] 学官弟子员:即生员,也就是秀才。

[18] 贽金:见面礼金。

[19] 笞辱:拷打而使之受辱。

[20] 吴纯甫:吴中英(1488—1538),字纯甫,昆山人,博学多才,嘉靖间举人。

[21] 俦人:众人。

[22] "丛兰"二句:见《文子·上德》:"日月欲明,浮云蔽之。河水欲清,沙土秽之。丛兰欲修,秋风败之。"喻恶劣环境对美好事物的摧残。

[23] 新洋江:在昆山市北,吴淞江支流。

[24] 野老:村野老人。

大铁椎传

魏　禧

〔解题〕 魏禧(1624—1680),字叔子,一字叔冰,曾题居室为勺庭,又称勺庭先生。宁都(今属江西)人。明末诸生,康熙年间,以博学鸿儒征之,不就。有《魏叔子集》。本篇写一位无名侠客,颇具英雄传奇色彩,其在月下旷野与强盗决斗的场面,更是描绘得栩栩如生。

庚戌十一月,予自广陵归,与陈子灿同舟[1]。子灿年二十八,好武事,予授以左氏兵谋兵法[2],因问:"数游南北,逢异人乎?"子灿为述大铁椎,作《大铁椎传》。

大铁椎,不知何许人[3],北平陈子灿省兄河南[4],与遇宋将军家。宋,怀庆青华镇人[5],工技击[6],七省好事者皆来学,人以其雄健,呼宋将军云。宋弟子高信之,亦怀庆人,多力善射,长子灿七岁,少同学,故尝与过宋将军[7]。时座上有健啖客[8],貌甚寝[9],右胁夹大铁椎[10],重四五十斤,饮食拱揖不暂去。柄铁折叠环复,如锁上练,引之长丈许。与人罕言语,语类楚声。扣其乡及姓字[11],皆不答。

既同寝,夜半,客曰:"吾去矣!"言讫不见。子灿见窗户皆闭,惊问信之。信之曰:"客初至,不冠不袜,以蓝手巾裹头,足缠白布,大铁椎外,一物无所持,而腰多白金。吾与将军俱不敢问也。"子灿寐而醒,客则鼾睡炕上矣。

一日,辞宋将军,曰:"吾始闻汝名,以为豪,然皆不足用。吾去矣!"将军强留之,乃曰:"吾数击杀响马贼[12],夺其物,故仇我[13]。久居,祸且及汝[14]。今夜半,方期我决斗某所。"宋将军欣然曰:"吾骑马挟矢以助战。"客曰:"止!贼能且众,吾欲护汝,则不快吾意。"宋将军故自负,且欲观客所为,力请客。客不得已,与偕行。将至斗处,送将军登空堡上,曰:"但观之,慎弗声,令贼知也。"

时鸡鸣月落,星光照旷野,百步见人。客驰下,吹觱篥数声[15]。顷之,贼二十馀骑四面集,步行负弓矢从者百许人。一贼提刀突奔客,客大呼挥椎,贼应声落马,马首裂。众贼环而进,客奋椎左右击,人马仆地,杀三十许人。宋将军屏息观之,股栗欲堕[16]。忽闻客大呼曰:"吾去矣。"尘滚滚东向驰去。后遂不复至。

魏禧论曰:子房得力士,椎秦皇帝博浪沙中。大铁椎其人欤[17]?天生异人,必有所用之。予读陈同甫《中兴遗传》[18],豪俊、侠烈、魁奇之士,泯泯然不见功名于世者,又何多也!岂天之生才不必为人用欤?抑用之自有时欤?子灿遇大铁椎为壬寅岁[19],视其貌当年三十,然大铁椎今年四十耳。子灿又尝见其写市物帖子,甚工楷书也。

——《魏叔子文集》卷一七

[1] 庚戌:清康熙九年(1670)。广陵:扬州古称。陈子灿:生平不详。
[2] 左氏兵谋兵法:《左传》中记述战事的文字。
[3] 何许人:何处人。言不详其出处。
[4] 北平:北京。省(xǐng 醒)兄河南:到河南探望哥哥。
[5] 怀庆:府名,今河南沁阳。

［6］工技击：擅长武术。

［7］过：探望。

［8］健啖(dàn 淡)：食量很大。

［9］貌甚寝：相貌十分丑陋。寝，丑陋。

［10］右胁：右腋下。

［11］扣：通"叩"，询问。

［12］响马：强盗。

［13］仇：怨恨，仇恨。

［14］且：将。

［15］觱篥(bì lì 毕立)：古代一种管乐器。

［16］股栗：两腿发抖。栗，战栗，发抖。

［17］"子房"三句：谓大铁椎与汉代张良所得力士为一类人。子房，张良，字子房。张良欲为韩复仇，后来找到一名力士，能举起一百二十斤重的铁椎，击秦始皇于博浪沙，但只击中副车。博浪沙，在今河南原阳县境内。

［18］陈同甫：南宋陈亮(1143—1194)，字同甫，其所著《中兴遗传》，为宋朝南渡前后各类人物立传，其中有侠士、义勇两门，人物类似大铁椎。

［19］壬寅岁：康熙元年(1662)。

江天一传

汪 琬

〔解题〕汪琬(1624—1690),字苕文,号钝庵,长洲(今江苏苏州)人。顺治十二年(1655)进士,清初重要文章家。江天一,字文石,歙县(今安徽歙县)人。明亡之后,江天一在家乡徽州协助金声组织义军抗清,兵败被杀。表彰了一位奇人殉国的壮烈,和从容就义正大气度。

江天一,字文石,徽州歙县人[1]。少丧父,事其母[2],及抚弟天表[3],具有至性[4]。尝语人曰:"士不立品者[5],必无文章。"前明崇祯间,县令傅岩奇其才[6],每试辄拔置第一[7]。年三十六,始得补诸生[8]。家贫屋败[9],躬畚土筑垣以居[10]。覆瓦不完,盛暑则暴酷日中[11]。雨至,淋漓蛇伏[12],或张敝盖自蔽[13]。家人且怨且叹,而天一挟书吟诵自若也[14]。

天一虽以文士知名,而深沉多智,尤为同郡金佥事公声所知[15]。当是时,徽人多盗,天一方佐佥事公,用军法团结乡人子弟,为守御计[16]。而会张献忠破武昌[17],总兵官左良玉东遁[18],麾下狼兵哗于途[19],所过焚掠。将抵徽,徽人震恐,佥事公谋往拒之,以委天一。天一腰刀栬首[20],黑夜跨马,率壮士驰数十里,与狼兵鏖战祁门,斩馘大半[21],悉夺其马牛器械,徽赖以安。

顺治二年[22],夏五月,江南大乱[23],州县望风内附[24],而徽人犹为明拒守。六月,唐藩自立于福州[25],闻天一名,授监纪推官。先是,天一言于佥事公曰:"徽为形胜之地[26],诸县皆有阻隘可恃,而绩溪一面当孔道[27],其地独平迤[28],是宜筑关于此,多用兵据之,以与他县相掎角[29]。"遂筑丛山关。已而清师攻绩溪[30],天一日夜援兵登陴不少怠[31];间出逆战[32],所杀伤略相当。于是清师以少骑缀天一于绩溪[33],而别从新岭入[34]。守岭者先溃,城遂陷。

大帅购天一甚急[35]。天一知事不可为,遽归,属其母于天表,出门大呼:"我江天一也。"遂被执。有知天一者[36],欲释之。天一曰:"若以我畏死邪[37]?我不死,祸且族矣[38]。"遇佥事公于营门[39],公目之,曰:"文石!女有老母在[40],不可死。"笑谢曰:"焉有与人共事而逃其难者乎[41]?公幸勿为我母虑也[42]。"至江宁,总督者欲不问[43],天一昂首曰:"我为若计,若不如杀我;我不死,必复起兵。"遂牵诣通济门[44]。既至,大呼高皇帝者三[45],南向再拜讫,坐而受刑。观者无不叹息泣下。越数日,天表往收其尸,瘗之[46]。而佥事公亦于是日死矣。

当狼兵之被杀也,凤阳督马士英怒[47],疏劾徽人杀官军状[48],将致佥事公于死。天一为赍辨疏[49],诣阙上之[50],复作《吁天说》,流涕诉诸贵人[51],其事始得白[52]。自兵兴以来,先后治乡兵三年,皆在佥事公幕。是时,幕中诸侠客号知兵者以百数[53],而公独推重天一,凡内外机事悉取决焉[54]。其后竟与公同死,虽古义烈之士,无以尚也[55]。予得其始末于翁君汉津[56],遂为之传。

汪琬曰:方胜国之末[57],新安士大夫死忠者[58],有汪公伟、凌公骃与佥事公三人[59],而天一独以诸生殉国。予闻天一游淮安,淮安民妇冯氏者刲肝活其姑[60],天一征诸名士作诗文表章之[61],欲疏于朝,不果。盖其人好奇尚气类如此[62]。天一本名景,别自号石嫁樵夫。翁君汉津云。

——《尧峰文钞》卷三四

[1] 歙(shè射)县:今属安徽。

[2] 事:奉养。

[3] 抚:抚养。

[4] 至性:淳厚的天性。

[5] "士不"二句:其言无德之人必无文。立品,树立品德。

[6] 傅岩:字野清,浙江义乌人。崇祯进士,授歙县令,官至监察御史。

[7] 试:指童生岁试。

[8] 补诸生:考取秀才,成为生员。

[9] 败:残破。

[10] 躬畚(běn本)土筑垣:亲自取土筑墙。畚,撮土的工具,用作动词。

[11] 暴(pù铺):通"曝",晒。

[12] 蛇伏:像蛇一样蜷伏着。

[13] 敝盖:破伞。

[14] 自若:自如,像平常一样。

[15] 金佥(qiān千)事:金声,字正希,休宁人。崇祯进士,选庶吉士。后授山东佥事,未就。清兵南下,于家乡起兵守御,相持累月,失败被俘,被杀。知:赏识。

[16] 为守御计:作防御的打算。

[17] 会:逢。张献忠:明末农民军首领。率军破武昌在崇祯十六年(1643)五月。

[18] 左良玉:明末为总兵,驻军武昌。以缺粮就食为名,移兵九江,沿

途掳掠。但据《明史》,金声率徽州民击破的是凤阳总督马士英的黔军,此处可能有误。

[19] 狼兵:以广西东兰、那地、南丹等地人组成的军队。该地少数民族强悍善斗,历史上称狼人,亦作俍人。哗:哗变。

[20] 帓(mò 末)首:以巾裹头。帓,头巾。

[21] 祁门:在安徽南部。斩馘(guó 国):杀死杀伤。馘,原意为作战时割下所杀敌人的左耳,用以计功。

[22] 顺治二年:公元 1645 年。

[23] 江南大乱:指清兵渡江,南明王朝覆灭。

[24] 内附:归附己方,指降清。汪琬为清人,故如此说。

[25] 唐藩:明唐王朱聿键。南京城破,原礼部尚书黄道周等在福州拥立唐王为帝,改元隆武。藩,古代称分封之王统辖之地。

[26] 形胜之地:地势险要的地方。

[27] 绩溪:地名,绩溪县在徽州附近。孔道:通道。

[28] 平迤(yí 夷):平坦。

[29] 相犄(jǐ 挤)角:相互支援。犄角,也作掎角。

[30] 已而:不久。

[31] 援兵:引兵。陴(pí 皮):城上矮墙,也叫女墙。

[32] 逆战:迎战。

[33] 少骑:少数骑兵。缀:牵制。

[34] 新岭:在休宁县南。

[35] 购:悬赏捉拿。

[36] 知天一者:与江天一有交情的人。

[37] 若:你。

[38] 祸且族:将遭灭族之祸。

[39] 金事公:即金声。

[40] 女:通"汝"。

[41] 焉:哪里。逃其难:指遇难而逃。

[42] 幸勿:万勿。

[43] 江宁:今南京。总督:指洪承畴。洪承畴原为明三边总督,被俘降

439

清。不问:不问罪。

[44] 通济门:南京城南面偏西之门,当时为刑场。

[45] 高皇帝:明太祖朱元璋谥号。

[46] 瘗(yì义):埋葬。

[47] 马士英:贵阳人,明末进士。崇祯末年官兵部侍郎,总督庐州凤阳道军务。

[48] 疏劾:上疏弹劾。状:情状、罪状。

[49] 赍(jī机):携带。

[50] 诣阙:到朝廷上。

[51] 贵人:指朝廷中权贵。

[52] 白:澄清。

[53] 号知兵者:号称懂兵法之人。

[54] 机:机要。

[55] 无以尚:不能超过。

[56] 翁君汉津:翁天章,字汉津,吴县人,明末以诸生入国子上舍。

[57] 胜国:已亡之国,指前朝。

[58] 新安:古新安郡,即徽州。死忠者:为国家而死者。

[59] 汪公伟:汪伟,字叔度,休宁人,崇祯末年官翰林院检讨,李自成破北京,自缢死。凌公䮫(jiōng 坰):凌䮫,初名云翔,休宁人,崇祯末年官兵部主事。在南明王朝巡抚河南,守归德,清兵破城,自缢死。

[60] 刲(kuī亏)肝活其姑:割下自己之肝为药,治好婆母之病。

[61] 征:征集。表章:表彰。章,通"彰"。

[62] 好奇尚气:喜做非常之事,崇尚气节。类如此:如同这样。

440

阳曲傅先生事略

全祖望

〔解题〕全祖望,生平见前《梅花岭记》解题。这是一篇传记,记录了傅山(1607—1684)一生的主要事迹。文章突出刻画了傅山的坚持气节、不尚空言、勤学博闻等特点,塑造了一位极具个性的遗民形象。

朱衣道人者,阳曲傅山先生也[1]。初字青竹,寻改字青主[2],或别署曰公之它,亦曰石道人。又字啬庐。家世以学行师表晋中[3]。先生六岁,啖黄精[4],不乐谷食,强之,乃复饭。少读书,上口数过,即成诵。顾任侠[5],见天下且丧乱,诸号为荐绅先生者[6],多腐恶不足道,愤之,乃坚苦持气节,不肯少与时婡婀[7]。提学袁公继咸为巡按张孙振所诬,孙振故奄党也[8]。先生约其同学曾公良直等诣阙使[9],三上书论之,不得达,乃伏阙陈情[10]。时抚军吴公甡亦直袁[11],竟得雪,而先生以是名闻天下。马文忠公世奇为作传,以为裴瑜、魏劭复出[12]。已而曹公任在兵科[13],贻之书曰:"谏官当言天下第一等事,以不负故人之期。"曹公瞿然[14],即疏劾首辅宜兴及骆锦衣养性[15],直声大震。

先生少长晋中,得其山川雄深之气,思以济世自见,而不屑为空言。于是蔡忠襄公抚晋[16],时寇已亟,讲学于三立书院[17]，亦及军政、军器之属。先生往听之，曰："迂哉，蔡公之言，非可以起而行者也。"甲申[18]，梦天帝赐之黄冠[19]，乃衣朱衣，居土穴以养母。次年，袁公自九江羁于燕邸[20]，以难中诗贻先生曰："晋士惟门下知我最深[21]，盖棺不远，断不敢负知己，使异日羞称友生也[22]。"先生得书恸哭曰："公乎，吾亦安敢负公哉！"甲午，以连染遭刑戮，抗词不屈，绝粒九日[23]，几死。门人有以奇计救之者，得免。然先生深自咤恨，以为不如速死之为愈，而其仰视天、俯画地者并未尝一日止[24]。凡如是者二十年。天下大定，自是始以黄冠自放，稍稍出土穴与客接。然间有问学者，则告之曰："老夫学庄列者也，于此间诸仁义事，实羞道之，即强言之，亦不工。"又雅不喜欧公以后之文，曰："是所谓江南之文也[25]。"平定张际者[26]，亦遗民也，以不谨得疾死。先生抚其尸哭之曰："今世之醇酒妇人以求必死者[27]，有几人哉！呜呼，张生！是与沙场之痛等也。"又自叹曰："弯强跃骏之骨，而以占毕朽之，是则埋吾血千年而碧不可灭者矣[28]！"或强以宋诸儒之学问，则曰："必不得已，吾取同甫[29]。"

先生工书，自大小篆隶以下，无不精。兼工画。尝自论其书曰："弱冠学晋唐人楷法，皆不能肖，及得松雪、香山墨迹[30]，爱其圆转流丽，稍临之，则遂乱真矣。"已而乃愧之曰："是如学正人君子者，每觉其觚棱难近[31]；降与匪人游，不觉其日亲者。松雪何尝不学右军[32]；而结果浅俗，至类驹王之无骨[33]，心术坏而手随之也。"于是复学颜太师[34]。因语人学书之法："宁拙毋巧，宁丑毋媚，宁支离毋轻滑，宁真率毋安排。"君子以为先生非止言书也。

先生既绝世事，而家传故有禁方[35]，乃资以自活。其子曰眉，字寿毛，能养志。每日樵于山中，置书担上，休担则取书读之。中州有吏部郎者,故名士,访先生。既见,问曰:"郎君安往?"先生答曰:"少需之,且至矣。"俄而有负薪而归者,先生呼曰:"孺子,来前肃客[36]!"吏部颇惊。抵暮,先生令伴客寝,则与叙中州之文献,滔滔不置,吏部或不能尽答也。诘朝,谢先生曰:"吾甚惭于郎君。"先生故喜苦酒,自称老蘖禅[37],眉乃自称曰小蘖禅。或出游,眉与先生共挽车,暮宿逆旅,仍篝灯课读经、史、骚、选诸书[38]。诘旦,必成诵始行,否则予杖[39]。故先生之家学,大河以北,莫能窥其藩者[40]。尝批欧公《集古录》曰:"吾今乃知此老真不读书也。"

戊午,天子有大科之命[41],给事中李宗孔、刘沛先以先生荐。时先生年七十有四,而眉以病先卒,固辞,有司不可。先生称疾,有司乃令役夫舁其床以行[42],二孙侍。既至京师三十里,以死拒,不入城。于是益都冯公首过之[43],公卿毕至。先生卧床,不具迎送礼,蔚州魏公乃以其老病上闻[44],诏免试,许放还山。时,征士中报罢而年老者恩赐以官[45]。益都密请以先生与杜征君紫峰,虽皆未豫试,然人望也[46]。于是亦特加中书舍人以宠之。益都乃诣先生曰:"恩命出自格外,虽病,其为我强入一谢。"先生不可。益都令其宾客百辈说之,遂称疾笃,乃使人舁以入。望见午门[47],泪涔涔下。益都强掖之使谢,则仆于地。蔚州进曰:"止、止,是即谢矣。"次日遽归,大学士以下,皆出城送之。先生叹曰:"自今以还,其脱然无累哉!"既而又曰:"使后世或妄以刘因辈贤我[48],且死不瞑目矣。"闻者咋舌。及卒,以朱衣黄冠殓。著述之仅传者,曰《霜红龛集》十二卷,眉之诗亦附焉。眉诗名《我诗集》,同邑人张君刻之宜兴。

先生尝走平定山中,为人视疾,失足堕崩崖,仆夫惊哭曰:"死矣!"先生旁皇四顾,见有风峪甚深[49],中通天光,一百二

443

十六石柱林立,则高齐所书佛经也[50]。摩挲视之,终日而出,欣然忘食。盖其嗜奇如此。惟顾亭林之称先生曰[51]:"萧然物外,自得天机[52]。"予则以为是特先生晚年之踪迹,而尚非其真性所在。卓尔堪曰[53]:"青主盖时时怀翟义之志者[54]。"可谓知先生者矣。

吾友周君景柱守太原[55],以先生之行述请,乃作事略一篇致之,使上之史馆。予固知先生之不以静修自屈者[56]。其文当不为先生之所唾,但所惭者,未免为江南之文尔。

——《鲒埼亭集》卷二六

[1] 阳曲:今太原。

[2] 寻:不久。

[3] 家世:言其家几代人。学行:学问品行。师表晋中:为晋中地区师表。

[4] 黄精:多年生草本植物,根茎可入药。古人认为久食可延年益寿。

[5] 顾:但是。任侠:言其狭义,见义勇为。

[6] 荐绅:仕宦者。

[7] 婩(ān安)婀:曲意顺从。

[8] 提学:掌管地方学政的官。袁继咸(1593—1646):字季通,号临侯,江西宜春人,崇祯七年(1634)任山西提学佥事。巡按:官名。张孙振(生卒年不详):时为山西巡按,因请托袁继咸不遂,就诬陷袁贪赃,袁因而下狱。省里许多读书人到京替袁喊冤,山西巡抚吴甡向朝廷奏明真相,袁复官,张孙振谪戍。奄党:指以天启年间以宦官魏忠贤为首的集团。奄,同"阉"。

[9] 诣:往,到。匦(guǐ鬼)使:官名,掌管接受章疏的官。匦,小箱子。

[10] 伏阙:跪在皇宫前,指直接上诉朝廷。

[11] 抚军:即巡抚。吴甡(shēn身):字鹿友,兴化(今属江苏)人。万历进士。崇祯七年(1634)以佥都御史巡抚山西。官至礼部尚书、东阁大学士。直袁:认为袁继咸有理。

444

[12]马世奇(？—1644)：字君常，江苏无锡人。崇祯进士。裴瑜、魏劭：皆东汉末年人。河东太守史弼拒绝权贵请托，遭宦官侯览诬陷，被逮入京，吏人莫敢近之，唯有裴瑜送史弼，以正义鼓励史弼。又有魏劭变卖家产，诈为家僮，贿赂侯览，使史弼得以减刑。

[13]曹公：指曹良直。兵科：明设吏、户、礼、兵、刑、工六科给事中，掌规谏，补阙拾遗，稽查六部百司之事，有弹劾官吏的权力。

[14]瞿然：惊视的样子。

[15]首辅宜兴：指宰相周延儒(1593—1644)，字玉绳，江苏宜兴人。明代首席大学士称首辅，同宰相职。曹良直曾疏劾周延儒十大罪状。骆养性：湖北嘉鱼人。掌锦衣卫事。清多尔衮入北京，骆养性降清。

[16]蔡忠襄：蔡懋德(1586—1644)，字维立，江苏昆山人。万历进士，崇祯十四年任山西巡抚。太原城被李自成攻陷，懋德自缢死，谥忠襄。

[17]寇：指李自成农民军。亟(jí急)：急。三立书院：原为山西巡抚魏允贞所建，袁继咸来山西重振。

[18]甲申：崇祯十七年(1644)，是年明亡。

[19]黄冠：道士之冠。

[20]羁：拘系。燕邸：在北京的住所。崇祯末，袁继咸以江西湖广总督，驻扎九江。清顺治二年(1645)，清兵南下。九江帅左良玉卒，其子梦庚引兵至湖口降清。袁继咸被押至北京，不屈被杀。

[21]门下：弟子。

[22]友生：师长对门生的谦辞。

[23]连染：受到牵连。有人密告傅山与南明政权相通，被捕入狱。抗词：据理直言。绝粒：绝食。

[24]仰视天、俯画地：有所筹划的样子，言其极度悲愤。

[25]雅：平素，向来。欧公：北宋欧阳修。江南之文：江南之华靡气弱，傅山《序西北之文》："东南之文概主欧(阳修)、曾(巩)，西北之文不欧曾。"倡导气劲之文，称西北之文。

[26]平定：县名，今属山西。张际：字维遇，傅山友人。傅山有《书张维遇志状后》，肯定了张际不仕清朝，于酒色中求死的精神与战死沙场同。

[27]醇酒妇人：谓沉迷酒色。

［28］弯强跃骏之骨：弯强弓跃骏马驰骋疆场之身，老于读书吟诗。占毕：读书吟诵。碧不可灭：《庄子·外物》载，苌弘遭谗害死于蜀，蜀人收藏了他的血，三年而化为碧玉。

［29］同甫：陈亮，字同甫，南宋永康（今属浙江）人。注重事功，反对空谈，力主抗金，为慷慨激烈之士。

［30］弱冠：二十岁，指年轻时。松雪：元代赵孟頫，著名书法家，号松雪道人。香山：当作"香光"，指明朝著名书法家董其昌，号香光。

［31］觚（gū 孤）棱：原指宫殿上转角处的瓦脊，比喻为人方正有棱角。

［32］右军：晋代著名书法家王羲之，字逸少，官至右军将军，世称王右军。

［33］驹王：周穆王时徐偃王的僭号。相传偃王出生之时有筋无骨。以此形容赵孟頫等书法的软媚。

［34］颜太师：唐颜真卿，字清臣，官至太子太师，著名书法家。

［35］禁方：治病的秘方。

［36］肃客：拜见客人。

［37］蘖（bò 擘）禅：吃苦修行的老和尚。蘖，一种落叶乔木，树皮味苦，可入药。

［38］篝灯：谓置灯于笼中，此处为燃灯之意。

［39］予杖：用棍子打。

［40］"莫能"句：没有人能够到其边际，更莫说得其门径、入其堂奥了。也即连其基本的东西也不可得知。

［41］戊午：康熙十七年（1678）。大科之命：由皇帝决定的特别考试。康熙十七年，诏命开博学鸿词科，让各省举荐学行兼优、文辞卓越之人士赴京应试。

［42］舁（yú 鱼）：抬。

［43］冯公：冯博（1609—1691），字孔博，益都（今山东青州）人。顺治进士，官至文华殿大学士兼吏部尚书。

［44］魏公：魏象枢（1617—1687），字环极，蔚州（今河北蔚县）人。顺治进士，官至刑部尚书。

［45］征士：曾经皇帝征聘而不肯受职的隐士，又称"征君"。报罢：没

有录取。

〔46〕杜紫峰:杜越(1596—1682),字君异,号紫峰,河北容城人。豫试:参加考试。人望:众人所仰望。

〔47〕午门:北京紫禁城的正门。

〔48〕刘因:字梦吉,号静修,河北容城人。元世祖忽必烈年间被征召入朝,授右赞善大夫,不久即辞官回家。

〔49〕风峪:通风的山洞。

〔50〕高齐:南北朝时北齐(561—565),皇室高姓,故称高齐。

〔51〕顾亭林:顾炎武(1613—1682),原名绛,字忠清,明亡后改名炎武,江苏昆山人,尊称为亭林先生,明末清初著名学者,被尊为清"开国儒师""清学开山"。

〔52〕萧然:清静闲散。天机:纯洁的本性。

〔53〕卓尔堪(1656—?):字子立,自号宝香山人,清江都(今江苏江都)人。曾选刻《明遗民诗》。

〔54〕翟义:字文仲,汉汝南上蔡(今河南上蔡)人。王莽称帝时,翟义起兵讨莽,兵败而死。

〔55〕周君景柱:周景柱,遂安(今浙江省淳安)人。乾隆十二年(1747)任太原知府。

〔56〕静修:刘因。自屈:委屈自己。意为不肯像元代刘因一样应召出仕。

左忠毅公逸事

方 苞

〔解题〕 方苞(1668—1749),字凤九,一字灵皋,晚号望溪,安徽桐城人。清代著名的古文学家,文章主"义法",为桐城派的代表人物。《左忠毅公逸事》为方苞的代表作之一,通过左光斗与史可法的交往,表现了他知人之明以及刚毅不屈的品格。文章笔墨简省,却描写入神。左忠毅公,左光斗(1575—1625),字遗直,号浮丘,桐城人,明末东林党成员。万历进士。天启年间因弹劾魏忠贤,被陷入狱,害死于狱中。崇祯初,魏忠贤党败,追谥忠毅。

先君子尝言[1],乡先辈左忠毅公视学京畿[2],一日风雪严寒,从数骑出,微行入古寺[3]。庑下一生伏案卧,文方成草。公阅毕,即解貂覆生,为掩户。叩之寺僧,则史公可法也[4]。及试,吏呼名至史公,公瞿然注视;呈卷即面署第一。召入,使拜夫人,曰:"吾诸儿碌碌,他日继吾志事,惟此生耳!"

及左公下厂狱[5],史朝夕狱门外。逆阉防伺甚严[6],虽家仆不得近。久之,闻左公被炮烙[7],旦夕且死;持五十金,涕泣谋于禁卒,卒感焉。一日使史更敝衣,草屦背筐,手长镵[8],为除不洁者[9],引入。微指左公处,则席地倚墙而坐,面额焦烂不可辨,左膝以下筋骨尽脱矣。史前跪,抱公膝而呜咽。公辨其声，而目不可开，乃奋臂以指拨眥[10]，目光如炬，怒曰："庸奴！此何地也，而汝来前！国家之事糜烂至此，老夫已矣，汝复轻身而昧大义，天下事谁可支柱者？不速去，无俟奸人构陷[11]，吾今即扑杀汝。"因摸地上刑械，作投击势。史噤不敢发声，趋而出。后常流涕述其事以语人，曰："吾师肺肝，皆铁石所铸造也！"

崇祯末[12]，流贼张献忠出没蕲、黄、潜、桐间[13]，史公以凤庐道奉檄守御[14]。每有警，辄数月不就寝，使将士更休，而自坐幄幕外。择健卒十人，令二人蹲踞，而背倚之；漏鼓移[15]，则番代[16]。每寒夜起立，振衣裳，甲上冰霜迸落，铿然有声。或劝以少休，公曰："吾上恐负朝廷，下恐愧吾师也。"

史公治兵，往来桐城，必躬造左公第[17]，候太公太母起居[18]，拜夫人于堂上。余宗老涂山[19]，左公甥也，与先君子善，谓狱中语乃亲得之于史公云。

——《方望溪先生全集》卷九

[1] 先君子：对过世的父亲的称呼，方苞之父名方仲舒（1638—1707）。

[2] 视学京畿：万历四十八年（1620），左光斗为畿辅学政。视学，即视察学务。京畿，指国都及其附近的地方。

[3] 微行：微服出行，穿着平民衣服出行。

[4] 史可法（1602—1645）：字宪之，祥符（今河南开封）人。崇祯进士，南明时任兵部尚书大学士，清军入关时镇守扬州，城破殉难。

[5] 厂狱：明代特务机关东厂控制的监狱。

[6] 逆阉：叛逆的宦官，这里指魏忠贤。防伺：防范看守。

[7] 炮烙：用烧红的铁来炙烧犯人的酷刑。

[8] 长镵（chán 馋）：一种长柄的掘土工具，类似铲。

[9] 除不洁者：清扫工。

〔10〕眥(zì自):眼眶。

〔11〕无俟(sì四)奸人构陷:不用等奸人罗织罪名以陷害。

〔12〕崇祯:明思宗朱由检年号(1628—1644)。

〔13〕张献忠(1606—1647):明末农民军首领。蕲(qí其)、黄、潜、桐:今湖北蕲春、黄冈,安徽潜山、桐城一带。

〔14〕凤庐道:管辖凤阳府、庐州府(今凤阳、合肥)一带的长官。道,道员,是一道的长官。明代分一省为若干道作为检察区,一道通常辖几个府,设道员为一道之长。

〔15〕漏鼓移:漏,古时用滴水计时的器具。鼓,打更的鼓。表示过了一段时间。

〔16〕番代:轮番替代。

〔17〕躬造:亲临。第:府第,住宅。

〔18〕候起居:请问安好。

〔19〕宗老:同宗的老前辈。涂山:方苞族祖方文,字尔止,号涂山。

博山知县武君墓表

姚鼐

〔解题〕姚鼐(1731—1815),字姬传,安徽桐城人。受业于同乡学者刘大櫆,倡导桐城派古文,为文主张义理、考据、辞章并重。本文是一篇墓表,着力描绘了传主武亿伸张正义责打番役一事,而不及其他个人琐事,突出了人物的主要事迹,这也反映了桐城派"常事不书"的原则。博山,县名,清代属山东青州府,今属山东淄博。武君,武亿,字虚谷,偃师(今属河南)人,乾隆四十五年(1780)进士,授博山知县。

乾隆五十七年[1],当和珅秉政[2],兼步军统领[3],遣提督番役至山东[4],有所诇察[5],其役携徒众,持兵刃,于民间陵虐为暴,历数县,莫敢何问[6]。至青州博山县,方饮博恣肆,知县武君,闻即捕之。至庭不跪,以牌示知县曰[7]:"吾提督差也。"君诘曰[8]:"牌令汝合地方官捕盗,汝来三日,何不见吾?且牌止差二人,而率多徒何也?"即擒而杖之[9]。民皆为快。而大吏大骇[10],即以杖提督差役参奏,副奏投和珅[11],而番役例不得出京城,和珅还其奏,使易,于是以妄杖平民,劾革武君职,博山民老弱,谒大府留君者千数[12],卒不获。然和珅遂亦不使番役再出。当时苟无武君阻之,其役再历数府县,为害未知所极也。武君虽一令,而功固及天下矣。

君讳亿,字虚谷,偃师人,乾隆四十五年进士。其任博山县,及去官,才七月,而多善政,民以其去流涕。君自是居贫,常于他县主书院。读经史,考证金石文[13],多精论明义,著书数百卷。今皇帝在藩邸[14],闻君名,及亲政,召君将用之,而君先卒矣。君卒以嘉庆四年十月二十九日[15],年五十五。余与君未及识,第闻其行事,读所著述;今遇君子穆淳于江宁,为文使归揭诸墓上[16];君行足称者犹多,而非关天下利害,兹不著[17]。嘉庆十八年二月[18],桐城姚鼐表。

——《惜抱轩全集·文后集》卷六

[1] 乾隆五十七年:1792年。

[2] 和珅:清代权臣。

[3] 步军统领:清代官名。统率八旗步军两翼五营,掌管京师正阳、崇文等九门内外守卫巡警,通称"九门提督",以亲信的满族大臣充任。

[4] 提督番役:隶属九门提督衙门负责缉捕罪犯的差役。

[5] 诇(xiòng洶去声):侦察。

[6] 何问:即"问何",问为什么。

[7] 牌:牌文,清代的公文。

[8] 诘:责问。

[9] 杖:责打。

[10] 大吏:省级长官,此指山东巡抚。

[11] 副奏:奏疏的副本。

[12] 大府:高级官府,指总督、巡抚等衙门。

[13] 金石文:钟鼎石刻上的文字。

[14] 今皇帝:指嘉庆帝。藩邸:诸侯王的府邸。此指皇帝做皇子之时。

[15] 嘉庆四年:1799年。

[16] 揭:表,指刻在墓碑上。

[17] 兹:此。著:录。

[18] 嘉庆十八年:1813年。

归安姚先生传

魏　源

〔解题〕 魏源(1794—1857),原名远达,字默深,一字墨生,别号良图,湖南邵阳人。道光二十四年(1844)进士,曾任兴化、高邮等地知县、知州。曾参加浙东抗英的鸦片战争,因对投降派不满而愤然辞职。他是著名的思想家、史学家、文学家,当时与龚自珍齐名,被称为"中国开眼看世界第一人"。有《古微堂诗钞》《海国图志》等。本文是作者为著名学者姚学塽(shuǎng 爽)所作的一篇传记。文章记述了传主个人的优良品质,着重描写了他为官三十年来洁身自好不阿权贵的事迹,突出表现了他的人格精神。归安,清代县名,治所在今浙江湖州。

姚先生,名学塽,学者称镜塘先生,世居湖州归安双林村[1]。父意峰先生,以乾隆丙戌十月丙午生公[2]。性介厚重,在孩不戏[3],见物不取。父兄坐庭上,久侍立足不动。既长,读书颖悟,又毅然力行之。

嘉庆己酉[4],举浙江乡试第一[5],父丧骨毁[6]。丙辰[7],成进士,官内阁中书,辄归侍母,母不许,复之官。戊辰[8],主贵州乡试归,道闻母忧[9],痛父母不得躬侍禄养[10],遂终身不以妻子自随,既服阕[11],独行至京。有一子世嘉,早世[12],以其弟之子世名为己子,留于家。秩再满,转兵部主事[13],累迁至职方司郎中[14]。

居京师三十年,粗粝仅给[15],未尝受人一物。故事,部员于其乡人之有事到部者,许同乡官具保结,各有例规,谓之印结费[16];又外任官至京,于其同乡同年世好之官京师者,各留金为别,此二者,京官赖以自存,习为常,公独一无所受。其门下士伍长华[17],官湖北布政使,至京,以五百金赆献[18],亦不受。或固辞不得,强留而去,则翼日呼会馆长班持簿至[19],书而捐之,前后捐馆中者三千馀金。居丧时,有毡帽一,布羔裘一,终身服之,蓝缕不改[20],盖所谓终身之丧。至署供职,衣敝衣冠厕狐貉中[21],晏如也[22]。

持身严而遇物谦下诚恳[23],惟恐伤其意。自奉极清苦,而春秋祭祀必丰,祭毕辄邀同人饮馂[24]。善饮无量[25],虽爵至无算[26],而酒令精明,未尝误。谈论娓娓,而终席未尝一言逾矩[27]。其酒皆与客传壶自酌,不令僮仆侍立也。平日未尝轻议时事,臧否人物[28],而偶一及之,辄确当不易,虽练事之精,观人之细,无不服也。平生未尝著书,而经义湛深[29]。源尝以《大学古本》者质之,先生曰:"古本出自《石经》,天造地设,惟后儒不得其脉络,是以致讼[30]。吾子能见及此[31],幸甚,惟在致力于知本,勿事空言而已。"

其文章尤工制义[32],规矩先民[33],高古渊粹,而语皆心得,使人感发兴起。有先生而制义始有功于经,当与宋五子书并垂百世[34],远出守溪、安溪之上[35],盖自制义以来,一人而已。

初尚书彭龄掌兵部[36],请先生至堂上,躬起肃揖之,先生亦不往谢。大学士百龄兼管兵部[37],屡询司员"姚某何在",欲先生诣其宅一见之,终不往也。先生六十岁生日,同里姚总宪文田贻酒二罌为寿[38],固辞。姚公曰:"他日以此相报可乎?"乃受之。

先生之学,由狷入中行[39],以敬存诚,从严毅清苦中发为光风霁月[40]。暗然不求人知,未尝向人讲学,仁熟义精。晚年德望日益隆,自公卿远近无不敬之。虽文人豪士傲睨自负者,语及先生无不心服,无间言[41]。盖诚能动物[42],不知其所以然也。

官京师数十年,未尝有宅,皆僦僧寺中[43],纸窗布幕,破屋风号,霜华盈席,危坐不动,暇则向邻寺寻花看竹,僧言,虽彼教中持戒律苦行僧不是过也。

道光七年冬十月[44],廷试武士,执事殿廷,敝裘单薄,晨感寒疾,即呈告开缺[45],上官不许,给假一月,然先生归志已决矣。其在部也,必慎必忠,遇事必求无憾,感吏以情,吏不欺。既病,不寝,日正衣冠而坐,有问者必起谢揖。十一月戊戌,病笃[46],神明湛然,拱坐而殁,年六十有一。大人先生及士夫到负担闻之[47],皆哭。姚都宪秋农、张阁部小轩、朱阁部虹舫、陈学士硕士、龚观察闇斋、戚洗马蓉台与其门人治其丧如其志[48]。著有《竹素轩制义》若干卷、《姚兵部诗文集》若干卷。

魏源曰:道光壬午年[49],拜公于京师水月庵,以所注《大学古本》就正[50]。先生指其得失,憬然有悟[51],遂请执弟子礼,先生固辞,而心中固终身仰止矣[52]。国朝醇儒推汤、陆[53],先生取与之严[54],持守之敬[55],不亚汤、陆,而深造自得过之。发为文章,形于语默[56],左右逢源,可与胡敬斋先生并[57],其当崇祀瞽宗以矜式百世[58],盖有待于来者焉。

——《魏源集·默觚下》

[1] 归安:清县名,在今湖州市。

[2] 乾隆丙戌十月丙午:公元1766年11月11日。

[3] 在孩不戏:还是小孩的时候也不顽皮。

[4] 嘉庆己酉:应为乾隆己酉,即乾隆五十四年(1789)。

[5] 乡试:清代每三年在各省省会举行的科举考试,中者为举人。

[6] 骨毁:骨瘦形销。

[7] 丙辰:嘉庆元年(1796)。

[8] 戊辰:嘉庆十三年(1808)。

[9] 母忧:母丧。

[10] 躬侍禄养:亲身抚养。

[11] 服阕(què 却):守丧期满。

[12] 早世:早夭。

[13] 秩满:官员任期届满。主事:官名,与郎中、员外郎并列为六部司官。

[14] 职方司:兵部职方司,掌理各省之舆图(地图)、武职官之叙功、核过、赏罚、抚恤及军旅之检阅、考验等事,兼掌关禁、海禁等。

[15] 仅给:仅够供给。

[16] 具保结:对官签署文书,负责担保。例规:常规。印结费:也叫印结银,为人具印结(担保)所得的酬金。

[17] 门下:指学生。伍长华:字实生,号云卿,上元(今南京)人,嘉庆进士,累官云南布政使,擢湖北巡抚。后因事夺职。

[18] 赍献:进献礼物。

[19] 翼日:次日。会馆:同省或同府县的人在京城或省会设立的供同乡聚会居住的机构。长班:会馆的工役。簿:账簿。

[20] 蓝缕:衣服破旧。

[21] 敝衣冠:穿着破旧。厕:置身。狐貉中:穿着华贵。

[22] 晏如:自若的样子。

[23] 持身:立身。遇物:待人。

[24] 饮餕(jùn 俊):祭祀后的饮宴。餕,祭品。

[25] 无量:不可计量,言其量大。

[26] 爵至无算:喝到不计其数。爵,动词,饮之酒,饮。

[27] 逾矩:超越法度。言其无酒后失言。

[28] 臧否:褒贬人物。

[29] 湛深:深沉,指学问深厚。

[30] 致讼:引起争论。

[31] 吾子:男性对对方的敬称,带有亲切的意思。

[32] 制义:八股。

[33] 规矩先民:以古人为准则。

[34] 宋五子:宋代周敦颐、程颢、程颐、张载、朱熹五位理学家。

[35] 守溪:明代王鏊(ào 傲),字守溪。安溪:李光地,福建安溪人。两人都是八股文名家。

[36] 初尚书:初彭玲,字绍祖,莱阳(今属山东)人,乾隆进士,官至兵部尚书,为人耿直敢言。

[37] 百龄:张百龄,字菊溪,乾隆进士,官协办大学士,两江总督。

[38] 姚总宪:姚文田,字秋农。嘉庆进士,官礼部尚书。贻(yí 遗):赠送。罂(yīng 英):大肚小口的瓶子,泛指盛酒器。

[39] 狷:洁身自守。中行:中道,合乎中庸之道。

[40] 严毅:刚毅。

[41] 间言:非议。

[42] 诚能动物:诚心能够感化万物。

[43] 僦(jiù 旧):租赁。

[44] 道光七年:1827 年。

[45] 呈告开缺:上报辞任,选人补缺。旧时官吏因故不能留任,免除其职务,准备另外选人充任为开缺。

[46] 病笃:病势沉重。

[47] 负担:搬运工一类的人,代指平民百姓。

[48] 姚都宪秋农:姚文田,见上注[38]。陈学士硕士:陈用光,字硕士,曾官翰林院侍讲学士。龚观察闇(àn 案)斋:龚丽正,字闇斋,浙江仁和(治今杭州)人。治其丧如其志:按其遗愿为其治丧。

[49] 道光壬午年:1822 年。

[50]就正:求正,求教。

[51]憬然:觉悟的样子。

[52]仰止:仰慕。

[53]醇儒:精粹渊博的儒者。汤:汤斌。陆:陆陇其。二人均为清初学者。

[54]取与:给予和接受。

[55]持守:修身。

[56]语默:说话或沉默。

[57]胡敬斋:明代学者胡居仁。

[58]崇祀瞽(gǔ古)宗:奉祀于最高学府。瞽宗,殷学校名,后借指最高学府。《周礼·春官·大司乐》:"凡有道有德者使教焉,死则以为乐祖,祭于瞽宗。"矜式百世:为百世楷模。矜式,楷模。

谭嗣同传(节选)

梁启超

〔解题〕梁启超,生平见前《自励二首》解题。本篇是梁启超为谭嗣同所作的传记,详细记述了谭嗣同发愤提倡新学、积极筹备变法、事败从容就义的经过。写谭嗣同联络袁世凯一事,止记二人对话,对袁一无断语,而肃杀之气,跃然纸上。所记谭嗣同就义前的陈词,慷慨激昂,英雄气概凛然。结尾论赞,以儒释为"两爪相印",即智即仁即勇,既是对谭嗣同学识的总结,也反映了梁启超个人的学术眼光。

谭君,字复生,又号壮飞,湖南浏阳县人。少倜傥[1],有大志,淹通群籍[2],能文章,好任侠,善剑术。父继洵[3],官湖北巡抚。幼丧母,为父妾所虐,备极孤孽苦[4],故操心危[5],虑患深,而德慧术智日增长焉。弱冠[6],从军新疆,游巡抚刘公锦棠幕府[7]。刘大奇其才,将荐之于朝,会刘以养亲去官[8],不果。自是十年,来往于直隶、新疆、甘肃、陕西、河南、湖南、湖北、江苏、安徽、浙江、台湾各省,察视风土,物色豪杰。然终以巡抚君拘谨[9],不许远游,未能尽其四方之志也。

自甲午战事后,益发愤提倡新学[10]。首在浏阳设一学会[11],集同志讲求磨砺,实为湖南全省新学之起点焉。时南海先生方倡强学会于北京及上海[12],天下志士,走集应和之。君乃自湖南溯江,下上海,游京师,将以谒先生,而先生适归广东,不获见。余方在京师强学会,任记纂之役[13],始与君相见,语以南海讲学之宗旨,经世之条理,则感动大喜跃,自称私淑弟子,自是学识更日益进。时和议初定,人人怀国耻,士气稍振起,君则激昂慷慨,大声疾呼。海内有志之士,睹其丰采,闻其言论,知其为非常人矣。

以父命就官为候补知府,需次金陵者一年[14],闭户养心读书,冥探孔、佛之精奥,会通群哲之心法,衍绎南海之宗旨,成《仁学》一书[15]。又时时至上海与同志商量学术,讨论天下事,未尝与俗吏一相接。君常自谓:"作吏一年,无异入山[16]。"

时陈公宝箴为湖南巡抚[17],其子三立辅之[18],慨然以湖南开化为己任。丁酉六月[19],黄君遵宪适拜湖南按察使之命[20];八月,徐君仁铸又来督湘学[21];湖南绅士某某等蹈厉奋发,提倡桑梓[22],志士渐集于湘楚。陈公父子与前任学政江君标[23],乃谋大集豪杰于湖南,并力经营,为诸省之倡。于是聘余及某某等为学堂教习,召某某归练兵,而君亦为陈公所敦促,即弃官归,安置眷属于其浏阳之乡,而独留长沙,与群志士办新政。于是湖南倡办之事,若内河小轮船也,商办矿务也,湘粤铁路也,时务学堂也,武备学堂也,保卫局也,南学会也,皆君所倡论擘画者[24],而以南学会最为盛业。设会之意,将合南部诸省志士,联为一气,相与讲爱国之理,求救亡之法,而先从湖南一省办起,盖实兼学会与地方议会之规模焉。地方有事,公议而行,此议会之意也;每七日大集众而讲学,演说万国大势及政学原理,此学会之意也。于时君实为学长,任演说之事。每会集者千数百人,君慷慨论天下事,闻者无不感动。故湖南全省风气大开,君之功居多。

今年四月[25],定国是之诏既下[26],君以学士徐公致靖荐[27],被征,适大病,不能行。至七月,乃扶病入觐[28],奏对称旨[29]。皇上超擢四品卿衔军机章京[30],与杨锐、林旭、刘光第同参预新政[31],时号为"军机四卿"。参预新政者,犹唐、宋之参知政事,实宰相之职也。皇上欲大用康先生,而上畏西后[32],不敢行其志。数月以来,皇上有所询问,则令总理衙门传旨;先生有所陈奏,则著之于所进呈书之中而已。自四卿入军机,然后皇上与康先生之意始能少通,锐意欲行大改革矣,而西后及贼臣忌益甚,未及十日,而变已起。

初,君之始入京也,与言皇上无权、西后阻挠之事,君不之信。及七月二十七日,皇上欲开懋勤殿设顾问官[33],命君拟旨,先遣内侍持历朝圣训授君[34],传上言康熙、乾隆、咸丰三朝,有开懋勤殿故事,令查出引入上谕中。盖将以二十八日亲往颐和园请命西后云[35]。君退朝,乃告同人曰:"今而知皇上之真无权矣!"至二十八日,京朝人人咸知懋勤殿之事,以为今日谕旨将下,而卒不下,于是益知西后与帝之不相容矣。二十九日,皇上召见杨锐,遂赐衣带诏[36],有朕位几不保,命康与四卿及同志速设法筹救之诏。君与康先生捧诏恸哭,而皇上手无寸柄,无所为计。时诸将之中,惟袁世凯久使朝鲜[37],讲中外之故,力主变法。

君密奏请皇上结以恩遇,冀缓急或可救助,词极激切。八月初一日,上召见袁世凯,特赏侍郎。初三日复召见。初三日夕,君径造袁所寓之法华寺,直诘袁曰:"君谓皇上何如人也?"袁曰:"旷代之圣主也。"君曰:"天津阅兵之阴谋[38],君知之乎?"袁曰:"然,固有所闻。"君乃直出密诏示之曰:"今日可以救我圣主者,惟在足下,足下欲救则救之。"又以手自抚其颈曰:"苟不欲救,请至颐和园首仆而杀仆[39],可以得富贵也。"袁正色厉声曰:"君以袁某为何如人哉?圣主乃吾辈所共事之主,仆与足下,同受非常之遇,救护之责,非独足下。若有所教,仆固愿闻也。"君曰:"荣禄密谋[40],全在天津阅兵之举。足下及董、聂三军[41],皆受荣所节制,将挟兵力以行大事[42]。虽然,董、聂不足道也,天下健者[43],惟有足下。若变起,足下以一军敌彼二军,保护圣主,复大权,清君侧,肃宫廷,指挥若定,不世之业也。"袁曰:"若皇上于阅兵时疾驰入仆营,传号令以诛奸贼,则仆必能从诸君子之后,竭死力以补救。"君曰:"荣禄遇足下素厚,足下何以待之?"袁笑而不言。袁幕府某曰:"荣贼并非推心待慰帅者[44]。昔某公欲增慰帅兵,荣曰:'汉人未可假大兵权。'盖向来不过笼络耳。即如前年胡景桂参劾慰帅一事[45],故乃荣之私人,荣遣其劾帅而已查办,昭雪之以市恩[46]。既而胡即放宁夏知府,旋升宁夏道。此乃荣贼心计险极巧极之处,慰帅岂不知之!"君乃曰:"荣禄固操、莽之才[47],绝世之雄,待之恐不易易。"袁怒目视曰:"若皇上在仆营,则诛荣禄如杀一狗耳!"因相与言救上之条理甚详。袁曰:"今营中枪弹火药,皆在荣贼之手,而营、哨各官,亦多属旧人。事急矣!既定策,则仆须急归营,更选将官,而设法备贮弹药,则可也。"乃丁宁而去,时八月初三夜漏三下矣[48]。至初五日,袁复召见,闻亦奉有密诏云。至初六日,变遂发。

　　时余方访君寓,对坐榻上,有所擘划,而抄捕南海馆之报忽至[49],旋闻垂帘之谕[50]。君从容语余曰:"昔欲救皇上,既无可救,今欲救先生,亦无可救。吾已无事可办,惟待死期耳!虽然,天下事知其不可而为之,足下试入日本使馆谒伊藤氏[51],请致电上海领事而救先生焉。"余是夕宿日本使馆,君竟日不出门以待捕者。捕者既不至,则于其明日入日本使馆,与余相见,劝东游[52],且携所著书及诗文辞稿本数册、家书一箧托焉。曰:"不有行者,无以图将来;不有死者,无以酬圣主。今南海之生死未可卜,程婴、杵臼[53],月照、西乡[54],吾与足下分任之。"遂相与一抱而别。初七、八、九三日,君复与侠士谋救皇上,事卒不成。初十日,遂被逮。被逮之前一日,日本志士数辈,苦劝君东游,君不听;再四强之,君曰:"各国变法,无不从流血而成。今中国未闻有因变法而流血者,此国之所以不昌也。有之,请自嗣同始。"卒不去,故及于难。君既系狱,题一诗于狱壁曰:"望门投宿思张俭,忍死须臾待杜根。我自横刀向天笑,去留肝胆两昆仑[55]。"盖念南海也。以八月十三日斩于市。春秋三十有三。就义之日,观者万人,君慷慨神气不少变。时军机大臣刚毅监斩,君呼刚前曰:"吾有一言。"刚去不听,乃从容就戮。呜呼烈矣!

——吴松等点校《饮冰室文集点校》

[1] 倜傥(tì tǎng 替躺):洒脱豪爽。

[2] 淹通群籍:精通群书。

[3] 父继洵:谭嗣同之父谭继洵,字敬甫,咸丰进士,曾官湖北巡抚。谭嗣同获罪,连坐革职,后忧惧死。

[4] 备极孤孽苦:备受孤臣孽子之苦。

[5] 操心危:用心警惕。

[6] 弱冠:二十岁。

[7] 刘锦堂:字毅斋,湘乡人,光绪间为甘肃新疆巡抚。

[8] 会:适逢。养亲去官:回家奉养父母而辞官。

[9] 巡抚君:指谭嗣同的父亲。

[10] 甲午战事:清光绪二十年(1894)的中日战争。新学:清末知识分子希望变法维新,研究引进西方政治文化,时称新学。

[11] 浏阳:地名,今属湖南。

[12] 南海先生:指康有为,康有为是广东南海人,故称。强学会:当时改良派讲求强国之道的团体,1895年,康有为在北京发起组织,又在上海设分会。

[13] 记纂:编辑。

[14] 需次:待次,候补。

[15]《仁学》:谭嗣同代表著作,二卷,1896年成书。

[16] "作吏"二句:自言在南京做候补官一年,如避居深山。

[17] 陈宝箴:字右铭,江西义宁(今修水)人。咸丰间举人,1895年任湖南巡抚。曾与黄遵宪、徐仁铸、江标、徐致靖等人在湖南推行新政。

[18] 三立:陈三立,字伯严,光绪进士,任吏部主事。曾协助其父在湖南推行新法。变法失败后,被革职。

[19] 丁酉:光绪二十三年(1897)。

[20] 黄遵宪(1848—1905):字公度,别号人境庐主人。广东嘉应州(今梅州市)人。咸丰六年(1856)举人,曾任户部主事、广西知府、驻英参赞、新加坡总领事,戊戌变法期间署湖南按察使,助巡抚陈宝箴推行新政。按察使:主持一省的司法长官。隶属于总督、巡抚。

[21] 徐仁铸:字砚父,江苏宜兴人。光绪进士,1897年以编修视学湖南,与梁、谭讲学宗旨相合,提倡新学。曾请其父徐致靖向光绪帝推荐康有为、梁启超、黄遵宪、谭嗣同等人。督湘学:为湖南提督学政。

[22] 桑梓:乡里。

[23] 学政:提督学政的简称。江标:字建霞,江苏元和(今苏州市)人。光绪进士。曾任编修、湖南提学使等职。

[24] 擘画:计划。

[25] 今年:指光绪二十四年(1898)。

[26] 定国是之诏:皇帝决定国家大计的诏书。指光绪二十四年四月二十三日(1898年6月11日),光绪帝颁发明定国是的上谕。

[27] 徐致靖:字子静,徐仁铸之父。光绪进士,曾任侍读学士。1898年上书请定国是,并向光绪帝推荐康、梁、黄、谭等人。政变后被革职监禁。

[28] 扶病入觐(jìn进):带病觐见皇帝。

[29] 奏对称旨:所奏符合皇帝的心意。

[30] 超擢:破格提拔。四品卿衔军机章京:赐四品卿的官衔,担任军机处办理文书的官职。

[31] 杨锐:四川人。林旭:福建人。刘光第:四川人。三人后与谭嗣同和康有溥、杨深秀同时被杀,时称"戊戌六君子"。

[32] 西后:即慈禧太后(1835—1908)。

[33] 懋勤殿:清代皇帝读书的场所。

[34] 内侍:太监。历朝圣训:历代皇帝的遗训。

[35] 颐和园:在北京西郊,时为慈禧行宫。

[36] 衣带诏:密诏。《三国志·蜀志·先主传》载:"时献帝舅车骑将军董承,辞,受帝衣带中密诏。"后世因称密诏为衣带诏。

[37] 袁世凯(1859—1916):字慰亭,河南项城人,时为荣禄手下主要将领,表面上支持维新运动,暗地里则向荣禄告密,出卖了谭嗣同等人。

[38] 天津阅兵之阴谋:慈禧和荣禄密谋,于十月底和光绪帝同往天津阅兵之时,胁迫光绪皇帝退位。

[39] 首:出首,告发。仆:自称。

[40] 荣禄(1836—1903):瓜尔佳氏,字仲华,满洲正白旗人。慈禧太后亲信,维新变法时,任直隶总督兼北洋大臣。袁世凯告密后,立即报告西太后,发动政变,囚禁光绪,捕杀谭嗣同等。

[41] 董:即董福祥(1840—1908),字星五,甘肃固原(今属宁夏)人。统率甘军。聂:即聂士成(?—1900),字功亭,安徽合肥人。统率武毅军。1898年,表示变法的上谕颁布后数日,慈禧太后便任命荣禄为直隶总督,统率董、聂、袁三军。

[42] 行大事:行废除皇帝之大事。

[43] 健者:英雄豪杰。

[44] 慰帅:指袁世凯,袁字慰亭。

[45] "即如"句:指光绪二十二年(1896)御史胡景桂弹劾袁世凯尅扣军饷事。

[46] 市恩:收买人情。

[47] 操:曹操。莽:王莽。这里比喻奸诈权臣。

465

〔48〕漏三下:鼓打三更。

〔49〕抄捕南海馆之报:查抄康有为的住处(南海会馆),逮捕康有为的消息。

〔50〕旋:一会儿,马上。垂帘之谕:指慈禧太后垂帘听政的旨谕。

〔51〕伊藤氏:指当时日本驻中国使馆人员伊藤博文。

〔52〕东游:去日本。

〔53〕程婴、杵臼:春秋时晋国大夫赵朔的门客。赵朔为屠岸贾所杀,程婴和公孙杵臼定计,由程婴向屠岸贾告发杵臼,暗地里将真的赵氏孤儿抚养成人。

〔54〕月照、西乡:月照是日本德川幕府末的和尚,西乡为其友。二人为推翻幕府四处宣传,被迫投水,西乡遇救而活,最后完成了志愿。

〔55〕"望门"四句:见前谭嗣同《狱中题壁》。去留肝胆,出走的和留下的肝胆相照。两昆仑,或说指康有为和支持变法的侠士大刀王五(王正谊),比喻二人形象高大如昆仑山。或说两昆仑指康有为和谭嗣同,即所谓一"去"一"留"。政变前夕,康有为潜逃出京;政变时,谭嗣同拒绝逃走,准备流血。

关　键　词

[大义担当]

中国爱讲"气",天地因气而成,万物由气而生。所谓天地正气,乃流行于天地之间至精纯一之气。赋天地正气而生,是所谓仁人君子,按孟子所说,其表现有清、任、和。这"任",就是大义担当:任天下之重,解天下之难。具体体现则如曾子所言,小则可以托六尺之孤,大则可以寄百里之命,临大节而不可夺也。如屈原"九死其犹未悔",如李大钊"铁肩担道义",危难当头,时穷节现,如颜真卿慷慨赴难,如文天祥从容就义。他们铸造了我们民族的神与魂,万古长存,高山仰止。

[孤介自处]

这是孟子所推崇的"清"。高尚君子,赋气清而不杂,故能孤介自处,耿直方正。他们或许没有震耀天下的事功,但有守正不阿的坚定。"三军可以夺帅也,匹夫不可夺志也"。《礼记》对他们的描述是"可亲而不可劫也,可近而不可迫也,可杀而不可辱也","劫之以众,沮之以兵,见死不更其守"。《孟子》曰:"富贵不能淫,贫贱不能移,威武不能屈,此之谓大丈夫。"其人格追求是:气象要高旷,心思要缜密,趣味要冲淡。其精神可以洗涤心灵,使懦者立,贪者廉;士风清,世风正。

[浩然正大]

文天祥《正气歌》有云:"于人曰浩然,沛乎塞苍冥。皇路当清夷,含和吐明庭。"此为正气之"和"。正气充塞,则天清气和,海晏河清;人禀正气,则如《孟子》所说"居天下之广居,立天下之正位,行天下之大道"。但"和"并非一团和气,《中庸》言喜怒哀乐发而皆中节之谓"和"。当喜而喜谓之和,当怒而怒亦为和:击大奸,斗巨恶,雷霆震怒,如段秀实怒击叛臣头,如杨继盛以死劾权奸,此气之正,为直、为方、为大,浩然沛然。《正气歌》云:"是气所磅礴,凛烈万古存。当其贯日月,生死安足论。"